Erlebnisführer
Pustertal

In Zusammenarbeit mit dem
Landesamt für Tourismus

2011
Alle Rechte vorbehalten
© by Verlagsanstalt Athesia AG, Bozen
Sparkassenstraße 8
I-39100 Bozen / Südtirol
Übersichtskarte hinten
Heinz Matthias, Neumarkt
© by Athesiadruck, Bozen
Karten
Barbara Häring, D-Gröbenzell
Grafische Gestaltung
Athesiaverlag
Druck
Athesiadruck, Bozen

ISBN 978-88-8266-682-8

www.athesiabuch.it
buchverlag@athesia.it

Bildnachweis Umschlag
Titelseite:
Hartmann Seeber
Rückseite:
Hartmann Seeber (1, 2 und 4)
Freddy Planinschek (3)

Benutzerhinweis
Der Verlag und die Autorinnen weisen darauf hin,
dass die Beschreibung der einzelnen Routen aufgrund der bei der Recherche vorgefundenen Situa-
tion erfolgt ist. Aus diesem Grund wird angeraten,
dass vor Antritt der Wanderungen bei den örtlichen
Tourismusorganisationen Auskunft über die
gefahrenlose Begehbarkeit der Wege und Steige
eingeholt wird. Jegliche diesbezügliche Haftung
des Verlages und der Autorinnen wird ausdrücklich
ausgeschlossen.

Erlebnisführer

Pustertal

Ausflüge • Kultur • Genuss

SÜDTIROL

VERLAGSANSTALT ATHESIA BOZEN

Liebe Wanderfreunde!

Hans Berger
Landesrat für Tourismus

Von der Ahrntaler Gletscherwelt über die berühmten Drei Zinnen, vom tiefgrünen Pragser Wildsee und den „viles" als charakteristischen Siedlungstrukturen der ladinischen Seitentäler bis hin zur Mühlbacher Klause. Das grüne Tal – wie das Pustertal auch genannt wird – hat viele Facetten und bietet zahlreiche Möglichkeiten, um Ihre Wünsche und Vorstellungen eines reizvollen Besuches, Ausfluges oder Aufenthaltes zu befriedigen. Mit dem vorliegenden Erlebnisführer in Händen und unbändigem Entdeckerdrang im Herzen haben Sie – liebe Leserinnen und Leser – alles, was nötig ist, um den spannenden Seiten des Pustertals auf die Spur zu kommen. Das Pustertal bietet viele Gelegenheiten, um erfrischende Anregungen, heimelige Ecken und versteckte Winkel kennen zu lernen und so erlebnisreiche und unvergessliche Stunden zu erleben.

Lassen Sie sich also überraschen von der Fülle der Möglichkeiten und dem besonderen Zauber der mediterran-alpinen Mischung unseres Landes, unserer Kultur und Gastronomie. So manch einen lässt die Magie nie wieder los und so wünsche ich Ihnen beim Stöbern im Erlebnisführer auch auf Ihre persönlichen magischen Orte zu stoßen.

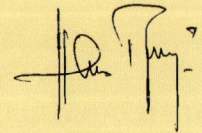

Inhalt

Symbolerklärung

Zu jedem Kapitel sind die-
selben Rubriken angeführt:

 Wanderung

 Wegele fürs Wagele
– kinderwagen-
bzw. rollstuhltaug-
licher Spazierweg

 Radtour

 Natur pur

 Das Besondere

 Spielplätze

 Sehenswertes

 Freizeitangebote

 Veranstaltungen

 Links/Info

Auf den Seiten 272–274
finden Sie die Übersicht
all dieser Tipps.

Willkommen im Wanderparadies!

Südtirol ist ein kleiner Fleck im Herzen Europas

Das Land an Etsch, Eisack und Rienz ist eine wunderbare Wanderwelt. Auch für ausgewiesene Südtirolkenner gibt es immer wieder Neues zu entdecken, auf Schusters Rappen oder auch auf zwei Rädern. Südtirol bietet zu jeder Jahreszeit Außergewöhnliches für erprobte Wanderer, aber ebenso für den Wochenend-Familienausflug. Vielleicht mit einem Besuch in einem der vielen Freibäder oder, je nach Jahreszeit, auf einem Natureisplatz, einem Spielplatz oder einem Abenteuerpark oder Klettergarten. Warum nicht ein Abstecher in eines der Naturparkhäuser? Weil Essen und Trinken bekanntermaßen Leib und Seele zusammenhalten, werden in diesem etwas aus der Reihe fallenden „Erlebnisführer" auch lohnende Einkehrmöglichkeiten aufgeführt, genauso wie Museen oder Besonderheiten, die eben typisch für Land und Leute sind. Dass ein Schwerpunkt auch auf die öffentlichen Verkehrsmittel gesetzt wird, versteht sich von selbst. Lohnende Ausflugsziele gibt es wie Sand am Meer.

Radler kommen auf ihre Kosten

Südtirol hat auch viele Etappen, die es dem leidenschaftlichen Radler gestatten, die schönsten Ecken auf zwei Rädern und in der frischen Luft zu erkunden. Überdies ist das Fahrrad auf diversen Verbindungswegen das einzig mögliche Verkehrsmittel. Das Erradeln Südtirols, fernab von Blechlawinen und lästigem Suchen eines Parkplatzes, ist Erlebnis pur. Ein Radler legt durchschnittlich zirka 16 Kilometer pro Stunde zurück. Ein Bergradfahrer spult in der gleichen Zeit rund 700 Höhenmeter ab. Die Zeitangaben für die einzelnen Routen sind durchschnittliche Werte. Für den Fall, dass Sie sich aber einmal nicht mehr zurechtfinden

sollten, sind die Telefonnummern der jeweiligen Tourismusverbände angegeben. In diesem Führer finden Sie aber auch die wichtigsten Adressen und Telefonnummern für Radlerfreunde, etwa Verleihe und Reparaturwerkstätten.

Schritt oder Tritt?
Gehen oder Radeln? Drahtesel oder Schusters Rappen? Südtirol bietet so unendlich viele Ausflugsziele. Nur ein Bruchteil wird in diesem Führer angeführt. Jeder Ausflug kann bei guter Zeiteinteilung mühelos bewältigt werden.
Sie haben sich für eine Radtour entschieden? Die weniger geschulten Radfahrer oder Gruppen mit Kindern sollten zu Beginn die kürzeren und flacheren Wege in Anspruch nehmen. Mit ein klein wenig Übung und Ausdauer können alle Routen in Erwägung gezogen werden. Am besten eignen sich für eine Radtour auf jeden Fall Sporträder. Sie überstehen auch unbefestigte Straßen problemlos und sind leicht. Auch City-, Trekking- oder Mountainbikes sind geeignet. Diese sind zwar etwas schwerer, sind aber angesichts ihrer Mehrgangschaltung bei Bergstrecken anderen Fahrrädern überlegen.

Ausstattung: Schuhe & Rad
Je besser die Wander- bzw. Fahrradausstattung ist, desto erlebnisreicher wird das „wanderbare" Südtirol. Gutes Schuhwerk, der Tour angepasste Kleidung, genügend Proviant (ein Gasthaus, eine Almhütte oder ein Buschenschank kann auch einmal geschlossen sein) sind

Wurzelkruzifix am Weg zum Paresberg

Grundvoraussetzungen. Sind Kinder mit dabei, sollten ausreichend Getränke mitgetragen bzw. -geführt werden. Sind Sie mit dem Rad unterwegs? Auch gut. Der „Drahtesel" muss alle Vorschriften für die Sicherheit im Straßenverkehr erfüllen: Bremsen, Licht, Fahrradklingel, Rückstrahler (Katzenaugen) müssen funktionieren und vorhanden sein. Überdies können die Räder mit einer Lenkertasche oder einem kleinen Gepäckträger für Karte, Proviant und Regenschutz versehen sein. Wer über einen längeren Zeitraum radelt und Reisegepäck mitnimmt, sollte zwei gesonderte Packtaschen befestigen. Dabei muss die Befestigung so erfolgen, dass die Taschen keineswegs in die Fahrradspeichen kommen können. Auf keinen Fall verzichten darf man auf ein gutes Fahrradschloss. Es bietet zwar keinen vollständigen Schutz, aber es ist trotzdem beruhigend, bei größeren Ruhezeiten oder Besichtigungen das Fahrrad abgesperrt zu haben.

Gut gepackt ist halb erlebt

Die richtige Bekleidung ist eine Grundvoraussetzung für jede Wanderung bzw. jeden Radausflug. Sie sollte elastisch und schweißsaugend sein. Dadurch bleibt die Haut trocken und warm, und man erkältet sich nicht so leicht. Das Angebot an Wander- und Radkleidung ist fast unüberschaubar. Da kommt es darauf an, sich richtig beraten zu lassen. Für anspruchsvollere Radtouren sind Radhosen von großem Nutzen. Ist es einmal kühler, sollte man durchaus die „Zwiebel-Taktik" anwenden, also einige dünne Schichten von Kleidungsstücken übereinander tragen. Es gilt die alte Regel, dass die Luftschichten dazwischen eine wohltuende Wärmeisolierung bewirken. Diese wird dann noch gesteigert, wenn die äußere Schicht Wind und Regen nicht durchlässt, den Schweiß dagegen nach außen befördert.

Auf dem Rad stets Kopfschutz

Absolut notwendig ist bei einer Radtour – und wenn sie auch nur über einen gut ausgeschilderten Radweg führt – das Tragen eines Helmes bzw. Kopfschutzes. Das gilt übrigens nicht nur für Kinder, sondern auch für die Großen. Ein Helm sollte leicht sein, keine Druckstellen und einen hohen Tragekomfort aufweisen und die erforderlichen Sicherheitsvorschriften erfüllen.

Planung einer Wanderung

Ein Ausflug in die herrliche Südtiroler Bergwelt will, damit er zum ungetrübten Erlebnis wird, halbwegs geplant sein.

Damit die Wanderung nicht zum „Kneipp-Trip" wird, sollte man sich den Wetterbericht anhören und anschauen oder die automatische Wetterinfo unter Tel. +39 0471 27 11 77 oder unter www.provinz.bz.it/wetter abrufen. Grundsätzlich gilt: Es gibt (fast) kein schlechtes Wetter für eine Wanderung, nur eben nicht ausreichende (oder falsche) Kleidung. Wenn die Tour geplant ist, sollte man sie an die persönlichen Bedürfnisse anpassen. Bitte Regen- und Sonnenschutz nicht vergessen. Und bitte prüfen Sie sich gelegentlich selbst: Ist diese Wanderung für mich zu anspruchsvoll? Bin ich körperlich ausreichend fit für die angegebene Gehzeit, oder sollte man doch beim ersten Wirt einkehren? Ist der Ausflug eventuell auch für Kinder und Enkelkinder tatsächlich geeignet, oder sollte man etwas anderes auswählen? Nur wenn Sie gegenüber sich selbst ehrlich genug sind, steht einem gelungenen Kultur-Rad-Wanderausflug nichts mehr entgegen.

Augenweiden

THUNIVERSUM

Einfach zum Liebhaben ...

Bozen Süd
Galvani Straße 29
Tel. 0471 245 272
www.thuniversum.com

THUN

Südtiroler Bergbaumuseum
Museo Provinciale delle Miniere

ST. - IGNAZ ERBSTOLLEN
GALLERIA BASE ST. IGNAZ

www.bergbaumuseum.it

Schaubergwerk Prettau
Miniera di Predoi

www.ich-atme.com

ICH ATME...
KLIMASTOLLEN PRETTAU

VINTL

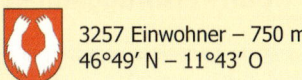

3257 Einwohner – 750 m
46°49' N – 11°43' O

Die Gemeinde Vintl befindet sich im sogenannten unteren bzw. westlichen Pustertal. Sie besteht aus dem Hauptort Niedervintl und dem Ortsteil Obervintl. Diese liegen in der breiten Talsohle des Rienztales. Weitental und Pfunders hingegen sind im Pfunderer Tal gelegen. Dieses zieht sich nach Norden, eingebettet in die Pfunderer Berge. Zudem gibt es zahlreiche Weiler, Streusiedlungen und vor allem Einzelhöfe in extremen Lagen, die bis auf eine Höhe von 1608 Metern im Weiler Dun im hintersten Pfunderer Tal hinaufreichen. In Nieder- und Obervintl beeindrucken den Besucher die schönen Fassaden und Ansitze, während das naturbelassene Pfunderer Tal mit seiner landschaftlichen Einmaligkeit punktet. Einen gefälligen Blickfang bilden auch die Kirchhügel von Niedervintl und Pfunders.
Das Pfunderer Tal weitet (Weitental) und verengt sich mehrmals. In früheren Zeiten wurde hier auch nach Erzen gesucht. Ertragreicher war aber der Abbau des sogenann-

ten grünlichen Pfunderer Marmors (Serpentin). Er wurde sogar für die Ettaler Klosterkirche und den Brixner Dom verwendet und wird seit 1963 von der Firma Grünig (aus dem Odenwald stammend) wieder abgebaut.
Das Tal lädt zu interessanten Wanderungen ein, bei denen Seen, Almweiden, Bergbäche und -gipfel erreicht werden können. Auch Bergradfahrer kommen hier voll auf ihre Kosten.
Für gemütliche Spaziergänge und Radtouren bietet sich die Umgebung von Vintl an.

Die Nachbargemeinden von Vintl sind:
• im Norden Pfitsch
• im Osten Mühlwald, Terenten und Kiens
• im Süden Rodeneck
• im Westen Mühlbach

Blick auf Niedervintl

Dun – Eisbruggalm – Eisbruggsee – Edelrauthütte

Unser Ziel, die Edelrauthütte, gilt als Etappenziel an zwei Höhenwegen: dem Pfunderer und dem Neveser Höhenweg. Ersterer verbindet Sterzing mit Bruneck und der zweite hat seinen Ausgangspunkt am Nevesstausee im hintersten Mühlwaldtal. Wir aber erreichen die Edelrauthütte vom Pfunderer Tal aus, welches durch seine naturbelassene landschaftliche Schönheit und Ruhe beeindruckt. Der beachtlich große Eisbruggsee ist ein weiterer Höhepunkt dieser Wanderung.

Gesamtgehzeit: 5–6 Std.
Höhenunterschied: rund 1000 m
Schwierigkeit: keine, Ausdauer erforderlich
Jahreszeit: Juli bis September
Einkehrmöglichkeiten: Eisbruggalm (geöffnet von Mitte Juni bis Anfang Oktober), Edelrauthütte (geöffnet von Mitte Juni bis Mitte Oktober), Vals-Alm (nur Getränke)

Wegverlauf

Der Ausgangspunkt unserer Wanderung ist **Dun**. Mit dem Auto fahren wir bis in das innerste Pfunderer Tal. Am Beginn der Steigung befindet

sich neben der Straße auf der linken Seite ein großer Parkplatz. Dort stellen wir unser Auto ab und folgen der Beschilderung „Edelrauthütte" (Weg Nr. 13).
Nach dem Marsch auf Asphaltstraße und Forstweg gelangen wir schließlich auf einen Steig, der zu

Ein Höhepunkt dieser Wanderung ist der Eisbruggsee.

Beginn recht gemütlich ist und dann
zusehends steiler wird, bis wir das
Eisbruggtal erreichen.
Durch das flache und weite Tal
gelangen wir nach einem kurzen
Anstieg und knapp zwei Stunden
Gehzeit zur **Eisbruggalm** (2154 m).
Das Pfeifen der Murmeltiere lässt
uns immer wieder verweilen und
nach den flinken Tieren Ausschau
halten. In der Alm kann eingekehrt
werden, bevor wir das nächste
Ziel, den **Eisbruggsee** (2351 m)
und schließlich die **Edelrauthütte**
(2551 m) anpeilen. Gipfelstürmer
können von hier aus in einer guten
Stunde die Napfspitze erklimmen
und einen fantastischen Ausblick
genießen. Wir können uns aber auch
mit dem Blick auf den Nevesstausee
und die Spitze des Niederen Weißzint oberhalb der Hütte begnügen
und uns in der gemütlichen Einkehrstätte erholen.
Für den Rückweg wählen
wir bis zum See die
Anstiegsroute.
Dort biegen wir
nach rechts

**Bereits seit über 100 Jahren kann in
der urigen Edelrauthütte eingekehrt
werden.**

ab und kehren auf Weg Nr. 18 über
die **Valsscharte** (2411 m) und die
Vals-Alm wieder auf den Steig Nr. 13
und über diesen zum Ausgangspunkt zurück.

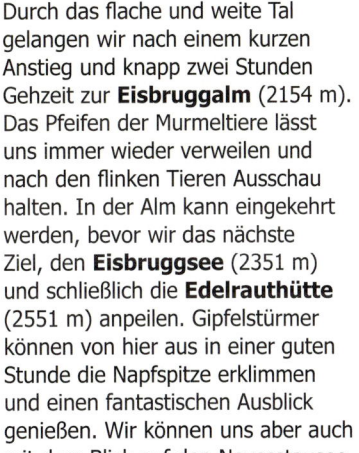

Eisbruggjöch
2584

Edelrauthütte 2551

Eisbruggsee

Napfspitze
2888 ▲

Valsscharte
2411

Pfunderer Höhenweg

Vals-Alm

2522
▲
Kleiner
Magstein

18

13

2154
■
Eisbruggalm

E i s b r u g g t a l

Eisbrugg B.

Gschirn
▲
2335

Schaflahner
2590 ▲

Winkler Alm

Drosse

Walder

13

Dun

Luzer

P

Bachspaziergang von Niedervintl bis Weitental

1

Gesamtgehzeit: ca. 2 ½ Std.
Höhenunterschied: rund 160 m
Schwierigkeit: keine
Jahreszeit: Frühling bis Spätherbst
Einkehrmöglichkeiten: mehrere
in Niedervintl und in Weitental

In Niedervintl gibt es mehrere
Möglichkeiten, nette und bequeme
Spaziergänge mit dem Kinderwagen
zu unternehmen. Außerdem lädt ein
großzügig angelegter Spielplatz zum
Verweilen ein. Nicht umsonst wurde
Vintl vor einigen Jahren vom Verein
für Kinderspielplätze mit dem Prädikat „Kinderfreundliche Gemeinde"
ausgezeichnet.

Wegverlauf
Unser Spaziergang führt an der orografisch rechten Seite des Pfunderer
Baches entlang von Niedervintl
bis nach Weitental, einem Ortsteil,
der sich im äußeren Pfunderer Tal
befindet. Der Name des Ortes verrät
schon, dass sich das Tal hier weitet.
Wir starten bei der Raiffeisenkasse
im Ortszentrum (erreichbar über die

Zollerstraße; bei der Volksbank nach
links abbiegen) und folgen dem
Weg Nr. 4. Auf diesem kehren wir
auch wieder zurück.

Noch ein Tipp
Ein weiterer netter Ausflug kann
mit den Kindern vom oben erwähnten Spielplatz im Grubenfeld aus
Richtung Westen (Landmannhof)
unternommen werden. Zuerst
spazieren wir durch eine Allee und
dann oberhalb der Zuggleise weiter.
Ja, und dann kann man Ziele in der
weiten Welt anpeilen, wie dieses
Schild verheißt.

**Interessante Ziele laden zum Weiter-
wandern ein!**

Rund um den Stollberg: Weitental–Kiener Alm–Obersergs–Untersergs–Weitental

Diese Radtour verlangt zwar ein wenig Ausdauer, entschädigt uns aber
mit lohnendem Ausblick. Sie verläuft
durchwegs auf asphaltierten Straßen.

Wegverlauf
Wir starten im Ortszentrum von
Weitental (882 m) und wenden
uns nach Norden. An der Kirche

vorbei und aus dem Dorfzentrum hinaus, gelangen wir schließlich zu einer Brücke über den Pfunderer Bach. Wir aber bleiben weiterhin auf der rechten Bachseite und folgen der Straße Richtung Köglberg. Zuerst gilt es, kräftig in die Pedale zu treten und einen schweißtreibenden Aufstieg zu bewältigen. Nach rund neun Kilometern geht es dann aber gemütlicher weiter.

Bei der **Kiener Alm** (1750 m) kann eingekehrt werden. Gestärkt machen wir uns auf den Rückweg. Wir fahren auf der Straße Richtung Meransen weiter und nach vier großen Kurven biegen wir in der fünften nach links ab. Wenn wir aber vorher noch ein kurzes Stück weiterfahren (Richtung Meransen), gelangen wir zu einem Platz neben der Straße,

Gesamtfahrzeit: 2 ½ Std.
Gesamtlänge: 23,5 km
Höhenunterschied: 870 m
Schwierigkeit: leicht bis mittelschwer
Jahreszeit: Frühling bis Spätherbst
Einkehrmöglichkeiten: Kiener Alm (geöffnet von Anfang Mai bis Ende Oktober, Ruhetag Samstag – außer Juli und August)

der einen wunderbaren Ausblick auf das untere Pustertal bietet.
Dann kehren wir wieder zurück und sausen an obgenannter Kurve abwärts, an den Höfen von Ober- und Untersergs vorbei bis nach Vintl.
Radverleih: Bar Restaurant Pit Stop in Vintl, Mobil 340 87 71 411 oder 339 68 25 037

Ein kleiner Umweg beschert diesen tollen Blick auf das untere Pustertal.

Zum Obervintler Wasserfall

1

Der Obervintler Wasserfall

Oberhalb vom Vintler Weiler Dörfl befindet sich eine kurze, aber eindrucksvolle Klamm. Diese endet plötzlich vor einer Felswand, über die der Terner Bach als ein über 40 Meter hoher Wasserfall herabstürzt. Dieser ist unser Ziel.

Vom Ortsteil Obervintl wandern wir vom Ansitz Töpsl (in der Nähe der Kirche) ausgehend aufwärts bis zu den letzten Häusern. Dort biegen wir nach rechts ab und gelangen in einem bequemen und netten Spaziergang zum oberen Ende des genannten Weilers Dörfl. Ein Schild („Wasserfall") weist uns nach links hinauf zur Schlucht und auf einer gut gesicherten Weganlage erreichen wir den versteckten Wasserfall. Die Rückkehr erfolgt auf demselben Weg.
(Gehzeit: ca. 1 ½ Std.)

Sehenswertes

Der interessante Kirchhügel in Niedervintl umfasst zwei sehenswerte Kirchen inmitten eines gepflegten Friedhofes. Die **alte, dem hl. Urban geweihte Pfarrkirche** samt Kirchturm und bemerkenswerten Fresken wurde im 14. Jahrhundert gotisiert. Die barocke, turmlose **neue Pfarrkirche Mariä Verkündigung** mit eindrucksvollen Stuckaturen und Deckenmalereien wurde 1762 geweiht und erinnert an den Dom zu Brixen.
Auch der **Kirchhügel von Pfunders** ist einen Besuch wert, vor allem wegen der beeindruckenden Aussicht, die man von dort aus genießt. Einen Blick sollte man auch in die **Pfarrkirche zum hl. Martin** mit ihrem Zwiebelturm und der schönen Christophorus-Darstellung an der Außenwand werfen.
Loden-Erlebniswelt: siehe „Das Besondere".

☺ **Das Besondere**

Loden-Erlebniswelt

Wenn man von Niedervintl Richtung
Obervintl fährt, dann entdeckt man
mitten in einem Geschäftsviertel
ein nettes Gärtlein mit lebendigen
Schafen. Man traut seinen Augen
kaum, aber die wolligen Tiere sind
hier genau richtig, denn sie gehören
zum Lodenmuseum.
In anschaulicher Weise wird darin
die Geschichte des Lodens erzählt,
von den Rätern bis heute, von der
kratzenden, groben Bauernbeklei-
dung bis zum beliebten, vor allem
für Trachtenkleidung verwendeten,
feinen und wärmenden Stoff der
heutigen Zeit. Besonders für Kinder
ist der Besuch dieser Einrichtung ein
nettes Erlebnis. Auf anschauliche
und alle Sinne anregende Art und
Weise wird die Herstellung des Lodens in der früheren und heutigen
Zeit vermittelt. Die Besucher können
auch selbst Hand anlegen oder
zum Beispiel mittels Schneeflocken
und eiskalten, künstlichen Stürmen
spüren, welche Bedeutung Wolle für
den Menschen hat.
Öffnungszeiten (ganzjährig geöff-

**Das Freigehege der Loden-Erlebnis-
welt macht Lust auf einen Besuch des
Museums.**

net): von Montag bis Samstag von
9 bis 17.30 Uhr (im Juli und August
von 9 bis 18.30 Uhr)
Das Museum gehört zum Loden-
bekleidungsgeschäft Oberrauch-Zitt
und befindet sich, wie bereits eingangs erwähnt, direkt an der Pustertaler Straße (Tel. 0472 868540).

 Spielplätze

In **Niedervintl** befindet sich im
Grubenfeld eine wunderschöne
parkartige Naherholungszone, die
keine Wünsche offenlässt.
Einen kleinen Spielplatz findet man
auch in **Weitental/Huntsdorf.**

**Spielplatz der „kinderfreundlichen
Gemeinde" Vintl**

Lodenerlebniswelt von Oberrauch-Zitt
Das erste Erlebnismuseum in Südtirol

Es handelt sich hier nicht um ein klassisches Museum, sondern Sie erleben hier auf interaktive Weise mit allen Sinnen, wie dieser traditionsreiche Stoff hergestellt wird.

Wandern Sie durch Donnergrollen und Schneegetöse, steigen Sie bei Nebelschwaden über einen Gebirgsaufgang auf, ähnlich wie die Schafe beim Almaufgang, und beginnen Sie die spannende **Lodenherstellung** zu erleben:
Schafe scheren, Fäden spinnen, färben und weben. In der Hexenküche walken, den Näherinnen über die Schulter schauen. Hautnah den Weg vom Schaf zum fertigen Kleidungsstück miterleben.

Die einzigartige Schau über Herstellung und Geschichte des Lodens, von den Rätern, die damals schon den Alpenraum bewohnten und sich mit Loden vor Kälte und Unwetter schützten, über die Bauern, die den Loden bei der Feldarbeit trugen, bis hin zu den Adeligen, die den Loden zu einem aristokratischen Symbol machten, und den modernen Designern, die ihn in den aktuellen Kollektionen immer öfter entdecken.

Ein **sinnliches Erlebnis** für die ganze Familie mit Freigehege, Erlebnismuseum, hauseigene Manufaktur. Im Hause befindet sich auf über 800 m^2 das größte **Loden- und alpine Sportswear-Geschäft** im gesamten Alpenraum. Gleich nebenan befindet sich der Lodenwirt.

Im Freigehege können alle Schaf- und Ziegenrassen bewundert werden, deren Wolle zur Lodenherstellung verwendet wird.

Durch eine Schafweide, an ungewaschener Schafwolle, an riesigen Webfäden vorbeispazieren ...

 Infos

Von Montag bis Samstag von 9 bis 18 Uhr, direkt an der Pustertaler Straße in Vintl
Tel. +39 0472 86 85 40
info.lodenwelt@oberrauch-zitt.com

1

 Öffentliche Verkehrsmittel

Niedervintl liegt an der Pustertaler Straße und ist sowohl mit den öffentlichen Buslinien als auch mit dem Zug regelmäßig erreichbar. **Obervintl** kann nur mit den öffentlichen Buslinien angefahren werden, welche im Stundentakt (teilweise sogar Halbstundentakt) fahren.
Pfunders kann von Vintl aus mit dem Bus jede Stunde erreicht werden.

 Freizeitangebote

• **Dartsmöglichkeit:**
– in Vintl: Cafe Sonja,
Tel. 0472 868531 (Montag
Ruhetag)
– in Weitental: Gasthof Laner,
Tel. 0472 548112 (Samstag
Ruhetag)
– in Pfunders: Alpenbar,
Tel. 0472 549120
• **Klettern:**
– Sportklettergarten in Niedervintl
oberhalb der Naherholungszone
Grubenfeld
– Sportklettergarten in der Nähe
des Strickerhofes oberhalb der
Siedlungen im Tulpeweg
• **Paragliding/Tandemflüge:**
– Höhenflugkurse beim Oberhof
in Weitental, Anmeldung und

Auskünfte bei Klaus Schwarzer's
Flugschule Flyart,
Tel. +49 802 448119
– Tandemflüge mit Heinrich
(staatl. geprüfter Tandempilot),
Tel. 0472 548244
• **Schießstand:** bei der Sportbar in
Weitental, Tel. 0472 548313
• **Tennis:**
– Sandtennisplatz in Obervintl,
Anmeldung im Restaurant Weißkirche, Tel. 0472 868148
– zwei Sandtennisplätze in der
Sportzone Weitental, Anmeldung
in der Sportbar bei Christine Obexer, Mobil 338 7327889
• **Zirkusschule Circomix:** die einzige Schule dieser Art in Südtirol!
Auskünfte über Anmeldungen und
Programm sind unter
www.circomix.it zu finden.

 Veranstaltungen

• Kirchtag in Pfunders am vierten
Sonntag nach Ostern
• Kirchtag in Weitental am ersten
Sonntag im Juli
• Kirchtag in Obervintl am ersten
Sonntag im September
• Kirchtag in Niedervintl am letzten
Sonntag im August

 Links/Infos

**Tourismusverein
Gitschberg-Jochtal
Infostelle Vintl**
Katharina-Lanz-Straße 90
39030 Mühlbach
Tel. +39 0472 886048
Fax +39 0472 849849
info@gitschberg-jochtal.com
www.gitschberg-jochtal.com

Terenten
1693 Einwohner – 1210 m
46°49' N – 11°46' O

 Kiens
2622 Einwohner – 835 m
46°48' N – 11°50' O

Terenten liegt auf halbem Weg zwischen Brixen und Bruneck auf einer Mittelgebirgsterrasse oberhalb von Vintl und ist ein sonnenverwöhntes Plätzchen. Es soll sogar die höchste Sonneneinstrahlung unter den Südtiroler Gemeinden haben. Die Gemeinde kann mit einem abwechslungsreichen Landschaftsbild aufwarten. Eine besondere Attraktion sind die Erdpyramiden und Mühlen längs des Terner Baches. Letztere erinnern uns heute an den einstigen Kornreichtum des Ortes. Durch den sehenswerten Mühlenlehrpfad und die Initiative „'s Terner Schmelzpfandl" mit seinen interessanten Aktionen sollen alte bäuerliche Traditionen in Erinnerung gerufen werden. Zur Gemeinde zählen neben dem Hauptort Terenten noch die Ortsteile **Pichlern, Margen, Pein** und **Talson**.

Der Nachbarort und zugleich Hauptort der gleichnamigen Gemeinde **Kiens** befindet sich tiefer und ist auf einem Schwemmkegel am Rande des Rienztales gelegen. Das Gemeindegebiet erstreckt sich über den Ortsteil Hofern bis zu den Spitzen der Pfunderer Berge und auf der anderen Talseite bis zur Rodenecker Alm hinauf.

Terenten, ein sonnenverwöhntes Dorf

2

Der Ortsteil **Ehrenburg** überrascht mit seiner gleichnamigen barocken Schlossanlage und der schönen, ebenso barocken Wallfahrtskirche. Im bewaldeten Ortsteil **Getzenberg** findet man auf Rodungsinseln mehrere gepflegte und einsame Bauernhöfe. Ein weiterer Ortsteil, **St. Sigmund**, liegt westlich vom Hauptort. Dazu gehört das einstige Heilbad Ilstern mit der Ulrichskapelle.

Die Nachbargemeinden von Terenten und Kiens sind:
• im Norden Mühlwald
• im Osten Pfalzen und St. Lorenzen
• im Süden St. Lorenzen und Rodeneck
• im Westen Vintl

Die Pfarrkirche St. Peter und Paul von Kiens

 ## Auf die Putzenhöhe

Der Name klingt bescheidener, als der Berg in Wirklichkeit ist. Wir können uns auf einen Gipfel mit tollem Ausblick in das Mühlwalder Tal, auf die vergletscherten Gipfel der Zillertaler Alpen und die zahllosen Berge der Dolomiten freuen. Unterhalb der Putzenhöhe erwartet uns der Grünbachsee.

Nach einer Stärkung in der Moarhofalm wird die Wanderung auf die Putzenhöhe fortgesetzt.

Wegverlauf

Vom Weiler Hofern, den wir entweder von Kiens über Issing oder von Terenten aus erreichen können, führt in der Nähe der Bushaltestelle ein Sträßlein hinauf (Schild Moarhofalm). Auf diesem erreichen wir den **Parkplatz Gelenke** (1591 m). Von da wandern wir, der Markierung mit der Nummer 65 folgend, in einer knappen Stunde auf einem Forstweg durch das Katzental zur **Moarhofalm** (1883 m). Dort kann eine stärkende Einkehr eingelegt werden. Dann geht es weiter auf Forstweg Nr. 65, der bald nach links auf einen schmaleren Wanderweg abzweigt, bis zur Grünbachalm und dem Grünbachsee. Entlang des Weges können im Sommer immer wieder die Blüten des Eisenhutes bewundert werden. Vom See ist es nicht mehr weit bis zu unserem Gipfelziel, der **Putzenhöhe** (2387 m), die wir auf unmarkiertem Pfad erreichen. Dort oben zieht auch der Pfunderer Höhenweg vorbei. Nach ausgiebiger Rundschau kehren wir auf dem Hinweg zu unserem Ausgangspunkt zurück.

Tipp

Wer die Wanderung ausdehnen möchte, kann auf dem Pfunderer Höhenweg westwärts weiterwandern, über den Zwölferspitz bis zur Abzweigung des Weges Nr. 11A, der an der Pichler Bergalm vorbeiführt und dann in den Weg mit den Nummern 11–65 mündet. Auf diesem gelangen wir wieder zum Ausgangspunkt zurück (ca. 1½ Std. längere Gehzeit, gut auf die Markierung achten!).

Gesamtgehzeit: gut 4 Std. (kurze Variante)
Höhenunterschied: ca. 800 m
Schwierigkeit: keine
Jahreszeit: Sommer
Einkehrmöglichkeiten: Moarhofalm (geöffnet von Mitte Juni bis Ende Oktober, auch im Winter geöffnet)

2

![Die Pertinger Alm]

Die Pertinger Alm ist sowohl im Winter als auch im Sommer ein beliebtes Ziel.

Auf die Pertinger Alm

Die Pertinger Alm ist sowohl im Sommer als auch im Winter ein beliebtes Wanderziel. Sie kann ohne Weiteres mit dem Kinderwagen erreicht werden. In der kalten Jahreszeit wird gerne über den Zufahrtsweg hinuntergerodelt. Für Kinder ist auch ein Abstecher zum Teufelsstein aufregend. Um ihn rankt sich eine Sage, die besagt, dass der Teufel diesen Felsblock von Lüsen durch die Luft schleppte. Er wollte damit die hinter den Bergen liegende Kirche von Mühlwald zerstören. Aber das Läuten der Kirchenglocken machte ihm einen Strich durch die Rech-

Gesamtgehzeit: ca. 3 Std.
Höhenunterschied: rund 300 m
Schwierigkeit: keine, geländetauglicher Kinderwagen erforderlich
Jahreszeit: Frühling bis Spätherbst
Einkehrmöglichkeiten: Pertinger Alm (geöffnet von Anfang Juni bis Ende Oktober)

nung. Seine Kräfte gaben nach und er ließ den Stein genau an der Stelle fallen, an der er sich heute befindet. Die Wahrheit ist, dass es sich bei diesem „Teufelsstein" um einen Findling handelt, der von den Gletscherströmen der letzten

Eiszeit zurückgelassen wurde. Um ihn zu finden, braucht man nur dem entsprechenden Hinweisschild folgen.

Wegverlauf
Von Terenten aus fahren wir mit dem Auto auf der Sonnenstraße rund zwei Kilometer Richtung

Pfalzen. Dort biegen wir nach links ab und dann geht es bergauf bis zur **Jausenstation Nunewieser** (1536 m) und noch ein Stück weiter bis zum Parkplatz. Dort beginnt auf dem Forstweg Nr. 5 der gemütliche Spaziergang zur **Pertinger Alm** (1861 m). Für den Rückweg wählen wir die Anstiegsroute.

 ## Von St. Sigmund nach Ehrenburg

Den Besuch des Kiensner Ortsteiles Ehrenburg sollte man sich auf keinen Fall entgehen lassen. Überragt von Schloss Ehrenburg und dem Kirchhügel, bietet der Ort ein malerisches Gesamtbild. Das barocke Schloss, das seit sieben Jahrhunderten im Besitz der Grafen von Künigl war, wurde 2010 verkauft, kann aber besichtigt werden und vermittelt

mit seiner vollständigen Einrichtung einen bewohnten Eindruck.

Wegverlauf
Wir starten beim Hotel Sigmunderhof und fahren kurz der Pustertaler Straße entlang Richtung Westen, bis zur markierten Einfahrt in den Pustertaler Radweg, der nach links abzweigt. Nachdem wir die Brücke über die

Schloss Ehrenburg und die Pfarrkirche prägen das Dorfbild von Ehrenburg.

2

Rienz überquert haben, halten wir uns wieder nach links und folgen dem Radweg, bis wir die Gadertaler Straße erreichen (nach gut 9 km). Auf dieser fahren wir kurz talein-wärts bis zur nach rechts weisenden Abzweigung nach Montal. Nun geht es bergauf bis in den kleinen Ort. Dort zweigen wir wieder nach rechts ab auf die Straße, die Richtung Ehrenburg und Ellen führt (Nr. 9). Auf dieser erreichen wir unser Ziel Ehrenburg. Nach links kommen wir zum Schloss, das besichtigt werden kann (Öffnungszeiten: siehe Sehens-wertes). Ganz in der Nähe befindet sich die ebenso sehenswerte barocke Kirche mit dem bekannten Gnaden-bild der Kornmuttergottes. Wir radeln dann vom Parkplatz des Schlosses weiter und kommen auf der abwärts

Gesamtfahrzeit: knapp 2 Std.
Gesamtlänge: knapp 20 km
Höhenunterschied: ca. 200 m
Schwierigkeit: leicht
Jahreszeit: Frühling bis Spätherbst
Einkehrmöglichkeiten gibt es entlang der Strecke mehrere

führenden Straße wieder Richtung Ortszentrum. Wir biegen aber vorher nach links ab (Richtung Getzenberg) und halten uns dann nach rechts (nicht Am-Römerstein-Straße). Auf der Straße, die in einen Forstweg mit der Nr. 5, 7 übergeht, kommen wir wieder auf den Radweg hinab und kehren auf diesem zum Ausgangs-punkt zurück.
Radverleih: Rentabike Hotel Post, Tel. 0474 56 53 18

Biotop Pirchner Moos

Das Biotop Pirchner Moos ist Le-bensraum für typische Pflanzen und Tiere der Moore. Gleichzeitig hat es wie jedes Moor die Eigenschaft, ein wertvoller Wasserspeicher zu sein, der das kostbare Nass langsam an Quellen und Bäche abgibt. Dieser Umstand schützt besiedelte Gebiete vor Hochwasserschäden. Interes-

sant gestaltete Hinweistafeln geben Auskunft über Wissenswertes zum Biotop. Zudem kann noch ein Abste-cher in den landschaftlich sehr reiz-voll gelegenen Weiler Hohenbühel gemacht werden. Dort erwartet uns eine weitere Sehenswürdigkeit: die Osn-Säge. Wieder gewährt eine Schautafel Einblick in die Funktions-weise dieser Anlage. Zu guter Letzt kann dieser Ausflug noch mit dem Besuch des Mühlenlehrpfades abge-rundet werden.
Vom Parkplatz im Ortszentrum wan-dern wir auf der Straße Richtung Westen bis zum Hotel Tirolerhof. Dort ist ein Hinweisschild „Pirch-ner Moos". Von nun an folgen wir dieser Markierung bis zum besagten

Biotop. Nach der Besichtigung desselben überqueren wir den kleinen See und wandern nach oben weiter. Sobald wir auf die Wiesen gelangen, führt ein Weg geradeaus aufwärts nach Hohenbühel. Wir spazieren durch den Weiler, bis wir zur Ab-

zweigung des Weges 1B gelangen. Wenn wir dieser Straße folgen, gelangen wir zu den Mühlen und können auf dem Mühlenlehrpfad nach Terenten zurückkehren. (Gehzeit: gut 3 Std. – Höhenunterschied: ca. 250 m)

 ## Sehenswertes

Terenten:
Kirche St. Margareth in Margen mit gotischen Gewölberippen und sehenswertem Flügelaltar.
Wenn man von Terenten ausgehend dem Besinnungsweg der Schmerzen Mariens nach **St. Zeno** folgt, so kommt man zur einsam gelegenen gleichnamigen Kirche. Sie befindet sich auf einem Hügel mit prähistorischer Besiedelung.
Mühlenlehrpfad und Erdpyramiden: siehe „Das Besondere"
Biotop „Pirchner Moos": siehe „Natur pur"
Kiens:
Schloss Ehrenburg in Ehrenburg war seit 700 Jahren im Besitz der Grafen Künigl und wurde im Jahr 2010 verkauft. Die Anlage besteht aus zwei Teilen, einem mittelalterlichen und einem barocken Anbau. Besichtigt werden können (nur mit Führung) unter anderem der Ahnensaal und der Audienzsaal sowie die Bibliothek.
Öffnungszeiten: April, Mai, Oktober: Mittwoch um 15 Uhr;
Juni und September: von Montag bis Samstag um 11 und 15 Uhr
Juli und August: von Montag bis Samstag um 11, 15 und 16 Uhr

Barocke **Pfarrkirche Mariä Himmelfahrt** in Ehrenburg mit Gruftkapelle, in der sich das Bildnis Unserer Lieben Frau im Ährenkleid befindet, zu der unter anderen die Prettauer (Ahrntal) alljährlich zu Fuß pilgern.

Die sehenswerte Kirche Mariä Himmelfahrt von Ehrenburg

Der **Ehrenburger Meilenstein** des römischen Kaisers Septimius Severus kann auf Weg Nr. 5 erreicht und besichtigt werden.
Die **Pfarrkirche St. Sigmund** in St. Sigmund: ein sehr wertvoller spätgotischer Bau mit einzigartigem Flügelaltar
Die **Pfarrkirche St. Peter und Paul** in Kiens ist ein Werk des ausklingenden Barock mit Deckengemälden von Josef Renzler.

☺ **Das Besondere**

Der Terner Mühlenweg
In Terenten wurde bis vor einigen Jahrzehnten sehr viel Korn angebaut, welches dank der sonnigen Lage bestens gedieh und dem Ort das Prädikat „Kornkammer des unteren Pustertales" einbrachte. Mit dem Projekt „'s Terner Schmelzpfandl" versucht man seit kurzem, die alten bäuerlichen Lebensformen wieder ins Bewusstsein zu rücken. Eine Reihe von Veranstaltungen im Laufe des Jahres wie Aussaat, Mühlen-Fest oder Almabtrieb und „Puschtra Kost" lassen die ehemaligen Traditionen wieder aufleben. Gleichzeitig werden sie auch an die junge Generation vermittelt.
Zum Korn gehörten auch Mühlen. Diese finden wir heute noch am Terner und am Winnebach.
Unsere Wanderung auf dem Mühlenlehrpfad am Terner Bach führt uns an einem halben Dutzend restaurierter, mit Schautafeln ver-

sehener Mühlen vorbei. Vorher aber können wir gegenüber der Jausenstation Jenneweinhof noch eine weitere Sehenswürdigkeit bewundern: die Erdpyramiden.
Wir starten vom Parkplatz im Dorfzentrum und überqueren die Pustertaler Sonnenstraße. Dann spazieren wir ein Stück Richtung Westen bis zum Bach. Dort biegen wir nach rechts in den Lehrpfad ein und folgen dem Schild mit dem Mühlenrad. Am Ende des Mühlenweges halten wir uns nach rechts und kehren über den Panoramaweg wieder nach Terenten zurück.
Vom 25. Mai bis zum 12. Oktober wird jeden Montag von 10 bis 15 Uhr eine Mühle in Betrieb gesetzt und man kann sie besichtigen, in der „Schmelzpfandl-Woche" (16. bis 25. Oktober) sogar jeden Tag. (Gehzeit: 2 ½ Std. – Höhenunterschied: rund 200 m)

Nicht nur Mühlen sondern auch Erdpyramiden sind am Mühlenweg zu sehen.

Freizeitangebote

Kiens:
- **Billard:** im Bar-Cafe-Pub Karo in Ehrenburg, Tel. 0474 561020
- **Flugsport:** Mit Robby Amhof kann man Flying Mania, Paragliding oder Tandemflüge erleben, Mobil 347 4321699
- **Kegeln:** In der Sportkegelbar in Kiens gibt es vier vollautomatische Bahnen, Montag Ruhetag, Tel. 0474 565335
- **Tennis:** Auf zwei Sandplätzen an der Straße „Antlaszäune" (Tel. 0474 565528), zwei Kunstrasenplätzen beim Hotel Pustertalerhof (Tel. 0474 565230) und einem Sandplatz beim Gasthof Obermair in Ehrenburg

(Tel. 0474 565339) kann dieser Sport ausgeübt werden.
- **Tischtennis sowie Volleyball** kann man im Freizeitpark von Ehrenburg spielen.

Terenten:
- Im Dorfzentrum von Terenten gibt es einen schön angelegten Freizeitpark und eine Sportzone, wo vieles unternommen werden kann: Boccia, Minigolf, Skatepark, Tennis, Tischtennis, Volleyball oder Kneippen in der Wassertretanlage.
- **Reiten:** bei der Island-Pferde-Anlage der Familie Schmid-Wiedenhofer, Tel. 0472 546116 oder 0472 544098

 **Spielplätze**

Spielplätze befinden sich im Freizeitpark im Zentrum von Terenten sowie an der Straße „Antlaszäune" in Kiens, im Freizeitpark in Ehrenburg und in Hofern.

 Öffentliche Verkehrsmittel

Terenten kann an den Werktagen von Bruneck aus in regelmäßigen Abständen mit den öffentlichen Verkehrsmitteln (Bus) erreicht und auch wieder Richtung Bruneck verlassen werden. Der Bus fährt über die Pusterer Sonnenstraße, also über Pfalzen.

Kiens und **St. Sigmund** liegen an der Talstraße und werden von den öffentlichen Bussen (Brixen–Bruneck) mindestens jede Stunde einmal und teilweise auch zweimal angefahren. In Ehrenburg befindet sich auch ein Zugbahnhof, an dem regelmäßig Züge, aus Brixen bzw. Franzensfeste kommend, anhalten.

Veranstaltungen

Terenten:
- 's Terner Schmelzpfandl: verschiedene Aktionen rund um das Getreide, wie Aussaat, Mühlenfest, Erntezeit, Almabtrieb und „Puschtra Kost"
- im August: Knödelfest
- im Juli: Kinderfest
- Kirchtag am zweiten Wochenende im September
- Eselwanderungen und -trekking werden von der Eselfarm in Pein angeboten, Mobil: 347 51 11 353, www.eselfarm.eu

Kiens:
- im Mai: Kirchtag in Ehrenburg
- im Juni: traditionelles Kirchtagsfest in Kiens
- im Juli: Feuerwehrfest in Kiens
- Traditionelles Kirchtagsfest in St. Sigmund im Schulhof
- im August: Kirchtag in Hofern, Bergmesse am Grünbachjoch mit Bläsergruppe der Musikkapelle Kiens
- Standlfest in Kiens

Garben binden: Erinnerungen an frühere Zeiten werden wachgerufen.

- Almkirchtag auf der Rodenecker Alm: Fünf Hütten verwöhnen Sie mit einheimischen Spezialitäten und spritziger Musik

 Links/Infos

Tourismusverein Terenten
St.-Georg-Straße
39030 Terenten
Tel. +39 0472 54 61 40
Fax +39 0472 54 63 40
info@terenten.com
www.terenten.com

Tourismusverein Kiens
Kiener Dorfweg 4b
39030 Kiens
Tel. +39 0474 56 52 45
Fax +39 0474 56 56 11
info@kiens.com
www.kiens.info

PFALZEN

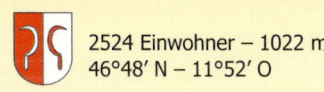

2524 Einwohner – 1022 m
46°48' N – 11°52' O

Pfalzen erstreckt sich, eingerahmt von ausgedehnten Wäldern, nordwestlich von Bruneck auf einem sonnigen Hochplateau zur Gemeinde gehören neben dem Hauptort Pfalzen noch die Ortsteile Greinwalden und Issing sowie die Weiler Platten und Kofl.
Wer dieses Gebiet mit offenen Augen durchstreift, erlebt immer wieder neue Überraschungen und Eindrücke. Vom bekannten Badesee Issinger Weiher bis zum aussichtsreichen Gipfel des Sambock, von Schloss Schöneck zur einst viel besuchten Brunnenkapelle mit dem heilenden Augenwasser in Hasenried und weiter über den malerischen Pfaffensteig, von der kunstvollen Valentinskirche in Grein-walden bis zum Panoramaweiler Kofl: Es gibt viele sehens- und besuchenswerte Ziele. Aber auch andere Freizeitbeschäftigungen kommen nicht zu kurz: Wie wäre es zum Beispiel mit einem spannenden Tag im Hochseilgarten und Abenteuerpark „Kronaction"?

Die Nachbargemeinden von Pfalzen sind:
• im Norden Mühlwald
• im Osten Gais und Bruneck
• im Süden St. Lorenzen
• im Westen Kiens

Die Kirche St. Johann in Hasenried und die Brunnenkapelle

3

Unterhalb der Bärentaler Spitze finden sich mehrere kleine Seen.

 ## Auf die Bärentaler Spitze

Der klassische Hausberg von Pfalzen ist der aussichtsreiche Sambock. Wer genügend Zeit investiert, kann von dort oben weit über 300 Gipfel zählen.

Wir aber wenden uns einem anderen, ebenso lohnenden Weitblick versprechenden Bergziel zu, nämlich der Bärentaler Spitze. Unterhalb davon befinden sich mehrere kleine Bergseen.

Eine besondere Augenweide bietet sich dem Wanderer im Spätherbst, wenn die vielen Lärchen längs des Weges ihr goldig leuchtendes Kleid überstreifen.

Wegverlauf
Wir fahren bis zum Weiler **Platten**. Oberhalb des Lechnerhofes befindet sich ein Parkplatz (ca. 1600 m). Die Schilder weisen uns beim nahen Tierstallerhof anfangs über eine Wiese hinauf. Dann gelangen wir auf den Forstweg mit der Markierung Nr. 67. Diesem folgen wir, bis er, vorbei an der Plattner Alm, in einen Wanderweg (immer noch Nr. 67) übergeht, der – die Plattner Spitze umgehend – bis zum Gipfel der **Bärentaler Spitze** (2450 m) führt. Für den Rückweg wählen wir die gleiche Route.

Gesamtgehzeit: ca. 4 Std.
Höhenunterschied: 850 m
Schwierigkeit: Gut auf die Markierung achten!
Jahreszeit: Sommer
Einkehrmöglichkeiten: keine

Sportplatz–Issinger Weiher–Irenberger Hof

Der Issinger Weiher, ein Paradies für Wasserratten

Gesamtgehzeit: ca. 3 Std.
Höhenunterschied: rund 100 m
Schwierigkeit: keine
Jahreszeit: Frühling bis Spätherbst
Einkehrmöglichkeiten: Bar-See-restaurant am Issinger Weiher (Ruhetag Mittwoch), Cafe Weiher (im Sommer kein Ruhetag), Irenberger Hof (Ruhetag Donnerstag)

3

Dieser Ausflug ist ideal für Kinder! Gleich zu Beginn oder auch als Abschluss sorgt ein toller Spielplatz oberhalb der Sportzone für Spaß. Unterwegs kommen wir an einem Klettergarten vorbei. Akrobatengleich turnen dessen Besucher über die Anlage und ziehen die Blicke auf sich. Der Issinger Weiher ist ein netter Badesee und die Einkehrstätte Irenberger Hof der richtige Platz zum Toben für die Kleinen.

Wegverlauf
Unser Ausgangspunkt ist die Sportzone. Wir folgen dem Weg mit der Bezeichnung „Zum See". Nach 200 Metern biegen wir in den nach links führenden Forstweg ein und folgen diesem bis zum Weiher. Nach dem Issinger Weiher führt ein Forstweg (Nr. 6) zum Irenberger Hof hinauf. Von dort kurz auf der Zufahrtsstraße aufwärtsgehen, bis zur Kurve am Waldrand. Von dort gelangen wir auf einem Fußweg wieder zurück zum Ausgangspunkt.

 ## Zum Kofler am Kofl

Der Berggasthof Kofler am Kofl ist eine wahre Aussichtsloge, deren Besuch man sich nicht entgehen lassen sollte. Der Blick in den Brunecker Talkessel und auf die Dolomiten ist es wert. Der Gasthof kann zu Fuß, per Auto und natürlich auch mit dem Rad erreicht werden.

Wegverlauf
Wir starten im Ortszentrum von **Pfalzen** (Tourismusbüro, 1022 m),

radeln durch die Michael-Pacher-Straße bis zur Sichelburgstraße und folgen dieser bis an deren Ende. Dort geht sie dann in die Koflerstraße über, auf der wir unser Ziel, den **Gasthof Kofler am Kofl** (1487 m), erreichen. Dort angelangt können wir uns mit diesem kurzen Ausflug, einer stärkenden Einkehr und der fantastischen Aussicht begnügen oder weitere Höhenmeter bewältigen. Für stramme Moun-

3

Einkehren und Ausschau halten kann man beim Gasthaus Kofler am Kofl.

tainbiker würde sich nämlich noch ein Ausflug auf die Pitzinger Alm (2050 m) anbieten.

Für den Rückweg vom Kofler am Kofl wählen wir zuerst die Anfahrtsstraße, bis wir zur Abzweigung des Weges Nr. 18 gelangen. Über diesen kehren wir ins Dorf zurück.

Gesamtfahrzeit: ca. 1 ½ Std.
Gesamtlänge: ca. 11 km
(Kofler am Kofl)
Höhenunterschied: 465 m
Schwierigkeit: leicht bis mittelschwer
Jahreszeit: Frühling bis Spätherbst
Einkehrmöglichkeiten: Gasthof Kofler am Kofl (Ruhetag Montag)

Themenweg „Steine erzählen"

Das Gebiet von Pfalzen befindet sich in einer, vom geologischen Standpunkt aus gesehen, interessanten Zone. Es liegt an der sogenannten Pustertaler Linie, einem Teilabschnitt der periadriatischen Naht. Dabei handelt es sich um die bedeutendste tektonische Störungslinie der Alpen. Mit dem sehenswerten Themenweg „Steine erzählen" wird diesem Umstand Rechnung getragen. Besonders charakteristisch für Pfalzen ist

das Granitgestein. Dieses körnige, helle Gestein begegnet uns in Form von Brunnentrögen, Trockenmauern, Zaunsäulen, Pflastersteinen, Treppenstufen und dergleichen auf Schritt und Tritt. In den Themenweg wurden noch verschiedene andere Attraktionen eingebunden: die Kohlstatt, kunstvoll geflochtene Holzzäune, Kapellen, ein Biotop und der Issinger Weiher.

Man kann den Themenweg in mehreren Etappen begehen. Wir aber möchten alles auf einmal

haben: Wir starten beim Schulhaus (Parkplätze vorhanden) und folgen dem Hinweisschild „Panoramasteig". Bald erreichen wir das Steintor, das den Beginn des Themenweges markiert. Vorbei an Trockenmauern und einem Steinrondell bleiben wir auf dem Panoramaweg. Wir gelangen zum Tiefenthalerhof, oberhalb von diesem überqueren wir die Straße und wandern nach der Kurve wieder in den Wald hinein. Bei der Kohlstatt gehen wir nach rechts (am Zaun entlang). Wir überqueren den Berghang und erreichen das Bachstöckl (Kapelle). Von dort geht es hinauf zu den Lechner Höfen und weiter zur Koflerstraße. Wenn wir auf dieser 200 Meter abwärts gehen, erreichen wir Weg Nr. 18 (Greinwalden) und folgen diesem, bis wir zur Greinwaldner Straße gelangen. Auf dieser gehen wir nach Westen und dann nach links bis zum Valentinskirchlein. Weiter geht es Richtung Pfalzner Straße, wir überqueren diese und spazieren auf dem Forstweg am Waldrand bis zur Sportzone. Von dort folgen wir den Hinweisschildern „Zum See"

Ein besonders idyllischer Abschnitt des Themenweges ist der „Pfaffensteig".

bis zum Issinger Weiher. Dann wird die von Kiens heraufführende Straße überquert und wir halten uns nach links (Schild „Mühlen/Hofern"). Wir erreichen die Sonnenstraße. Auf der anderen Seite geht es weiter, Richtung Schloss Schöneck, bis wir auf die Hasenrieder Straße gelangen. Auf dieser marschieren wir bis zur Kirche von Hasenried. Dort kommen wir auf den Pfaffensteig, der uns nach Pfalzen zurückführt.
Es empfiehlt sich, sich im Tourismusbüro die nette Broschüre zu diesem Themenweg zu besorgen! (Gehzeit: ca. 5–6 Std., Höhenunterschied: ca. 350 m)

Das Besondere

Der Klettergarten

Der Hochseilgarten „Kronaction" ist der größte Abenteuerpark Südtirols. Er ist direkt am Issinger Weiher gelegen. Nach Europa-Norm (15567-2) gebaut und zertifiziert, bietet er größtmögliche Sicherheit und ist für die ganze Familie geeignet: vom kleinen Knirps bis zu den Eltern, für jeden bedeutet der Besuch dieser Anlage Abenteuer pur! Über 100 Stationen können nach einer entsprechenden Einweisung durch die geschulten Trainer überwunden werden, ausgerüstet mit Helm, Gurt und Klettersteigset (werden vor Ort zur Verfügung gestellt). Es gibt mehrere Parcours mit verschiedenen Schwierigkeitsgraden und es werden auch Abenteuertage für Kinder von 6 bis 12 Jahren angeboten. Seit 2010 wird ein neuer Parcours geboten,

auf dem bereits Kinder von drei bis sechs Jahren Erfahrungen mit Gurt und Karabiner machen können.
Es wird empfohlen, Turn- oder Trekkingschuhe und keine neuwertige Kleidung anzuziehen.
Informationen und Öffnungszeiten unter www.kronaction.com oder Mobil 348 5947813

Spannende Stunden verspricht ein Besuch im Klettergarten „Kronaction".

Spielplätze

Ein besonders großzügig angelegter
Spielplatz befindet sich oberhalb
der **Pfalzner Sportzone**. Weitere
Spielplätze finden sich beim Schul-
haus, beim Kindergarten und in der
Handwerkerzone „Bachla"

Freizeitangebote

- **Fitness:** Fitnessparcours in der
  Sportzone
- **Flugsport:** Diesem kann dank
  des Drachenfliegerclubs Pfalzen
  gefrönt werden, Tel. 0474 52 80 36
- **Kegeln:** In der Sportbar in Pfal-
  zen gibt es vier vollautomatische
  Bahnen, Tel. 0474 52 83 36
- **Klettern:** siehe „Das Besondere"
- **Nordic Walking:** Auf 55 km
  ausgeschilderten Strecken kann
  „gewalkt" werden.
- **Reiten:** Der Reiterhof Grasspein-
  ten bietet Tagesritte, Schnupper-

kurse, Ponyreiten für Kinder und
Trekkingtouren an,
Mobil 349 52 30 037
- **Schwimmen:** Im Issinger
  Weiher, einem Moorsee, kann von
  Mitte Juni bis Mitte September
  geschwommen werden (gebüh-
  renpflichtig), Tel. 0474 56 55 25
- **Skatepark:** Rollerblades-Bahn in
  der Nähe der Turnhalle der Grund-
  schule Pfalzen
- **Tennis:** Beim Sportplatz befinden
  sich zwei Tennisplätze mit Flut-
  licht, Tel. 0474 52 83 36

Sehenswertes

**Pfarrkirche zum hl. Cyriak in
Pfalzen**: Der aus Granitquadern
bestehende Turm stammt aus dem
15. Jahrhundert, der Kirchenbau
aus dem Jahr 1851. Gesäumt von
zwei mächtigen Rosskastanien, leitet uns der beeindruckende Aufgang
in das Innere der Kirche mit dem
barocken Hochaltar, welcher mit
einem Altarbild des Bozner Malers
Carl Henrici ausgestattet ist.
Das Kirchlein **St. Valentin in
Greinwalden** ist für Kunstliebhaber
ein empfehlenswertes Ziel. Wunder-

**Das Kirchlein St. Valentin in Grein-
walden**

bar gelegen, birgt der spätgotische
Bau Fresken von Friedrich Pacher

3

und einen barocken Hochaltar. Über den landschaftlich schönen Pfaffensteig erreicht man die spätgotische Kirche **St. Johann in Hasenried**, die mit einem Netzgewölbe ausgestattet ist. Die Kunstgegenstände fielen leider einem Einbruch zum Opfer.
In unmittelbarer Nähe befindet sich die **Brunnenkapelle** mit dem Heilwasser. Viele Menschen pilgerten hierher, um von Augenleiden und anderen Gebrechen geheilt zu werden.
Die **Säulenfichte** ist ein einzigartiges Naturdenkmal, welches man in der Nähe der Straße zwischen

Hofern und Issing findet.
Kräutergarten und Latschenölbrennerei „Bergila" in Issing: eigene Herstellung von ätherischen Ölen und Kräuterprodukten, Kräutergarten mit kontrolliert biologischem Anbau
Besuchenswert: Feinschmecker, die gerne in Restaurants mit Michelin-Stern einkehren, werden auch in Pfalzen fündig, und zwar im **Restaurant Schöneck**. Es bekam in Rom sogar die Auszeichnung „Restaurant des Jahres 2009" verliehen, denn es zählt, laut Führer des renommierten Verlages „Bibenda", zu den besten Restaurants Italiens.

 Öffentliche Verkehrsmittel

Pfalzen kann mit den öffentlichen Bussen problemlos erreicht werden. Jede Stunde fährt ein Bus Richtung Bruneck oder in die andere Richtung (Terenten) ab.

 Veranstaltungen

- Geführte Wanderungen zu verschiedenen Themen (z. B. „Steine erzählen", „Vom Korn zum Brot")
- Frühjahrskonzert im Mai
- Musikfest in Pfalzen: Anfang August
- Kirchtag in Pfalzen: Mitte Oktober
- Kirchtag in Issing: Mitte August
- Schlemmerschoppen: jeden Donnerstag im Juli und August; Abendveranstaltung mit Musik und typischen Produkten
- Mittsommernachtsfest am 15. August in Pfalzen beim Musikpavillon
- „Highlander Games" im Juni: ein irisch-schottisches Volksfest

 Links/Infos

Tourismusverein Pfalzen
Rathausplatz 1
39030 Pfalzen
Tel. +39 0474 528159
Fax +39 0474 528413
info@pfalzen.net
www.pfalzen.info

ST. LORENZEN

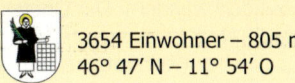

3654 Einwohner – 805 m
46° 47′ N – 11° 54′ O

St. Lorenzen liegt im mittleren Pustertal am Zusammenfluss von Rienz und Gader. Die Landschaft wird geprägt von vielen bewaldeten Hügelkuppen, von der majestätischen Michelsburg sowie dem ehemaligen Benediktinerinnenkloster Sonnenburg. Die vielen Hügel halten den Wind ab und sorgen für angenehmes Klima; in vor- und frühgeschichtlicher Zeit luden sie die Menschen ein, sich hier anzusiedeln. Der Name St. Lorenzen ist daher Musik in den Ohren der Archäologen, die Funde reichen von der späten Jungsteinzeit bis in die Römerzeit herauf, als hier die Straßenstation Sebatum entstand. Ihre Spuren kann man heute noch längs der Rienz entdecken.

Den Marktflecken St. Lorenzen zeichnet ein sehr schöner, zentral gelegener Kirchplatz aus, begrenzt von ansehnlichen Gebäuden, wie dem Pfleghaus oder der doppeltürmigen Kirche. Der Ort hatte früher größere wirtschaftliche Bedeutung als das benachbarte Bruneck. Auch die vielen umliegenden Ortsteile sind einen Besuch wert. Auf angenehmen Wegen können sie erwandert werden. Wer höher hinauf möchte, kann von den Bergweilern **Ellen** oder **Hörschwang** aus auf das Astjoch oder zum

St. Lorenzen

4

Jakobsstöckl wandern. Der Ortsteil **Maria Saalen** ist ein geschätzter und idyllischer Wallfahrtsort. In den Weilern **Sonnenburg** und **Lothen** befinden Sie sich auf geschichtsträchtigem Boden, was Ihnen auch mittels eines archäologischen Lehrpfades vor Augen geführt wird. Für Abwechslung ist in der Gemeinde St. Lorenzen also gesorgt.

Die angrenzenden Gemeinden sind:
• im Norden Pfalzen und Kiens
• im Osten Bruneck
• im Süden Enneberg
• im Westen Lüsen und Kiens

Geschichtsträchtige Gebäude im Ortsteil Sonnenburg

 ## Von Ellen auf das Astjoch

Gesamtgehzeit: 4 ½ Std.
Höhenunterschied: 713 m
Schwierigkeit: keine
Jahreszeit: Frühsommer bis Spätherbst
Einkehrmöglichkeiten: Starkenfeldhütte (geöffnet von Mitte Mai bis Ende Oktober), Rastnerhütte (geöffnet von Mitte Mai bis Anfang November)

Die steinerne Panoramaplattform auf dem Astjoch ist eine wertvolle Orientierungshilfe.

Unser Ziel, das Astjoch (in manchen Karten auch als Burgstall bezeichnet), ist ein Aussichtsberg besonderer Klasse. Eine beschriftete steinerne Panoramaplattform verrät uns die Namen der vielen Gipfel, die wir von hier aus zu sehen bekommen. Die Wanderung ist zwar mit einem steilen Aufstieg verbunden, aber die Mühe lohnt sich, denn auch die Almen unterhalb des Astjoches sind ein lohnendes Ziel. Erwähnenswert ist weiters, dass vier Gemeinden Anteil an diesen Almen haben, die wir auf unserer Wanderung alle durchschreiten: Lüsen, Rodeneck, Kiens und St. Lorenzen.

Wegverlauf

Bereits die Anfahrt in das Bergdorf Ellen ist ein Erlebnis und gibt uns Einblick in das mühevolle Leben der Bergbauern. Wir erreichen den Ortsteil über Montal. Von dort geht es weiter Richtung Ehrenburg bis zur Abzweigung, die uns nach links hinaufleitet nach **Ellen**. Bereits vor dem Ortskern von Ellen zweigt die Straße nach rechts zum verlassenen **Kreuznerhof** (ca. 1481 m) ab, unserem Ausgangspunkt. Oberhalb des Hofes führt der Weg Nr. 67 recht steinig hinauf bis zur **Einhäuserer Alm** und von dort hinauf auf das **Astjoch** (2194 m, knapp 2 Std.). Nach eingehender Ausschau setzen wir unsere Wanderung weiterhin auf Weg Nr. 67 fort. Dieser bringt uns auf einen bequemen Forstweg hinab, der uns nach rechts zur Starkenfeldhütte (mit Käserei) führt. Nach 100 Metern biegt nach rechts Weg Nr. 67b ab und bringt uns in die Nähe einer weite-

Die Almen unterhalb des Astjoches sind nicht nur für Wanderer ein Paradies.

ren Einkehrstätte, zur Rastnerhütte. Auf dem Weg Nr. 67b bleibend, gelangen wir an der Moasalm vorbei zum Burgerbach. Nach dessen Überquerung geht es bald auf bequemem Forstweg bis zum Kreuzner zurück.

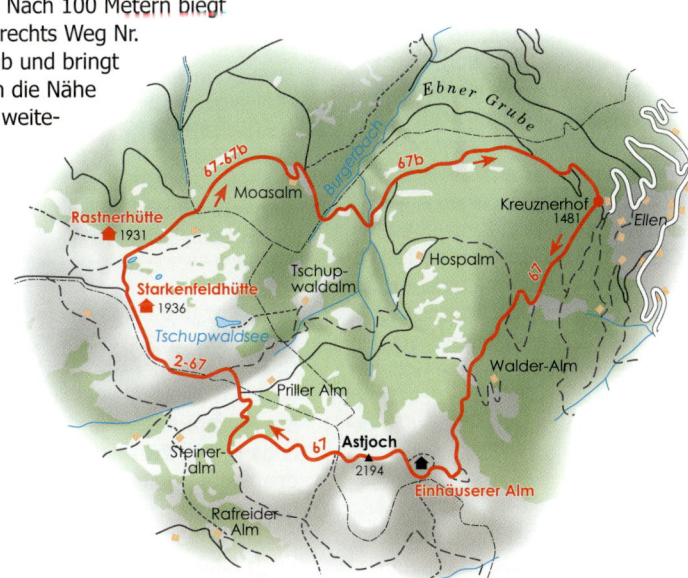

4

Zur Heldenfriedhofskapelle im Klosterwald

Ein beliebtes Ziel für Spaziergänger: die Heldenfriedhofskapelle

Ein gemütlicher Spazierweg verläuft am Pflaurenzer Kopf durch den Klosterwald. Den Namen verlieh ihm der Volksmund wegen seiner Zugehörigkeit zum gegenüberliegenden ehemaligen Kloster Sonnenburg. Zudem machen wir einen Abstecher zur Waldkapelle. Das neugotische Gebäude aus Granit wurde 1903 anstelle eines hölzernen errichtet und 1972 von den Michelsburger Schützen aus St. Lorenzen renoviert. Es ist eine idyllisch gelegene Gedenkstätte für die Gefallenen der Kämpfe an der Sonnenburger Brücke in den Jahren 1809 und 1813.

Gesamtgehzeit: ca. 2 ½ Std.
Höhenunterschied: ca. 150 m
Schwierigkeit: keine, geländetauglicher Kinderwagen erforderlich
Jahreszeit: Frühling bis Spätherbst
Einkehrmöglichkeiten: unterwegs keine Einkehrmöglichkeit

Wegverlauf

Vom Parkplatz Ost in **St. Lorenzen** (805 m) spazieren wir zum Kirchplatz und durch die J.-Renzler-Straße Richtung Westen. Nach der Überquerung der Gadertaler Straße wandern wir geradeaus weiter, an der Holzbrücke vorbei der Rienz entlang (der Beschilderung „Heldenfriedhof" folgend). Wir überqueren schließlich die Gader und ein Besinnungsweg (Vater-unser-Weg) führt uns bis zur genannten

4

Gedenkstätte. Danach gehen wir wieder ein kurzes Stück zurück bis zur Weggabelung. Dort marschieren wir nach rechts hinauf, kommen am Bahnwärterhäuschen vorbei und überqueren die Eisenbahnbrücke. Danach bleiben wir weiterhin auf unserem teils schmaler werdenden Steig, bis wir zu einer nach links weisenden Abzweigung gelangen („Rundweg Klosterwald"). Dieser Waldweg führt für gut 20 Minuten in leichter Steigung über Baumwur-zeln aufwärts. Dann erreichen wir eine weitere Kreuzung, bei der wir wieder nach links abbiegen („St. Lorenzen, Rundweg Klosterwald"). Auf diesem bequemen Forstweg bleiben wir nun, bis wir in den Ortsteil Pflaurenz gelangen. Wir folgen der Gadertaler Straße Richtung St. Lorenzen, bis wir nach Überquerung der Gader auf den nach rechts weisenden Radweg gelangen. Auf diesem kehren wir zum Ausgangspunkt zurück.

Maria Saalen und Enneberg

Unsere Route führt uns, an der kunsthistorisch interessanten Kirche von St. Martin und der wuchtigen Michelsburg vorbei, in den beliebten Wallfahrtsort Maria Saalen. Das Ziel der Pilger ist das Gnadenbild der Schwarzen Madonna von Loreto in der frühbarocken Kirche. Diese ist auch eine beliebte Hochzeitskirche. Von diesem malerischen Weiler aus

Die Wallfahrtskirche Maria Saalen ist das Ziel vieler Pilger.

4

**Herbstliche Farbenpracht an der
Höhenstraße nach Enneberg**

Gesamtfahrzeit: knapp 2 ½ Std.
Gesamtlänge: rund 26 km
Höhenunterschied: gut 600 m
Schwierigkeit: leicht
Jahreszeit: Frühling bis Spätherbst
Einkehrmöglichkeiten: in Hotel
Martiner Hof (Bar, Donnerstag Ruhetag), Hotel Saalerwirt (Dienstag
Ruhetag), mehrere Einkehrmöglichkeiten in Enneberg-Pfarre

geht es auf einer uralten Höhenstraße weiter Richtung Enneberg.
Unterwegs kommen wir an einer
Gedenkstätte vorbei, welche an die
Schlacht von Enneberg im Jahre
1458 erinnert. Wir radeln über die
Sprachgrenze und gelangen in ladinischsprachiges Gebiet. Unterwegs
überrascht uns immer wieder der
Blick auf die Bergwelt der Dolomiten, welche kürzlich zum Weltnaturerbe erklärt wurden.

Wegverlauf
Vom Parkplatz Ost in **St. Lorenzen**
(805 m) fahren wir Richtung Süden,
unterqueren die Eisenbahnlinie
und wenden uns dann nach rechts,
Richtung **St. Martin** (850 m), das
wir in leichter Steigung erreichen.
Nun führt unsere Tour weiter Richtung **Maria Saalen** (970 m), vorbei

an dem Burghügel, auf dem die
imposante Michelsburg thront. Nach
gut vier Kilometern (ab St. Lorenzen)
erreichen wir den Wallfahrtsort.
Nebst der Kirche ist auch eine gefällige Einkehrmöglichkeit vorhanden.
Nach einem Abstecher in die Kirche
machen wir uns wieder auf den
Weg. Unterwegs kommen wir an einigen Höfen vorbei, an der genannten Gedenkstätte und dem Weiler
Plaiken-**Pliscia** (1280 m), in dem
bereits ladinisch gesprochen wird.
Schließlich erreichen wir **Enneberg
Pfarre** (1284 m, 12,5 km).
Nun radeln wir rund eineinhalb Kilometer zurück und biegen dort nach
rechts (Richtung Ciaseles, Markierung 12a) ab. Bei der Abzweigung
zu den Höfen von Pfaffenberg
halten wir uns nach links und folgen
der Asphaltstraße bis Moos. Diesmal
auf der anderen Seite der Michelsburg vorbei erreichen wir wieder
St. Lorenzen.

Radverleih:
– Rentabike Camping Wildberg,
 Tel. 0474 47 40 80
– Joe's Mountainbikeverleih und
 Service in der Bahnhofstraße 1,
 Tel. 0474 47 47 48

Durch die Biotope von St. Lorenzen

Biotope sind natürliche und natur-
nahe Lebensräume. In Südtirol sind
derzeit 175 solcher Lebensräume
unter Schutz gestellt, mit dem Ziel,
gefährdeten Pflanzen- und Tierarten ihre überlebensnotwendige
Umgebung zu erhalten. Auch in
St. Lorenzen gibt es einige davon.
Zwei dieser Biotope wollen wir
einen Besuch abstatten: dem Mühlbachmoos und dem Brunner Moos.
Ein gemütlicher und entspannender
Spaziergang, vorbei an Felskuppen,
Waldinseln, Wiesen sowie Feuchtge-
bieten und Flurgehölzen! Nebenbei
wird unser Blick immer wieder von
der majestätischen Michelsburg und
der Sonnenburg angezogen.
Wir starten vom Parkplatz Ost in
St. Lorenzen und unterqueren die
Bahngleise. Danach lenken wir unsere Schritte nach links. Bald zweigt
nach rechts der Waldweg Nr. 1 ab.
Diesem folgen wir nun, überqueren schließlich den Mühlbach und
wandern dort nach rechts weiter. An
einem Hof vorbei gelangen wir zum
Weg Nr. 9, der Richtung Bruneck
weist. Nun spazieren wir auf diesem
Weg weiter, beim Bachwiesenhof
geht es nach links und dann wieder

nach rechts. Wir durchwandern
nun das idyllische Mühlbachmoos.
Schließlich erreichen wir die nach
Stefansdorf führende Straße, auf
der wir für einen knappen halben
Kilometer aufwärts marschieren.
Nach dem Ortsschild zweigt ein
Feldweg nach rechts ab. Auf diesem
gelangen wir zum Hausstetterhof.
Dort biegen wir nach links ab und
vor dem nächsten Haus nach rechts.
Wir spazieren nun am Brunner Moos
vorbei bis zum Weiler Moos, der von
der Michelsburg überragt wird. Von
hier gelangen wir auf dem Weg Nr.
8a, vorbei am Ansitz und Camping-
platz Wildberg, an den Westrand
von St. Lorenzen zurück
(Gehzeit: ca. 2 ½ Std.,
Höhenunterschied: ca. 120 m).

Attraktive Wegbegleiter: stolzer Pfau und das Springkraut „Rührmichnichtan"

Das Besondere

Archäologischer Lehrpfad am Sonnenburger Kopf

Schon sehr früh luden die vielen Hügel und Felskuppen von St. Lorenzen die Menschen ein, sich hier anzusiedeln. Davon geben prähistorische Spuren Zeugnis ab. Ab 500 vor Christus entwickelte sich in der Gegend von St. Lorenzen gewissermaßen ein Hauptort des westlichen Pustertals, in der Römerzeit (15 v. Chr.-476 n. Chr.) wurde dann eine Straßenstation namens Sebatum (im Talboden) angelegt. Die bei Ausgrabungen freigelegten Mauerreste verraten, dass dessen Bewohner ein wohlhabendes Volk waren. Einige dieser Mauerreste sind am Ufer der Rienz heute noch sichtbar.

Um den Besuchern von St. Lorenzen die Funde in anschaulicher Weise vorstellen zu können, wurde im Gemeindehaus ein Antiquarium eingerichtet, bestehend aus vier Vitrinen, Schautafeln und Fotos. Öffnungszeiten: von Montag bis Freitag von 8 bis 12.30 Uhr. Außerdem wurde am Sonnenburger Kopf ein archäologischer Lehrpfad angelegt. Dieser Hügel spielte in der Jüngeren Eisenzeit (500–15 v. Chr.) sowie in der Römerzeit als Siedlungsplatz eine wichtige Rolle. Elf Schautafeln weihen uns in die Geheimnisse dieser geschichtsträchtigen Kuppe ein.

Am besten begeht man den Lehrpfad in umgekehrter Richtung, beginnend beim Infopunkt Nr. 11. Wir erreichen ihn, indem wir vom Kirchplatz aus auf dem Radweg Richtung Bruneck gehen. Nach der Unterquerung der Pustertaler Straße biegen wir bald nach links ab. Auf einer Holzbrücke überqueren wir die Rienz und gelangen zum Ausgangspunkt unserer archäologischen Runde; eine Schautafel gibt uns erste Hinweise (Gehzeit: ca. 2 Std., Höhenunterschied: 170 m)

Tipp

Die Wanderung kann auch ausgedehnt werden. Man kann die Sonnenburg (Hotel) besuchen oder weiter nach Fassing und Lothen spazieren.

Der archäologische Lehrpfad bietet Einblicke in das Leben unserer Vorfahren.

Sehenswertes

Das weitum sichtbare ehemalige Kloster Sonnenburg ist heute ein Hotel.

Aus der **Burg Sonnenburg** wurde um 1039 ein Benediktinerinnenstift, dessen Nonnen im Mittelalter zum Großteil adelige Töchter waren und ein recht eigenständiges und selbstbestimmtes Leben führten. Das Kloster war großzügig mit Grundbesitz und Privilegien ausgestattet. Im Jahr 1784 wurde es von Kaiser Joseph II. aufgelöst. Das ehemals stattliche Kloster ist heute nicht mehr zur Gänze erhalten. Ab 1965 wurde der frühere Wohntrakt der Äbtissin in ein Hotel umgewandelt. Im Zuge der Umbauten stieß man bei Grabungen unterhalb der Ruinen der Stiftskirche auf einen sensationellen Fund: eine romanische Krypta mit bemerkenswerten Wandmalereien und einen Kreuzgang.

Die romanische Spitalskirche im Ortsteil Sonnenburg

Besichtigungen derselben sind täglich von 10 bis 18 Uhr möglich.

4

Sehenswert ist auch die Umgebung des Klosters mit dem **Ansitz Hebenstreit** und der romanischen **Spitalskirche**. Der Tourismusverein bietet Führungen an, in deren Rahmen diese Sehenswürdigkeiten besichtigt werden können. Einen sehr gefälligen Eindruck bietet der **Kirchplatz von St. Lorenzen,** eingerahmt vom Pfleghaus, dem Pfarrwidum, der alten Schule, dem Gasthof Post und natürlich der doppeltürmigen **Pfarrkirche zum hl. Laurentius**. Dieser sollte auf jeden Fall ein Besuch abgestattet werden. Bei Ausgrabungen fand man Spuren einer frühchristlichen Kirche (um 400 n. Chr.). Der heutige Bau wurde in mehreren Bauphasen vom Ende des 13. Jahrhunderts bis 1500 errichtet. Besonders berühmt ist die Muttergottes, welche dem Jesuskind eine Traube reicht, aus der Meisterhand von Michael Pacher. Sie war früher Teil eines großen Flügelaltars. An der Ostwand tritt man in die angebaute Egerer-Kapelle ein, welche mit Malereien und lebens-

Die doppeltürmige Pfarrkirche von St. Lorenzen

großen Skulpturen ausgestattet ist. Sie stellen Szenen aus der Passion Christi dar.

Antiquarium im Rathaus und **archäologischer Lehrpfad**: siehe „Das Besondere"

Ausgrabungen der römischen Straßenstation Sebatum entlang der Rienz

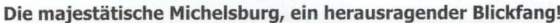

Die majestätische Michelsburg, ein herausragender Blickfang!

Mineraliensammlung des Richard Perfler in Fassing / St. Lorenzen, Tel. 0474 47 42 57; geöffnet im Sommer ab 15. Juli jeden Donnerstag von 18 bis 21 Uhr

Freizeitangebote

- **Flugball, Basketball, Federball und Handball** können auf dem Mehrzweckplatz in der Sportzone St. Lorenzen nach Voranmeldung in der Sportbar gespielt werden, Tel. 0474 47 40 76. Dort befindet sich auch ein Tischtennistisch; zudem besteht die Möglichkeit, Boccia zu spielen.
- **Kegeln:** Drei vollautomatische Kegelbahnen im Hotel Alpenrose in Montal sind auf Anfrage ab 21 Uhr geöffnet, Tel. 0474 40 31 49, Mittwoch Ruhetag
- **Schießsport:** Sportschießen mit Luftdruckwaffen und Kleinkaliber im Schießstand in der Markthalle in St. Lorenzen jeden Dienstag und Donnerstag von 18 bis 22 Uhr, Voranmeldung für Gruppen erforderlich bei Walter Thomaser, Tel. 0474 47 48 95
- **Tennis:**
  – zwei Sandplätze in der Sportzone St. Lorenzen, Platzreservierung in der Sportbar, Tel. 0474 47 40 76
  – zwei Kunstrasenplätze beim Hotel Lanerhof in Montal, Voranmeldung unter Tel. 0474 40 31 33
- **Yoseikan Budo, Yudo** in der Markthalle in St. Lorenzen: Trainingstage für Erwachsene sind Montag und Mittwoch ab 20 Uhr und für Kinder ab sechs Jahren Montag von 18 bis 19 Uhr sowie Mittwoch von 17.30 bis 18.30 Uhr.

Veranstaltungen

- jeden Mittwoch: traditionelles Brotbacken im alten Steinbackofen beim Berggasthof Haidenberg in Stefansdorf mit Verkostung des „Bauernbreatls"
- jeden Donnerstag: geführte Bergwanderung
- jeden Freitag: kulturelle Führung im Weiler Sonnenburg mit Besichtigung des Ansitzes Hebenstreit, der Sonnenburg und der Kirche St. Johann im Spital
- im August jeweils Freitag und Sonntag: Polenta- und Strudelfest beim Berggasthof Haidenberg in Stefansdorf
- Weiters organisiert der Tourismusverein etwa dreimal im Sommer den „Pustertaler Sommerabend" mit Musik und Spezialitäten am Schulhausplatz in St. Lorenzen.
- Der Kirchtag wird am ersten Samstag und Sonntag im September veranstaltet.
- Der Verein „Stefina Lödan" organisiert Anfang Oktober in Stefansdorf einen Almabtrieb.

Öffentliche Verkehrsmittel

St. Lorenzen kann mit der Eisenbahn erreicht oder verlassen werden, es fahren regelmäßig Züge (jede Stunde, außer am Nachmittag). Busse fahren stündlich und zeitweise sogar im Halbstundentakt Richtung Bruneck bzw. Brixen.

 Spielplätze

In der Sportzone von St. Lorenzen findet sich neben den vielfältigen sportlichen Möglichkeiten auch ein schön angelegter Kinderspielplatz. Ein weiterer Spielplatz und sogar ein Grillplatz (muss reserviert werden) finden sich am Rossbühel in Montal.

 Links/Infos

Tourismusverein St. Lorenzen
J.-Renzler-Straße 9
39030 St. Lorenzen
Tel. +39 0474 47 40 92
Fax +39 0474 47 41 06
info@st-lorenzen.com
www.st-lorenzen.com

ENNEBERG

2869 Einwohner – 1201 m
46° 42' N – 11° 56' O

Der Name Enneberg bedeutet vermutlich „jenseits des Berges" und steht wohl in Zusammenhang mit der deutsch-ladinischen Siedlungsgrenze. Als Abgrenzung dient im Nordosten der Furkelpass (1758 m), dessen Name vom ladinischen „Furcia" für „Scharte" abgeleitet wird. Um das Jahr 15 v. Chr. begannen die Römer das Gebiet zu besiedeln; die hiesigen rätischen Bergbewohner wurden z.T. in entlegene Täler abgedrängt und von den Eindringlingen „vanieses" bezeichnet. Der Name der Fanesalm dürfte wohl darauf zurückzuführen sein. In den folgenden Jahrhunderten vermischte sich die romanische mit der rätischen Sprache und es entstand die rätoromanische bzw. **ladinische Sprache**, die bis heute hier gesprochen wird.
Berühmteste Tochter von Enneberg ist **Katharina Lanz** (* 1771 in St. Vigil – † 1854 in Buchenstein), die als Magd nach Spinges auf einen Bauernhof kam. Am 2. April 1797 wollte ein Tiroler Schützenaufgebot von Vals aus die während des napoleonischen Italienfeldzuges von 1796/97 in Mühlbach und Aicha stationierten französischen Truppen angreifen, um das Land zu verteidigen. Diese jedoch erfuhren vom Plan und stürmten nun ihrerseits den Schützen entgegen. So stießen die Kontrahenten in Spinges zusammen, und es kam zu einem erbitterten Kampf, bei dem „eine Bauernmagd, die mit zusammengegürtetem Unterkleide und fliegenden Haaren auf der Friedhofsmauer stehend die an-

Panaorama von St. Vigil in Enneberg

5

stürmenden Feinde mit ihrer kräftig geführten Heugabel hinunterstieß." Historisch bewiesen ist die Tat der heldenmütigen Frau nicht, Katharina Lanz wurde jedoch zur Symbolfigur des Tiroler Freiheitskampfes.
Die Gemeinde Enneberg umfasst mit den Fraktionen Enneberg Pfarre / La Pli de Mareo, St. Vigil / Al Plan und Welschellen / Rina ein Gebiet von 161,34 Quadratkilometer. St. Vigil, der Hauptort der Gemeinde Enneberg, ist einer der bekanntesten Tourismusorte des Gadertales und bietet im Sommer wie im Winter zahlreiche Sport- und Freizeitmöglichkeiten.
In der Skiregion von St. Vigil bis zum Kronplatz stehen zahlreiche Aufstiegsanlagen und rund 100 Kilometer Skipisten zur Auswahl.
Die Bewohner von Enneberg Pfarre

hingegen sind auch heute noch überwiegend Bauern, obwohl die Siedlung nur vier Kilometer von St. Vigil entfernt liegt. Das Dorf Welschellen am steilen, sonnigen Hang des Col dla Vedla ist ebenso hauptsächlich von der Landwirtschaft geprägt. Es weist noch die typische Struktur eines Bergdorfes auf: Um Kirche, Friedhof und Pfarrhaus sind Gasthof, Schule und schließlich die Bauernhäuser angesiedelt.

Die Nachbargemeinden sind:
• im Norden St. Lorenzen, Bruneck und Olang
• im Osten Prags und Cortina d'Ampezzo (Provinz Belluno)
• im Süden Wengen und Abtei
• im Westen Lüsen, St. Martin in Thurn und Alta Badia

 ## Lavinores

Gesamtgehzeit: 5 Std.
Höhenunterschied: 950 m
Schwierigkeit: leicht
Jahreszeit: Sommer bis Herbst
Einkehrmöglichkeiten: Berggasthof Pederü, Fodara-Vedla-Alm

Eine äußerst malerische Hochalm des Gadertales ist Fodara Vedla im Sennesgebiet. Zierliche Almhütten und Scheunen reihen sich aneinander und bilden ein kleines Almendorf. Südlich davon liegt der Lavinores/Sasso della Para (2462 m), zu dessen Gipfel ein leichter Wanderweg führt. Idyllische Latschenwälder und eindrucksvolle Dolinenmulden begleiten uns zum

höchsten Punkt, wo die Bergriesen wie Hohe Gaisl, Monte Cristallo oder Sorapis zum Greifen nahe scheinen.

Wegverlauf
Mit Auto oder Bus fahren wird rund 12 Kilometer von St. Vigil zum

Hüttenrast

Almendorf Fodara Vedla

Berggasthof Pederü (1548 m) in den Talschluss des Rautales. Wir wandern nun ostwärts auf der Forststraße Richtung Sennes und folgen der Markierung Nr. 7–9. In gut einer Stunde hat man das Almendorf **Fodara Vedla** erreicht (Achtung, bis Fodara Vedla auf der Forststraße Nr. 9 bleiben, nicht auf etwa halbem Weg links zur Sennesalm abbiegen!). Von der Fodara-Vedla-Alm (1966 m) geht es auf dem Weg Nr. 9 ostwärts Richtung **Fodarasattel**.

An einer Engstelle biegen wir rechts ab und folgen dem Steig Richtung Süden durch Latschen- und Zirbenwald. Ansteigend gelangen wir in lichter werdendes Gelände und zur Nordflanke des Lavinores. Über Schutthänge

wandern wir südostwärts auf einen kleinen Sattel (2294 m) und von dort rechts hinauf Richtung Westen. Auf dem grasigen Rücken folgen wir den Steinmännchen und erreichen bald den Gipfel des **Lavinores** (2462 m; Vorsicht: Bei Nebel kann man im Gipfelbereich leicht die Orientierung verlieren!). Rückweg auf dem Hinweg.

St. Vigil – Pederü

Das **Rautal** verläuft in südöstlicher Richtung **von St. Vigil nach Pederü** und fasziniert durch seine hohen, abweisenden Felswände, die es zu beiden Seiten abschirmen. Alles andere als rau erweist sich hingegen der gemütliche Wanderweg, der sich entlang des Talbodens dahinzieht.

Gesamtgehzeit: variabel
Höhenunterschied: 10 – 350 m
Schwierigkeit: keine
Jahreszeit: Frühling bis Spätherbst
Einkehrmöglichkeiten: Gasthof Kreidesee und Berggasthof Pederü

Wegverlauf

Wir wandern vom Dorfplatz über Vallares oder vom Aqua Bad Cortina Hotel am Westufer des Vigiler Baches entlang zur Sportzone Ciamaor (beschildert). Hier überqueren wir die Brücke und spazieren, am Horse Trekking Mareo vorbei, auf der Rautaler Straße wieder zurück ins Dorf (1 Std.).

Bleiben wir jedoch am westseitigen Bachufer, so können wir den Spaziergang beliebig ausdehnen: Auf der Forststraße geht es weiter bis zur nächsten Brücke, die wir überqueren, um dann zum **Kreidesee/Lè dla Creda** gelangen (2 Std.). Vom Kreidesee wandern wir teils auf der Fahrstraße, teils auf beschilderten Spazierwegen hinein ins Rautal bis zum Berggasthof Pederü (1548 m). Die Strecke von St. Vigil bis Pederü ist ca. 12 Kilometer lang, man benötigt hierfür ca. 3½ Std.; ca. 350 Höhenmeter gilt es zu bewältigen. Rückweg auf dem Hinweg.

Tipp

Beim Kreidesee kann man ein kleines Naturwunder bestaunen: Auf einer Fläche von wenigen Quadratmetern entspringen gleich **40 Quellen**! Es ist ein lustiges Gluckern und Sprudeln, was sich hier zwischen Waldboden und Moos auf engstem Platz im Schatten eines dunklen Fichtenwaldes abspielt. Man findet die Quellen unmittelbar nördlich des Gasthofs Kreidesee talauswärts links der Fahrstraße.

 Rundtour St. Vigil – Pliscia

Einen weiten Ausblick über Enneberg und interessante Einblicke in seine urtümlichen Viles (siehe „Sehenswertes") erhält man bei der Rundtour **von St. Vigil nach Pliscia**. Es ist dies eine sehr abwechslungsreiche und nicht allzu anstrengende Route auf Asphaltstraße, jedoch für Kinder nicht geeignet, da bei den Etappen auf der Hauptstraße mit starkem Autoverkehr zu rechnen ist.

Wegverlauf

Ausgangspunkt ist St. Vigil, von wo man auf der Landesstraße talauswärts Richtung Zwischenwasser fährt. Bei Plan dal Ega (zwischen

Bergradeln in Enneberg

Framacia und Zwischenwasser)
zweigen wir gegenüber von einem
kleinen E-Werk rechts ab und fahren
auf asphaltierter Straße bergan
Richtung Plaiken. Wir folgen der
Straße, bis sie in die Zubringerstraße
von Maria Saalen (St. Lorenzen)
nach Enneberg mündet. Hier biegen
wir scharf rechts ab und radeln nun
Richtung Süden nach Pliscia. Vorbei
am Weiler Brach gelangen wir nach

Enneberg und von dort auf der Landesstraße zurück nach St. Vigil.

Gesamtlänge: 14 km
Höhenunterschied: 300 m
Schwierigkeit: leicht bis mittel
Jahreszeit: Frühling bis Spätherbst
Einkehrmöglichkeiten: Gasthöfe
in Zwischenwasser, Enneberg und
St. Vigil

Naturpark Fanes-Sennes-Prags

Der **Naturpark Fanes-Sennes-
Prags** ist seit dem Jahr 2009
Unesco-Weltnaturerbe. Er wurde
im Jahre 1980 ausgewiesen und
erstreckt sich in den Gemeinden
Abtei, Enneberg, Olang, Prags,
Toblach und Wengen. Seine Fläche
beträgt 25.680 Hektar; der größte
Anteil davon mit 10.950 Hektar liegt

in Enneberg. Geologisch betrachtet
bildete sich der Hauptdolomit, aus
dem dieses Gebiet hauptsächlich
besteht, vor ca. 240 Mio. Jahren.
Er wurde von Jura- (vor 200 bis
145,5 Mio. Jahren) und Kreide-
gesteinen (vor 145,5 bis 65,5
Mio. Jahren) überlagert, die wir
heute als Kreuzkofelgruppe und

5

Die Faneshütte im Naturpark Fanes-Sennes-Prags

La Varela bewundern. Einzigartig sind die ausgeprägten Karster-scheinungen und Dolinenbecken: Sie entstanden durch im Wasser gelöste Kohlensäure, die vor allem die Jurakalke angriff und teilweise auflöste. Geologisch am jüngsten sind die Einlagerungen mit rötlichen Ammonitenkalken aus dem Oligozän (vor 33,9 bis 23,9 Mio. Jahren) am Col Bechei (2793 m) oberhalb des Limosees bei der Fanes-Alpe. Bunte Blumenmeere aus Enzian, Edelweiß und Anemonen schmücken die Matten der Sennes- und Fanes-Alpen, während der seltene Frauenschuh sich im Rautal versteckt. Stattliche Populationen an Gämsen und Rehen durchstreifen die Wälder und aus manchem Felsloch pfeift das Murmeltier, das Symboltier des Naturparkes Fanes-Sennes-Prags.

Wie ein offenes Fenster zum Naturpark erweist sich das **Naturparkhaus Fanes-Sennes-Prags** in St. Vigil. Anhand zahlreicher Schautafeln und Videos gewinnt man Einblicke in die Geologie, Flora und Fauna des Gebietes. In der begehbaren Nachbildung der Conturineshöhle werden Knochenreste eines Höhlenbären gezeigt, die im Jahre 1987 am Conturines entdeckt wurden und ca. 10.000 Jahre alt sind. Im Obergeschoss des Naturparkhauses befindet sich ein Terrarium mit lebenden Tieren und ein Mikroskopiertisch zum Schauen und Forschen. Das Naturparkhaus befindet sich in der Catarina-Lanz-Straße 96; die Öffnungszeiten sind: von Mai bis Oktober und von Weihnachten bis Ostern: 9.30–12.30 Uhr und 16–19 Uhr, jeweils von Diens-

tag bis Samstag. Im Juli und August
auch sonntags geöffnet,
Tel. 0474 50 61 20,
www.provinz.bz.it/naturparke.
Beim Naturparkhaus ist auch der
Ausgangspunkt eines **Natur- und
Kulturerlebnisweg**es. Längs eines
interessant gestalteten Lehrpfades
erhält man einen Einblick in die
Geschichte, Kultur und Sagenwelt
„Regn de Fanes". Mit Aufenthalt bei
den verschiedenen Stationen benötigt man hierfür ca. 1 ½ Stunden.

5

**Gran Fanes im Naturpark Fanes-Sen-
nes-Prags**

 Sehenswertes

Bis zu Beginn des 12. Jahrhunderts
unterstand Enneberg der Urpfarre
St. Lorenzen im Pustertal. Urkundlich erstmals erwähnt wurde die
**Kirche „Unsere liebe Frau vom
Guten Rat" in Enneberg** im
Jahre 1347, möglicherweise gab es
jedoch bereits um das Jahr 1000
eine Kirche, was ein Granitbecken
an der Südseite der Kirche vermuten lässt. Die heute barocke Kirche
mit dem weitum sichtbaren, 56
Meter hohen gotischen Turm wurde
mehrmals umgebaut. Sehenswert
ist der im Renaissancestil kunstvoll
holzgeschnitzte Hochaltar aus dem
Jahr 1636. Die Kirche ist auch heute
noch eine der bekanntesten Marien-
wallfahrtskirchen Südtirols.
Der Bau der **Pfarrkirche von
St. Vigil** ist nicht dokumentiert. In
einem Ablassbrief aus dem Jahre
1293 ist ein Wiederaufbau einer
Kirche erwähnt. Nach mehrmaligen
Umbauten zeigt sich die heutige
Pfarrkirche in spätbarockem Stil.
Bemerkenswert sind das Deckengemälde des bayerischen Künstlers

Matthäus Günther (1705–1788) aus
dem Jahre 1782 und die Kreuzwegstationen des Bozner Malers Carl
Henrici (1737–1823) aus dem Jahre
1783.
Enneberg wird als die **Wiege der
ladinischen Kultur** bezeichnet,
man nimmt nämlich an, dass die Besiedelung des Gadertales von Norden
erfolgte, und dass hier die ersten Häu-
sergruppen entstanden sind. Die typische Siedlungsform im Gadertal sind
die **Viles** (siehe Wengen, „Sehenswertes"). Es sind dies Ansammlun-
gen von Paarhöfen mit getrennten
Wohn- und Wirtschaftsgebäuden,
deren Bewohner kleine Lebens- und
Arbeitsgemeinschaften bildeten (im
Gegensatz zu den andernorts meist
alleinstehenden Bauernhöfen). Eine
interessante Wanderroute, bei der
man noch archaische Architektur
bewundern kann, ist die „**Roda
dles Viles**". Sie führt mitten durch
bäuerliche Hofgruppen am Sonnenhang der Pfarre Enneberg. Die Dorf-
runde ist beschildert, man benötigt
hierfür etwa 1–1 ½ Stunden.

Freizeitangebote

Sport- und Spielzone Ciamaor Spiagetta

- **Angeln** am St. Vigiler Bach bei Lè dla Creda und Zwischenwasser, Info: Snack Bar, Catarina-Lanz-Straße 2, Tel. 0474 50 14 43
- **Bibiliothek:** „Angelo Trebo", Kronplatzstraße 28
- **Bocciabahn:** beim Kinderspiel-platz
- **Bergbahnen:** Ruis und Piz de Plaies, Info im Tourismusbüro
- **Grillplatz:** in Fodara Masaronn, Info im Tourismusbüro
- **Eislaufen:** Eislaufplatz „Bar Sta-dio" im Dorfzentrum, Kronplatz-straße, Mobil: 335 57 26 963
- **Kegeln** im Gasthof Waldruh, Catarina Lanz-Straße 57, Tel. 0474 50 10 68
- **Langlauf:** Loipe ins Rautal bis Pederü, 24 km
- **Kletterwand:** im Rautal und in Pederü, Info Mobil: 349 38 45 283
- **Pferdeschlittenfahrten:** Info Tel. 0474 50 11 76
- **Reiten** beim Horse Trekking Ma-reo, Mobil: 331 27 52 268, www.horsetrekking.it
- **Rodeln:** Rodelbahn Cianross, 480 m Länge, 104 Hm; zum Start-punkt führt der Cianross-Lift
- **Skigebiet:** Die Skiregion um St. Vigil bis zum Kronplatz verfügt über zahlreiche Aufstiegsanlagen und rund 100 km Skipisten, Infos im Tourismusverein
- **Sportzone Ciamaor**: Basketball, Boccia, Fußball, Fitnessparcours, Schießstand, Skatepark, Tennis (Hart- und Kunstrasenplätze), Volleyball; Val dai Tamersc-Straße, Tel. 0474 50 10 15; Info Tennis: Mobil: 338 53 19 852. Die Sport-zone Ciamaor befindet sich 1,5 km außerhalb des Dorfzentrums Richtung Pederü.
- **Tandemflüge** mit dem Gleit-schirm, Info Mobil: 334 32 90 032 oder 347 43 21 699
- **Zip-Line Abenteuer** (siehe „Das Besondere")

Veranstaltungen

- Konzerte
- Tirolerabende
- Bauernmärkte

- Kunst- und Handwerks-
  ausstellungen
- Kinderolympiaden;
  Infos im Tourismusbüro

5

Ponyreiten bei der Kinderolympiade

 Das Besondere

Festgezurrt in einem Sitzgurt an einem Stahlseil hängen und 100 Meter über dem Boden in die Tiefe sausen, das ist **Adventures Zip-Line**: Am Piz da Plaies (1700 m) westlich von St. Vigil wurde die längste und steilste Zip-Line Europas installiert. Vom Gipfel des Berges bis ins Tal überwindet man dabei 400 Höhenmeter auf einer Länge von drei Kilometern. Nun, die Fahrt auf der Zip-Line ist eine kleine Mutprobe, aber das anfangs mulmige Gefühl legt sich schon bald nach der ersten Seilstrecke. Die Baumwipfel rasen an einem vorbei, die Schwerkraft zieht einen nach unten, der Adrenalinspiegel steigt und ein Glücksrausch durchflutet den Körper. Ein gewiss spannendes Abenteuer für Jung und Alt; Kinder unter 12 Jahren müssen von einem Elternteil begleitet werden. Die Anlage ist im Sommer und Winter geöffnet. Anmeldung und Info Mobil: 331 41 88 007, www.adrenalineadventures.it

Öffentliche Verkehrsmittel

Zuglinie: Franzensfeste–Innichen; **nächstgelegener Bahnhof:** Bruneck
Buslinien: Bruneck–Zwischenwasser–Kolfuschg; Zwischenwasser–
St. Vigil–Enneberg–Pederü; Info: Tel. 840000471, www.sii.bz.it, info@sii.bz.it

 **Spielplätze**

Pespesc am Ende der Fanesstraße
Spiaggetta Ciamaor entlang des
Vigiler Baches

Öffentliche Grillstelle in **Fodara
Masaronn**

Spaß und Spiel in St. Vigil

 Links/Infos

Tourismusverein St. Vigil
Catarina-Lanz-Straße 14
39030 St. Vigil Enneberg
Tel. +39 0474 501037
Fax +39 0474 501566
info@sanvigilio.com
www.sanvigilio.com

SANKT MARTIN IN THURN

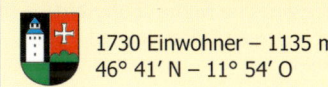

1730 Einwohner – 1135 m
46° 41' N – 11° 54' O

Sankt Martin in Thurn, ladinisch San Martin de Tor, gilt als das kulturelle Zentrum des Gadertales und wird vom weithin sichtbaren mittelalterlichen Schloss **Ciastel de Tor** überragt. Das Schloss wurde im Jahre 1230 erstmals urkundlich genannt; in ihm ist heute das Museum Ladin untergebracht (siehe „Das Besondere"). Zusammen mit den Fraktionen Campill/Lungiarü, Pikolein/Picolin und Untermoi/Antermeia erstreckt sich das Gemeindegebiet auf einer Fläche von 76,34 Quadratkilometern. Ein Dokument aus dem Jahre 1260 erwähnt „San Martin vor der chirche zu sand Martin" und beschreibt die unmittelbare Häusergruppe bei der Kirche. Bis zum Beginn des vorigen Jahrhunderts wurden die umliegenden Häuser und Weiler nur als „Nachbarschaften" bezeichnet. Eine Urkunde aus dem Jahre 1263 erwähnt erstmals den Namen „Undermoy" für Untermoi. Der ladinische Name „Antermeja" für Untermoi wird 1883 erstmals erwähnt. Die Kirche in Untermoi wird 1450 zum ersten Mal genannt, man nimmt aber an, dass sie schon weit früher errichtet wurde. Um 1820 wurde das **Bauernbad Valdander** bekannt, das zwischen Untermoi und St. Martin (siehe „Natur pur") liegt.

Campill wird im Jahre 1312 unter der Bezeichnung „Campil" das erste Mal urkundlich genannt, während

St. Martin in Thurn im Herbstlicht

der ladinische Name „Lung-a-ru"
und „Lungiarü" erst um 1813 auf-
scheint.
Kulturhistorisch interessant ist das
Mühlental am Seres-Bach, das
heute zu einem Freilichtmuseum
umgestaltet ist (siehe „Sehenswertes"). Im Gemeindegebiet von
St. Martin in Thurn kann man heute
noch gut die jahrhundertealte ladinische Siedlungsform der Bauernhäuser, die **„Viles"**, erkennen. Das
sind Gruppen von Paarhöfen mit
getrenntem Wohn- und Wirtschaftsgebäude, die ökonomisch autonome
kleine Weiler bildeten (siehe Wengen „Sehenswertes").
Seit dem Jahre 1978 ist St. Martin in
Thurn Teil des **Naturparks Puez-
Geisler.** Dieser umfasst mit den eingebundenen Arealen der Gemeinden
Villnöß, Corvara, Abtei, St. Martin in
Thurn und jener in Gröden (St. Ulrich,
St. Christina und Wolkenstein) eine
Fläche von 10.196 Hektar, davon
liegen 2500 Hektar in St. Martin in
Thurn. Im Jahre 2009 wurde der
Naturpark in das **Unesco-Weltna-**

Campill

turerbe aufgenommen (siehe Abtei,
„Natur pur").

Die Nachbargemeinden sind:
• im Norden Enneberg
• im Osten Wengen
• im Süden Abtei, Corvara sowie
  St. Christina und Wolkenstein in
  Gröden,
• im Westen Villnöß, Lüsen und
  Brixen

 ## Zwischenkofel/Antersas

Das Gebiet um Puez-Geisler ist ein
bekanntes Wandereldorado und
bietet zahlreiche Rundwege und
Gipfelanstiege. Die Berge um Campill jedoch sind etwas abgelegen
vom großen Rummel und für Naturliebhaber (noch) ein Geheimtipp.
Der **Zwischenkofel/Antersas**
(2384 m) ist ein solcher Gipfel, der
verglichen mit dem nahen Duledes
(2909 m) oder Puez (2913 m), weit
weniger oft bestiegen wird. Der

südwestlich von Campill gelegene
Berg bietet trotz der bescheidenen
Höhe ein weites Panorama über das
Naturparkgebiet Puez-Geisler.

Wegverlauf:
Vom Ortszentrum in Campill fahren
wir in südlicher Richtung an das
Dorfende und folgen, am Reitstall
Sitting Bull vorbei, der Forststraße
Richtung Juel. Bei einer markanten
Linkskehre, ca. 3 Kilometer vom

Gesamtgehzeit: 3 ½–4 Std.
Höhenunterschied: 800 m
Schwierigkeit: leicht
Jahreszeit: Frühsommer bis Herbst
Einkehrmöglichkeiten: keine

Ortszentrum entfernt, befindet sich ein kleiner Parkplatz (1588 m). Von dort wandern wir nun rechts abbiegend Richtung Westen auf dem Weg Nr. 9 durch den Wald ansteigend ins **Zwischenkofeltal**. Nach der Waldgrenze schlängelt sich der Steig am rechten Berghang entlang bis zur weiten Fläche der **Zwischenkofelalmen** (2085 m; nicht bewirtschaftet). Kurz vor der Alm teilt sich der Weg, und wir halten uns rechts abbiegend Richtung Nordost die Bergflanke hinauf. Wir wandern über blumenreiche Hochwiesen und gelangen bald zum **Gipfelplateau des Zwischenkofels**. Rückweg auf dem Hinweg.
Hinweis: Der Weg ist ab der Alm nicht beschildert, da er aber gut ausgetreten und mit Steinmännchen markiert ist, gibt es hinsichtlich der Orientierung keine Probleme.

 Trù Vistles

Neben dem bekannten Museum Ladin Ciastel de Tor gibt es in St. Martin einen neu gestalteten, sehr interessanten Themenweg, der uns die Kultur des Gebietes näher bringt. Am **Themenweg „Trù Vistles"** entlang des Gaderbaches begegnen wir aufschlussreichen Informationstafeln. Zudem gibt es viele Spielmöglichkeiten für Kinder, wie ein Wasser-

theater, ein Labyrinth, ein Geschwindigkeits- und ein Sprichwörterspiel.

Wegverlauf
Der beschilderte **Rundweg** beginnt beim Tourismusverein in St. Martin,

Gesamtgehzeit: 1–1½ Std.
Höhenunterschied: 70 m im Abstieg, 90 m im Anstieg
Gesamtlänge: 4 km
Schwierigkeit: keine
Jahreszeit: Frühling bis Spätherbst
Einkehrmöglichkeiten: Gasthöfe in St. Martin in Thurn

6

verläuft Richtung Norden auf der Straße nach **Stufels** und führt auf

den Wanderweg zum Sportplatz. Hier unterqueren wir eine Brücke, gelangen durch Wald zum **Vistles-See** und schließlich zum Labyrinth in **Lovara**. Auf dem Rückweg Richtung Süden kommen wir wieder an mehreren Infostationen vorbei und gelangen, der Beschilderung stets folgend, zurück zum Ausgangspunkt. Der Weg ist kinderwagengerecht angelegt.

Picedac–Campill–Juel

Da lacht das Radlerherz!

Campill ist ein kleines Bergdorf abseits der bekannten Tourismushochburgen des Gadertales. Mächtige Gebirgsmassive scheinen es vor der Außenwelt abschirmen und seine Urtümlichkeit dadurch bewahren zu wollen. Den besten Eindruck vom Campillertal gewinnt man bei der Mountainbikerundtour **Picedac–**

Gesamtfahrzeit: 2–2½ Std.
Gesamtlänge: 22,3 km
Höhenunterschied: 675 m
Schwierigkeit: mittel
Einkehrmöglichkeiten: Gasthöfe in Campill

Campill–Juel, die wir aus fahrtechnischen Vorteilen in Pedraces/Badia starten wollen. Die Tour ist nicht sehr schwierig, erfordert aber wegen einiger Zwischenanstiege Kondition und Ausdauer.

Wegverlauf
Wir starten in **Pedraces** und folgen der Staatsstraße talauswärts bis zu einer markanten Rechtskurve, wo ein kleines E-Werk-Gebäude steht. Hier zweigen wir links ab auf die Fahrstraße zum **Weiler Costa**. Ansteigend radeln wir auf einem schmaleren Weg Richtung Norden weiter nach Grones und auf der Fahrstraße nach **Aiarei** und Picedac. Hier biegen wir nach links ab und folgen steil bergan dem Steig

Nr. 17 nach **Campill**. In westlicher Richtung geht es bald wieder bergab bis zur Campiller Hauptstraße. Hier biegen wir nach links ab und radeln auf der Asphaltstraße taleinwärts bis nach Campill. An der Kreuzung bei der Kirche biegen wir links ab und fahren bis ans Ortsende, an der Reiterranch Sitting Bull vorbei, und folgen nun der Forststraße hinauf zum **Pass Juel**. Am Pass belohnt uns ein traumhafter Ausblick zum Heiligkreuzkofelmassiv und nach Abtei. Nun geht es auf Asphaltstraße bergab Richtung Pecol bis nach **Puntac**. Hier biegen wir nach rechts ab und gelangen auf der Hauptstraße wieder zurück nach Pedraces.

Bauernbäder

Fährt man von St. Martin Richtung Untermoi, sieht man kurz vor Untermoi bei einer markanten Rechtskurve das Hinweisschild, das links ab zum **Bad Valdander/Al Bagn** (1443 m) leitet. Der Name wird auf Val d'Ander (lateinisch antrum – Höhle) zurückgeführt und bedeutet Höhlental. Die kalkreiche Quelle entspringt einer Tropfsteinhöhle aus Bellerophonschichten (marine Ton- und Kalksteine) und tuffsteinartigen Felsen. Sie enthält schwefelsaure Talkerde, kohlensaure Kalkerde, gebundene Schwefelsäure, Magnesium, Kalium und schwefelsaures Eisen. Das Wasser tritt mit einer Temperatur von etwa 5 °C zutage, schmeckt bitter, wird beim Aufkochen milchig weiß und ist für die Zubereitung von Lebensmitteln nicht geeignet. Seine Leitfähigkeit beträgt 1780 µS/cm. Bereits im Jahre 1507 soll die Quelle von Valdander von einem Hirtenbub entdeckt worden sein, der sich ob der schauerlich weißen Flüssigkeit fast zu Tode erschrak. Die heilende Wirkung des Wassers wurde vermutlich schon frühzeitig erkannt, ein regelrechter Badebetrieb erfolgte jedoch erst ab dem Jahr 1820, als hier ein Badhaus mit Heizkessel, ein Wohn- und Gästehaus sowie eine Kapelle errichtet wurden. Die Heilquelle soll gegen Rheuma, Gicht, Bleichsucht, Blutflüsse, Blutarmut, Verschleimung der Atemwege, Muskel- und Nervenerkrankungen, chronische Hautausschläge und Geschwüre wirken. Das Bad wird heute als Entspannungsbad geführt (ohne ärztliche Betreuung), Info Tel. 0474 52 00 05. Erwähnenswert ist auch das Altarbild der kleinen Kapelle, das die Märtyrer Chrysanthus und Daria zeigt, die wegen ihres christlichen Glaubens in einer Schlammgrube lebendig begraben wurden und, zusammen mit dem hl. Florian, die Schutzpatrone der Heilbäder sind.

Die heilende Kraft von Mutter Natur, von Quellen, Kräutern und Heubädern wurde schon in der Antike erkannt. Dies waren oft die einzigen Therapiemöglichkeiten, die bei Krankheiten Heilung oder Linderung verschafften. Im **Bauernbad Saringhela** in Untermoi kann man auch heute noch die wohltuende Wirkung eines Heubades erfahren.

Das Besondere

Das Schloss **Ciastel de Tor** ist das Wahrzeichen von St. Martin in Thurn. Um das Jahr 1230 wurde im Auftrag der Bischöfe von Brixen ein freistehender dreigeschossiger Wohnturm errichtet, welcher 1290 als „turris in Geder" dokumentiert ist und das Zentrum des Gerichtes Thurn an der Gader bildete. Im Laufe der Jahre entstanden die Ringmauer und weitere Wohngebäude. Anlässlich der Säkularisierung durch Kaiser Joseph II. (1741–1790) verloren im Jahre 1786 die Bischöfe die Herrschaft über das Schloss. Im Jahre 1803 wurde es versteigert und ging in bäuerlichen Besitz über und verblieb in solchem, bis im Jahr 2001 das ladinische Landesmuseum darin untergebracht wurde:

Das **Museum Ladin „Ciastel de Tor"** ermöglicht einen Einblick in die Kulturgeschichte, Sprache, Archäologie, Geologie und Sagenwelt sowie in die Entwicklung des Fremdenverkehrs und Handwerks im Gadertal. Zudem trägt es dazu bei, die zahlreichen Bräuche und Traditionen nicht in Vergessenheit geraten zu lassen. Im Innenhof des Schlosses von St. Martin in Thurn werden laufend Sonderausstellungen, Konzerte und Seminare die ladinische Kultur betreffend abgehalten. Info: Museum Ladin Ciastel de Tor, Torstraße 72, Tel. 0474 52 40 20; geöffnet vom 15. März bis zum 31. Oktober: Dienstag–Samstag: 10–18 Uhr; Sonntag: 14–18 Uhr. Im Winter von Weihnachten bis Ostern: Dienstag–Sonntag: 14–18 Uhr; Montag Ruhetag (außer im Monat August).

Ciastel de Tor

St. Martin in Thurn gilt als das kulturelle Zentrum des Gadertales, nicht zuletzt wegen des ladinischen Instituts **Istitut Ladin Micurà de Rü**, das im Jahre 1976 gegründet wurde. Namensgeber war der Theologe und Sprachwissenschaftler Micurà de Rü aus St. Kassian (1789–1847). Er schrieb 1833 das erste ladinische Lehrbuch der Grammatik „Versuch einer deutschladinischen Sprachlehre. Erstmalige Planung einer gesamtdolomitenladinischen Schriftsprache". Das Istitut Ladin Micurà de Rü dient der Erhaltung und Förderung der ladinischen Sprache und Kultur, indem es z. B. Veröffentlichungen herausgibt, wissenschaftliche Arbeiten koordiniert und kulturelle Körperschaften, Vereine oder Einrichtungen mit ähnlicher Zielsetzung unterstützt; zudem bietet es auch regelmäßig ladinische Sprachkurse an.

Das Institut befindet sich im Ortszentrum von St. Martin, auch die Bibliothek ist hier untergebracht; Öffnungszeiten: Montag–Donnerstag: 10–12 Uhr und 15–17 Uhr, Freitag: 10–12 Uhr, Tel. 0474 52 31 10.

Die ätherischen Öle der Almkräuter werden über die Haut und Atemwege wirksam. Ein schweißtreibendes Heubad wirkt entschlackend sowie hautreinigend und bringt Schmerzlinderung bei rheumatischen Beschwerden, Hexenschuss und Ischias. Im Saringhela werden auf Vorbestellung zudem Massagen, Sauna und Kneippanwendungen angeboten. Der Bauernhof Saringhela befindet sich in der Plan-Murin-Straße 39 in Untermoi, Tel. 0474 52 01 10, Mobil: 347 12 15 547, www.fien.it.

 ## Sehenswertes

6

Die Weiler Miscì und Seres südwestlich von Campill zählen zu den urtümlichsten des Gadertales. Sie liegen am Seresbach, an dessen Ufern schon vor Generationen zahlreiche Mühlen errichtet wurden. Die Entstehung der **Mühlen am Seresbach** ist nicht dokumentiert, aber man weiß, dass sie jeweils gemeinsames Eigentum mehrerer Höfe waren. Die ersten vier Mühlen entlang des Baches gehörten den Bewohnern von Seres, die vier weiteren jenen von Miscì. Nachdem die Mühlen dem modernen Maschinenzeitalter weichen mussten, verfielen sie zusehends, wurden jedoch in den letzten Jahren vorbildlich restauriert und können nun auch besichtigt werden. Neben acht Getreidemühlen, davon zwei Doppelmühlen, gibt es eine wasserbetriebene Seiltriebanlage,

Der Weiler Seres in Campill

Mühle im Mühlental

mit der landwirtschaftliche Maschinen wie Schleifräder, Dresch- oder Heuschneidemaschinen angetrieben wurden, zu bewundern. Auch finden wir hier einen Kollergang, eine Müh-

le, die außer einem traditionellen Mahlsystem zur Mehlerzeugung noch eines zum Enthülsen der Gerste besitzt. In den meisten Mühlen befand sich ein beheizbarer Wohnbereich, in dem sich der Müller während des oft mehrere Tage dauernden Kornmahlens aufhielt. Waren die Mühlen einst eine notwendige Infrastruktur, so verschwand ihre Bedeutung mit der industriellen Verarbeitung des Getreides. Einige der restaurierten Mühlen werden heute jedoch wieder von den Bauern benutzt.

Eine **Rundwanderung im Mühlental** ermöglicht uns einen Einblick in das traditionsreiche, alte Handwerk des Getreidemahlens: Der beschilderte Rundweg beginnt bei der kleinen Brücke über den Seresbach kurz vor dem Weiler Seres (1560 m), von wo aus wir bereits die erste Mühle sehen. Wir wandern an der orografisch linken Talseite stetig ansteigend und kommen dann zur Seiltriebanlage und zur nächsten Mühle. An einem Rastplatz und weiteren Mühlen vorbei gelangen wir zur letzten Mühle auf ca. 1650 m. Der Rückweg erfolgt teilweise abseits des Baches am Berghang entlang, von wo man einen schönen Ausblick ins Mühlental und auf die Weiler Seres und Miscì

genießt. An der orografisch rechten Bachseite kommt man zurück zum Ausgangspunkt. Gesamtgehzeit: ca. 1 ½ Stunden.

Vom ersten Mittwoch im Juli bis zum ersten Mittwoch im September werden geführte Rundgänge im Mühlental angeboten. Ein Mühlenfest findet im August statt. Bei Miscì kann man zudem einen restaurierten Kalkbrennofen besichtigen; Info im Tourismusverein.

6

 Freizeitangebote

- **Angeln** am Campiller Bach, Tel. 0474 590061, am Antermoia-Bach und am Le-See, Tel. 0474 520032/520034
- **Bibliothek** im Ladinischen Kulturinstitut „Micurà de Rü" in St. Martin, Tel. 0474 523110
- **Billard und Kegeln:** Hotel Pütia in Untermoi, Tel. 0474 520114
- **Eislaufen und Eisstockschießen:** Natureisplatz in Campill und Untermoi
- **Grillplatz** bei der Sitting Bull Ranch in Campill, Tel. 0474 590160, Mobil: 347 9019061
- **Langlauf:** Loipe St. Martin in Thurn-Peitlerkofel, Runde mit einer Länge von 6,5 km; Loipe Würzjoch–Villnöß, 16 km
- **Reiten und Pferdeschlittenfahrten:** Sitting Bull Ranch in Campill, Tel. 0474 590160, Mobil: 347 9019061, www.sittingbullranch.com
- **Rodelbahnen:**
  – in Untermoi: Würzjoch-Fornela, 2,6 km Länge, 220 Hm, leicht, Info: Almgasthof Ütia de Börz,

Reiten bei der Sitting Bull Ranch

Tel. 0474 520066 oder Cir-Hütte, Mobil: 347 8429300;
– in Campill: Bahn Do Juel, 1,15 km, 132 Hm, mittelschwer bis schwer, die Bahn ist nur mit Vormerkung benutzbar, Tel. 0474 590060, Mobil: 348 8720709; Bahn Pares-Medalges, 7 km, 760 Hm, leicht
- **Schach:** Schachbrett im Freien beim Kinderspielplatz in Untermoi
- **Skilaufen:** Kabinenbahn Piculin in Pikolein, 1,5 km Länge, 500 Hm; Schlepplift Antermoia in Untermoi, 612 Meter Länge, 174 Hm
- **Tischtennis** im Dorfzentrum von St. Martin in Thurn

6

Mühlenfest in Campill

 Veranstaltungen

- Das **Mühlenfest** im August ist der Höhepunkt des Campiller Sommers (siehe „Sehenswertes")
- Blasmusikkonzerte

- Geologische Wanderungen im Naturpark Puez-Geisler
- Brotbackkurse Infos im Tourismusverein

 Öffentliche Verkehrsmittel

Zuglinie: Franzensfeste–Innichen; **nächstgelegener Bahnhof:** Bruneck
Buslinie: Gadertal, Bruneck–Kolfuschg; Buslinie Wengen–Pikolein–St. Martin–Campill–Untermoj; Info: Tel. 840000471, www.sii.bz.it, info@sii.bz.it

 Spielplätze

St. Martin, Dorfzentrum
Untermoi, Dorfzentrum
Campill, Sportplatz

 Links/Infos

Tourismusverein St. Martin in Thurn
Zentrum Nr. 10
39030 St. Martin in Thurn
Tel. + 39 0474 52 31 75
Fax + 39 0474 52 34 74
info@sanmartin.it
www.sanmartin.it

WENGEN

1278 Einwohner – 1353 m
46° 39' N – 11° 55' O

Wengen – ladinisch **La Val** – wird erstmals um die Mitte des 13. Jahrhunderts als „Twenge" urkundlich erwähnt. Es unterstand dem Benediktinerinnenkloster Sonnenburg (siehe Abtei). Im Sonnenburger Urbar aus dem Jahre 1296 werden bereits 51 Höfe und die Weiler Runch, Pitzedatze (Picedac), Promperch und Rü genannt.

Im Jahre 1382 wurde die **Jenesiuskirche** eingeweiht und 1491 die **St.-Barbara-Kirche**, die heute als Wahrzeichen von Wengen gilt. St. Barbara ist die Schutzpatronin der Bergleute, weshalb man vermutet, dass die Kirche von Knappen errichtet wurde, die in Buchenstein Eisenerz verhütteten. Sie könnte jedoch auch von Knappen der Umgebung erbaut worden sein, da im Weiler Tolpëi Silber abgebaut worden sein soll. Nachweislich wurde im 16. Jahrhundert in der Umgebung von Wengen der Schürfbau von Bleierzen und Silber betrieben. Die Grundherrschaft der Benediktinerinnen wurde im Jahre 1785 durch Kaiser Joseph II. (1741–1790) im Zuge der Säkularisation aufgehoben. Im Jahr 1874 erfolgte die Einweihung der neu erbauten, zentral gelegenen Jenesiuskirche auf dem Plan da Murin. Da die alte Jenesiuskirche aus dem 14. Jahrhundert seitdem kaum mehr benutzt wurde, hat man sie im Jahr 1933 bis auf den Glockenturm und ein paar Fundament- und Mauerreste abgetragen. Auch die St.-Barbarakirche wird seitdem nur mehr wenig besucht.

Im 19. Jahrhundert war Wengen wegen seines **Heilbades Al Bagn** in Rumestluns (1412 m) über die Grenzen hinaus bekannt. Die schwefelhaltige Quelle soll bei Skorbut, Rheuma, Rotlauf und Geschlechtskrankheiten Linderung gebracht haben. Berühmtester Badegast war der Nobelpreisträger und Begründer der Quantenphysik Max Planck (1858–1947). Seit der Mitte des 20. Jahrhunderts ist das Bad nicht mehr in Betrieb, das alte Gebäude wich einem Gasthaus (Tel. 0471 84 31 37).

Heute ist Wengen eine hübsche Ortschaft mit vielen kleinen Weilern, sonnigen Höfegruppen und viel unverbauter Landschaft. Einem stei-

7

Wengen

nernen Wächter gleich wird der Ort vom mächtigen Kreuzkofelmassiv (2907 m) beschützt, in dessen Höhlen noch immer die Urmenschen, die Salvans und Gannes, herumspuken sollen. Seine Hauptgipfel, der Neuner (2968 m) und Zehner (3026 m), bilden die **Wengener Sonnenuhr**. Um 9 bzw. 10 Uhr steht die Sonne von Wengen aus gesehen genau über den jeweiligen Gipfeln und dient den Bewohnern somit als „wartungsfreie" Uhr der Natur. Wengen ist die kleinste Gemeinde des Gadertales und erstreckt sich mit den Fraktionen Wengen/La Val und Pedreoa/Pidrò auf einer Fläche von 39,04 Quadratkilometern. 97 Prozent der Bevölkerung sind Ladiner; somit ist Wengen die Gemeinde mit dem höchsten Anteil an ladinischsprechenden Einwohnern in Südtirol. Seit dem Jahre 1980 ist Wengen Teil des **Naturparks Fanes-Sennes-Prags**. Dieser umfasst mit den eingebundenen Arealen der Gemeinden Abtei, Enneberg, Olang, Prags, Toblach und Wengen eine Fläche von 256,80 Quadratkilometern, davon liegen 13,80 Quadratkilometer in Wengen. Seit 2009 zählt der Naturpark zum **Unesco-Weltnaturerbe** (siehe Enneberg, „Natur pur").

Die Nachbargemeinden sind:
• im Norden und Osten Enneberg
• im Süden Abtei
• im Westen St. Martin in Thurn

 ## Paresberg

Gesamtgehzeit: 3½–4 Std.
Höhenunterschied: 820 m
Schwierigkeit: mittel; Trittsicherheit erforderlich
Jahreszeit: Frühsommer bis Herbst
Einkehrmöglichkeiten: Gasthof Ciurnadù

Kommt man nach Wengen, so fällt einem im Osten ein kleines Bergmassiv auf, das verglichen mit dem südlich davon liegenden Heiligkreuzkofel weit weniger mächtig und hoch ist, aber ein ansehnliches Zackenreich aufweist. Der höchste Gipfel davon ist der **Paresberg** (2396 m), zu dem ein recht steiler, jedoch nicht allzu schwieriger Steig

Scheune am Weg zum Paresberg

Gipfelziel Paresberg

hinaufführt. Obwohl der mächtige Klotz des Heiligkreuzkofels die Sicht nach Süden versperrt, genießt man vom Pareskofel aus dennoch ein herrliches Gipfelpanorama zum Peitlerkofel im Westen, zu den Zillertaler Alpen im Norden und dem steinernen Fanes- und Sennesreich im Osten.

Wegverlauf

Vom Ortszentrum in Wengen fahren wir bei der Feuerwehrhalle rechts ab Richtung Fontanela, nach ca. 3 Kilometern erreichen wir den Parkplatz **Ciurnadù** vor den **Coz-Höfen**. Wir wandern den beschilderten Fahrweg Nr. 13-15 entlang Richtung Süden, bis wir

zu einer Weggabelung gelangen, wo wir links auf den Steig Nr. 15 abbiegen, der uns zu den blumenreichen **Ciavaza-Wiesen** leitet. Hier geht es nun steil empor bis zur nächsten Kreuzung, bei der wir rechts den Weg Nr. 15b einschlagen. Anfangs durch Wald, später über steiles Geröll führt der Weg zur Südwestflanke des Paresberges. Der Steig zieht nun in Serpentinen aufwärts zum **Sattel** zwischen dem Paresberg und dem rechts davon gelegenen Schafberg (2296 m). Am Sattel halten wir uns nach links und gelangen über einen Wiesenrücken den Steinmännchen folgend zum nahen felsigen **Gipfel**. Rückweg auf dem Hinweg.

Zum Ritjoch

Gesamtgehzeit: 2 Std.
Höhenunterschied 270 m
Schwierigkeit: Forststraße;
geländetauglicher Kinderwagen
erforderlich
Jahreszeit: Frühling bis Herbst
Einkehrmöglichkeiten: keine

Einen der besten Aussichtspunkte
über den Ort Wengen bildet das
Ritjoch (1863 m). Der Weg zum
Joch ist besonders im Herbst loh-
nend, wenn ringsum die Lärchen-
wälder goldfarben leuchten.

Wegverlauf
Vom **Ortszentrum** in Wengen
fahren wir mit dem Auto nach der
Kirche rechts ab Richtung Osten,
biegen bei der nächsten Kreuzung nach links ab und gelangen
so zu den letzten **Höfen Runch**
(1590 m) **und Biei** (kleiner Parkplatz). Wir wandern nun auf der

beschilderten Forststraße Nr. 6 Richtung Nordosten mäßig ansteigend
zum **Ritjoch**. Am Ritjoch erwarten uns eine Sitzbank und relativ
ebenes Gelände mit Freiraum zum
Austoben für die Kinder. Rückweg
auf dem Hinweg.

Tipp
Während ein Elternteil am Ritjoch
den Nachwuchs hütet, kann der
andere noch schnell den leicht begehbaren Gipfel der **Kreuzspitze/
Crusc de Rit** (2021 m) erklimmen:
Am Joch biegt man nach rechts ab
auf den Waldsteig Nr. 13-15 und
folgt diesem bis zu einer kleinen
Wiese mit Wegkreuz und Bank.
Hier nehmen wir rechter Hand den
schmalen Steig, der uns Richtung
Westen und zum nahen Gipfel führt.
Rückweg auf dem Hinweg. Höhenunterschied ab Ritjoch 160 Meter;
Gesamtgehzeit (Ritjoch–Kreuzspitze
und retour): ca. 1 Std.

Wengen–Armentarawiesen

Gesamtfahrzeit: 2 Std.
Gesamtlänge: 17,1 km
Höhenmeter: 525 m
Schwierigkeit: leicht bis mittel
Jahreszeit: Frühsommer bis Herbst
Einkehrmöglichkeiten: Gasthof
Ciurnadù und im Ortszentrum von
Wengen

Die Armentarawiesen sind wegen ihrer Blumenpracht über die
Landesgrenzen hinaus bekannt.

Es wird wohl selten eine Radtour
geben, an deren Wegesrand so viele
bunte Farbtupfer sind, wie bei der
Mountainbiketour **von La Spescia
zu den Armentarawiesen**.

Wegverlauf
Ausgangspunkt ist die Kirche von
Wengen; bei der Feuerwehrhalle
radeln wir rechts ab nach **Tolpei**
und weiter nach **Ciurnadu**, bis
wir zu unserer Linken einen steilen

7

Cians
Runch
Talpei
Fontanela
1540
Wengen
Ciurnadu
Miribun
Lunz
Rü de Chiamló
13·15
Col
15a
Wengental
Côz daìte
Fornela
Spescia
15
Fornacia
1568
Col Galüc
1887
15
13
Colac
1885
Rü dla Gana
15
15a
Armentarawiesen

Schotterweg mit der Markierung Nr. 13-15 sehen, welchem wir folgen. Wir kommen zur Brücke über dem **Spesciabach**, biegen nun auf der Forststraße Nr. 13 links ab und gelangen auf dieser zu den **Armantarawiesen**. Hier, auf ca. 1950 Meter, folgen wir der Forststraße Nr. 15 Richtung Westen. Anschließend leitet uns die Markierung Nr. 15A rechts hinunter nach Fornacia.

Von **Fornacia** (1568 m) geht es weiterhin talwärts bis nach **Lunz**, wo wir auf die Hauptstraße stoßen. Wir biegen jedoch rechts ab und erreichen nach einem kurzen Anstieg wieder den Ausgangspunkt.
Hinweis: Im Bereich der Armentarawiesen sind meist auch viele Wanderer unterwegs; bitte um Rücksicht.

7

Blumenpracht Armentarawiesen

Die **Flora der Dolomiten** kann man selten so mannigfaltig bewundern wie bei den Armentarawiesen oberhalb von Wengen. Der Frühling auf dieser Alpe bietet wohl das Bunteste, was die Natur zu offenbaren vermag: Mehlprimeln, Trollblumen, Schwefelanemonen, breitblättriger Enzian und seltene Orchideenarten bedecken die Almwiesen, die von Silikatfichten, Lärchen und Zirben umkränzt werden. Eine der schönsten Wanderungen in Wengen ist jene von den **Armentarawiesen zum Heiligkreuz-Hospiz**.

Gesamtgehzeit: 3 Std.
Höhenunterschied: 680 m
Schwierigkeit: leicht
Jahreszeit: Frühling bis Herbst
Einkehrmöglichkeiten: Gasthof Al Bagni Rumestluns, Heiligkreuz-Hospiz

wir auf Weg Nr. 15 in leichtem Auf und Ab über die Wiesen und vorbei an kleinen Holzhütten Richtung

Knabenkraut

Wegverlauf
Ausgangspunkt ist der Gasthof Al Bagni Rumestluns (1400 m); bis hierher mit dem Auto, kurz vor dem Ortszentrum von Wengen rechts ab Richtung Spescia. Wir wandern auf dem beschilderten Weg Nr. 15 Richtung Osten aufwärts zu einer Straße und biegen gleich rechts ab auf einen Karrenweg. Dieser führt uns entlang eines Kreuzweges zu den Armentarawiesen. Nun wandern

Süden. Nach etwa 2 Stunden er-
reichen wir das Heiligkreuz-Hospiz/
La Crusc (2045 m; siehe Abtei
„Sehenswertes") und kehren nach

einer verdienten Rast am Fuße der
beeindruckenden Heiligkreuzkofel-
wände auf gleichem Weg zurück
zum Ausgangspunkt.

 ## Sehenswertes

Neben den mächtigen Felswänden
des Heiligkreuzkofels sind es vor
allem die malerischen Bauernhöfe,
die die Landschaft Wengens prägen.
Sie schmiegen sich an die steilen
Berghänge des Tales und sind
vorwiegend noch in ursprünglichem
Zustand erhalten. Die typische
bäuerliche Siedlungsform des
Gadertales sind die **Viles**, das
sind Gruppen von Paarhöfen mit
getrenntem Wohn- und Wirtschaftsgebäude. Errichtete man

nämlich andernorts die Höfe meist
alleinstehend und voneinander weit
entfernt, baute man hier mehrere
Häuser nebeneinander und bildete
so kleine Siedlungsgemeinschaften,
eben die Viles. Der Grund bestand
darin, dass man trotz der Abgeschiedenheit, der widrigen Hang-
langen und des rauen Klimas sich so
besser organisieren und versorgen
konnte. Man betrieb eine gemein-
same Acker- und Viehwirtschaft
und vermochte auf diese Weise,

Viles im Gadertal

vollkommen autonom zu wirtschaften. Die Viles trugen auch zu einem guten sozialen Miteinander bei, zu gemeinsamer Freizeitbeschäftigung und zu Gedankenaustausch.

Im Zentrum der Viles befanden sich ein Brunnen, ein Backofen und viele Holzbänke, um nach getaner Arbeit dort tratschen und scherzen zu können. Auch gab es meist eine Kapelle für die Familienandachten. Um das Zentrum reihten sich die Wohn- und Wirtschaftsgebäude. Das Wohnhaus bestand aus einem gemauerten Unterbau und einer aufgesetzten Holzkonstruktion. Die Außenmauern wurden oft mit sakralen Fresken versehen, die Holzfassaden mit Schnitzereien verziert. Wie die Höfe wurden auch die Almen meist gemeinschaftlich genutzt.

Besonders typische Viles finden wir im Weiler **Cians** mit dem Pincia-Hof, einem mächtigen Blockbau, und in **Ciampëi**. In **Runch** ist das gotische Steingebäude sehenswert,

 Das Besondere

Zwei wesentliche Elemente prägen die Bewohner des Gadertales, nämlich die einzigartige Landschaft und die Sprache. Wie eingangs erwähnt, sind 97 Prozent der Einwohner Wengens ladinischer Muttersprache.

Die **ladinische Sprache** entwickelte sich ab dem Jahr 15 v. Chr., als die Römer begannen, das Gadertal zu besiedeln und es in das Römische Reich einzugliedern. Die hiesige Bevölkerung wurde von den Römern Räter genannt, sie vermischte ihre Sprache mit dem Latein der Römer und bildete daraus eine eigene Sprache, das Ladinische, auch Rätoromanische genannt. Das Ladinische gehört somit zu den romanischen Sprachen und ist verwandt mit der italienischen, französischen, spanischen und katalanischen Sprache. Dass sich das Ladinische bis in die heutige Zeit so lebendig erhalten konnte, liegt gewiss auch daran, dass das Gebirge eine wahre Ringmauer bildet und sich das Volk nicht so leicht wie anderswo nach außen streuen konnte. Die abgelegenen Orte des Gadertales waren nur durch schmale Fußsteige begehbar, denn die Saumwege und Hauptverkehrsverbindungen liefen vorwiegend auf den benachbarten Höhenrücken. Die Straße durch die Gadertaler Schlucht und somit eine bessere Verbindung zu den Nachbarregionen entstand erst im Zuge des Ersten Weltkrieges. Außer im Gadertal findet man das Rätoromanische heute noch in Gröden, Buchenstein, Fassa, Ampezzo, Friaul und Graubünden (CH).

Relativ jung hingegen ist die Literatur des Ladinischen, vielleicht auch deshalb, weil es keine geregelte und zudem zwischen den ladinischen Tälern sehr unterschiedliche Grammatik gab. Der Theologe und Sprachwissenschaftler **Micurà de Rü** aus St. Kassian (1789–1847) war der erste, der sich mit diesem Thedas einst als Gerichtsgebäude diente, sowie das zur Gänze aus Holz errichtete Wohnhaus in spätromanischer Bauweise. In **Tolpëi** und **Dlijia Vedla** stehen noch ein Kirchturm und Überreste einer früheren Kirche. In **Taéla** kann man jahrhundertealte Holzbauwerke bewundern, in **Rü** sticht insbesondere ein Steinhaus mit kunstvollen Fensterornamenten ins Auge.

Für denjenigen, der sich die Viles aus der Nähe ansehen möchte, bietet sich eine Rundwanderung an. Sie führt teilweise auf Asphaltstraßen, teilweise auf die Straße abkürzenden Wanderwegen. Man startet vom Ortszentrum in Wengen und folgt den Wegweisern nach Cians, weiter nach Ciampëi, Runch, Ciablun, Tolpëi, Miribun, Rü, Taéla und gelangt schließlich wieder zurück nach Wengen. Auf der 6,5 Kilometer langen Strecke überwindet man eine Steigung von 250 Höhenmeter; Gehzeit ca. 2 Stunden.

ma auseinandersetzte; er schrieb im Jahre 1833 das Lehrbuch der Grammatik „Versuch einer deutsch-ladinischen Sprachlehre. Erstmalige Planung einer gesamtdolomiten-ladinischen Schriftsprache" (siehe St. Martin in Thurn).

Das erste Buch in ladinischer Sprache schrieb Mati Declara (1814–1884) aus Costadedoi im Jahre 1879. Es beschreibt das Leben der hl. Genoveva. Weitere seiner Werke erzählen vom Leben der hl. Notburga und über die Geschichte des Tales „Valgünes recordanzes ladines". Die Problematik der ladinischen Grammatik hat sich jedoch bis heute nicht gelöst. Zu diesem Zweck wurde im Jahr 1994 das „Spell"-Projekt gegründet, das mit dem Ladin Dolomitan eine ladinische Standardschriftsprache schaffen will. So wurde im Jahr 2001 eine umfassende Grammatik festgelegt, **2002 erschien das erste ladinische Wörterbuch**. Wie die Sprache werden in Wengen auch **alte Traditionen** noch bewusst gepflegt, die andernorts dem Fluss der Zeit und der Moderne gewichen sind: Die Bauerntracht, die „guant da paur" mit schwarzem Hut und blauer Seidenschürze, trägt die Wengenerin an hohen kirchlichen Feiertagen weiterhin.

Ein besonderer Hochzeitsbrauch ist die „ciora müla": Während des Hochzeitsmahles wird eine Ziege in den Saal geführt, sie muss von den unverheirateten Geschwistern des Brautpaares gekauft werden.

An hohen Festtagen werden die „crafuns da segra", in Öl gebackene Teigwaren, zubereitet. Samstags bäckt man die „tutres", Teigkrapfen gefüllt mit Spinat, Topfen, Sauerkraut oder Mohn; sie gelten als Belohnung für die Mühen einer Arbeitswoche. Weitere traditionelle Gerichte sind: Cajincí arstîs (in Öl gebackene Schlutzkrapfen), Gnoch da zigher (Käsenocken), Bales da cioce (Speckknödel), Crafuns mori, Furtaies und Cütles da pom (süße Mehlspeisen) – bun pro! Guten Appetit!

Freizeitangebote

- **Bibliothek**: „Sas dla Crusc",
  Senesestraße 2; geöffnet Dienstag und Donnerstag: 15–18 Uhr,
  Sonntag: 11–12 Uhr
- **Sportzone Plans**: Kletterwand
  und Sportplätze,
  Tel. 0471 84 33 37

 Veranstaltungen

- Blasmusikkonzerte
- wöchentlich geführte Wanderungen im Naturpark
- Wildbeobachtungen
- Verkostung ladinischer Spezialitäten

 Öffentliche Verkehrsmittel

Zuglinie: Innichen–Bruneck; **nächstgelegener Bahnhof**: Bruneck
Buslinie: Gadertal, Bruneck–Kolfuschg; Wengen–Pederoa; Info:
Tel. 840000471, www.sii.bz.it, info@sii.bz.it

 Spielplätze

Im Pinienwald „Gnates" bei der
Handwerkerzone

 Links/Infos

Tourismusverein Wengen
San Senese 1
39030 Wengen
Tel. + 39 0471 84 30 72
Fax + 39 0471 84 32 77

Tourismusverein Abtei
Pedracesstraße 29 A
39036 Abtei
Tel. + 39 0471 83 96 95
Fax + 39 0471 83 95 73
laval@altabadia.org
www.altabadia.org

ABTEI

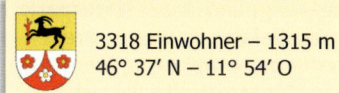

3318 Einwohner – 1315 m
46° 37′ N – 11° 54′ O

Der Hauptort der Gemeinde Abtei/
Alta Badia ist Pedraces/Badia
und umfasst zusammen mit den
Fraktionen Stern/La Ila, St. Kassian/
San Ciascian und St. Leonhard/San
Linert eine Fläche von 82,94 Quad-
ratkilometern.

Wie jüngste archäologische Funde
bei Sotciastel belegen, reicht die
vorgeschichtliche Besiedelung in
Abtei bis in die Bronzezeit zurück
(2200–2100 v. Chr.). Um 15 v. Chr.
nahm das Römische Reich auch
dieses Gebiet in Besitz; die Romani-
sierung der Sprache, die im Ladinischen bis heute erhalten geblieben
ist, setzte ein. Ab dem 11. Jahrhundert n. Chr. unterstand ein Großteil
des Grundbesitzes von Abtei dem
Benediktinerinnenkloster Sonnenburg (siehe auch St. Lorenzen „Sehenswertes"); der historische Name
„Suanapurc" bedeutet übrigens
Gerichtsburg („suana" = Sühne,
Gericht). Verwaltet wurde der Besitz
durch das Sonnenburger Gericht
in Enneberg, und in St. Leonhard
befand sich der Kornkasten, wo die
Bauern den Benediktinerinnen ihren
Zehent abliefern mussten. Im Sonnenburger Urbar (Besitzerverzeich-
nis) aus dem Jahre 1296 scheinen
73 Höfe im Besitz des Klosters auf.
Man nimmt an, dass auch der Name
Abtei, der 1325 erstmals urkundlich
erwähnt wird, auf die Benediktinerinnenabtei zurückgeht. Die Grundherrschaft der Nonnen wurde mit
der Säkularisierung des Klosters im
Jahre 1785 durch Kaiser Joseph II.
(1741–1790) abrupt beendet.
Bekanntester Sohn von Abtei ist

Josef Freinademetz (1852–1908):
Nach dem Studium der Theologie
ging er 1879 als Missionar nach
China. Er wurde im Jahr 2003
heiliggesprochen (siehe „Das Besondere"). Heute ist Abtei geprägt von
schmucken Gehöften und Weilern
im typischen ladinischen Bauernstil.
Wahrzeichen von Pedraces ist das
mächtige Gebirgsmassiv des Kreuzkofels, das gleich einer Burgmauer
den Ort zu bewachen scheint und
an dessen Fuß die viel besuchte
Wallfahrtskirche Heiligkreuz
(siehe „Sehenswertes") liegt. Teile
des Gemeindegebietes sind eingebunden in zwei Naturparke, und
zwar in den **Naturpark Fanes-
Sennes-Prags** im Osten (siehe

Gadertaler Bauer bei der Heuarbeit

Enneberg) und in den **Naturpark Puez-Geisler** im Westen (siehe „Natur pur"), welche im Jahre 2009 zum **Unesco-Weltnaturerbe** ernannt wurden.

Mitte Dezember geht der Name Alta Badia alljährlich um die Welt, nämlich dann, wenn auf der Piste Gran Risa im Rahmen des **Alpinen Skiweltcup**s ein Riesentorlaufrennen ausgetragen wird. Der Tourismus ist heute einer der wichtigsten Wirtschaftszweige, so sind etwa 70 Prozent der Bevölkerung von Abtei im Dienstleistungssektor tätig. 20 Prozent gehen einem Handwerk nach und nur mehr jeder zehnte Einwohner der Gemeinde Abtei ist heute noch in der Landwirtschaft

tätig. Es gibt noch ca. 300 Landwirtschaftsbetriebe mit einer Gesamtbetriebsfläche von 7,456 Quadratkilometern, allerdings werden zwei Drittel der Betriebe als Nebenerwerb geführt. Die Einwohner von Abtei gehören zu 93 Prozent der ladinischen Muttersprache an, vier Prozent der italienischen und drei Prozent der deutschen.

Die Nachbargemeinden sind:
• im Norden St. Martin in Thurn und Wengen
• im Osten Enneberg und Cortina d'Ampezzo (Provinz Belluno)
• im Süden Buchenstein (Provinz Belluno)
• im Westen Corvara

Rundwanderung Setsas

Fährt man von St. Kassian zum Valparolapass, sticht westlich des Passes ein kleiner Gebirgsstock ins Auge, der im Vergleich zu seinen

Nachbarn nicht sehr hoch, aber durch seine abgesonderte Stellung recht auffällig ist. Der Gipfel des Setsas (2571 m) ist der höchste

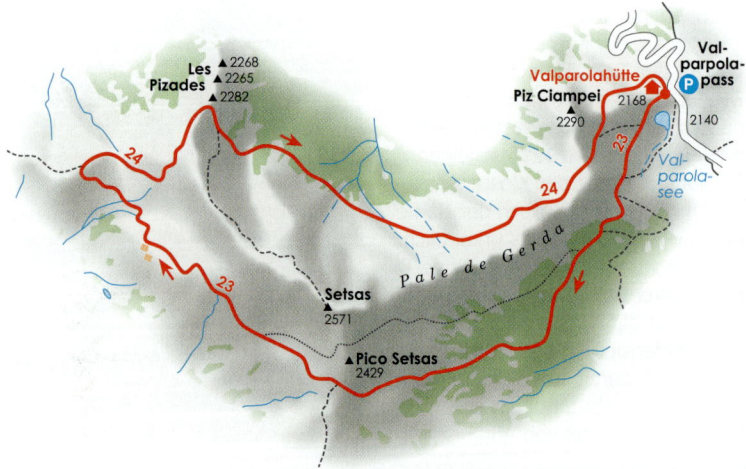

Wanderung um den Setsas

der Gruppe, neben ihn gesellen sich ostwärts die Pale de Gerda und westwärts die Pale de Setsas. Als Wandergebiet ist das Massiv nicht sehr bekannt und dementsprechend wenig überlaufen. Die **Rundwanderung um den Setsas** ist zudem landschaftlich sehr abwechslungsreich und bietet eindrucksvolle Ausblicke zu Lagazuoi, Sellastock und Conturines.

Gesamtgehzeit: 4 ½ – 5 Std.
Höhenunterschied: 500 m
Schwierigkeit: mittel; gute Kondition und Trittsicherheit erforderlich
Jahreszeit: Frühsommer bis Herbst
Einkehrmöglichkeiten: Rifugio Valparola

Wegverlauf
Ausgangspunkt ist die **Valparolahütte** (2168 m), wo sich ein kleiner Parkplatz befindet. Von dort führt uns der Weg Nr. 23 nach Südwesten zum nahen **Valparolasee** (2140 m), der in einer Grasmulde liegt. Nun biegt der Weg Richtung Westen und wir gelangen entlang der Südseite des Setsas zum **Siefsattel** (2253 m). Durch blockiges Gelände zieht sich der Weg Richtung Norden: Wir gelangen zunächst zu zwei verfallenen Holzhütten, bald darauf zu einer Weggabelung. Hier biegen wir nach rechts ab und folgen dem Weg Nr. 24, der uns Richtung Osten leitet. In leichtem Auf und Ab durch lichte Zirbenwälder und über karstiges Gelände führt der Weg entlang der Nordflanke des Setsas zurück zum Ausgangspunkt.

Tipp
Kurz nach der Abzweigung auf den Weg Nr. 24 führt rechts ein mit Steinmännchen markierter Steig zum Gipfel des Setsas (ca. 1 Std.). Der Anstieg ist mäßig schwierig und erfordert im Gipfelbereich bei einigen heiklen Felspassagen absolute Trittsicherheit.

Spazierweg zum idyllischen Sompuntsee

Ein zauberhafter, dunkelgrüner See, in dem sich die Riesenwände des Heiligkreuzkofelmassivs spiegeln, ruht in einem schattigen Wald oberhalb von Stern. Der **Sompuntsee/ Lech de Sompunt** (1491 m) wird von unterirdischen Quellen gespeist und bietet Lebensraum für Fische, Enten und Schwäne. Ein gemütlicher Spaziergang führt durch Wiesen und Wald zum See; er ist auch für weniger tüchtige Geher geeignet.

Gesamtgehzeit: 1 ½ Std.
Höhenunterschied: gering
Schwierigkeit: keine
Jahreszeit: Frühling bis Spätherbst
Einkehrmöglichkeit: Hotel „Lech da Sompunt" am See und Gasthöfe in Stern

Wegverlauf
Ausgangspunkt ist die Kirche von Stern (1477 m, Parkplatz), von der wir der Straße Richtung Norden zu den letzten Häusern des Dorfes folgen. Nun gelangen wir auf dem breiten Wanderweg Nr. C1 durch Wald und Wiesen zu den Höfen **Sotsass** (Sotsass (lad.) bedeutet „unter dem Stein" und bezieht sich auf die westlich gelegene Felsenmauer der Gherdenaccia; siehe „Natur pur"). Wir folgen der Höfe-

Gelber Alpenmohn

zufahrtsstraße abwärts bis zu einer Rechtskurve, wo wir geradeaus weitergehen und bald zum **See** gelangen, wo sich auch ein Spielplatz befindet.
Rückweg auf dem Hinweg.

Rundtour Stern−Pedraces

Neben den mächtigen Felswänden des Heiligkreuzkofels und der Gherdenaccia sind es vor allem die malerischen Bauernhöfe, die die Landschaft prägen. Sie sind vorwiegend noch in urtümlichem Zustand belassen und recht zahlreich, auch wenn ihre Bewirtschaftung zum Großteil nebenberuflich erfolgt. Bei einer Radtour **zu den Bauernhöfen in Abtei** gewinnen

Gesamtfahrzeit: 1 ½ Std.
Gesamtlänge: 13,6 km
Höhenunterschied: 360 m
Schwierigkeit: leicht
Jahreszeit: Frühling bis Herbst
Einkehrmöglichkeiten: Gasthöfe in Stern, Pedraces, St. Leonhard, beim Sompuntsee

wir Einblick in die Bauernwelt des Gadertales.

Wegverlauf

Ausgangspunkt ist der Tourismusverein von **Stern**. Wir fahren zunächst taleinwärts zum Hotel Christiana, fahren dort kurz abwärts und folgen dem Hinweis „Corvara" und dem Weg entlang des Baches. Nach 2,5 Kilometern biegen wir rechts ab, überqueren eine Holzbrücke und gelangen bald darauf zur Hauptstraße. Dieser folgen wir 200 Meter nach links und biegen dann wiederum links ab Richtung Verda. Von dort folgen wir der Beschilderung Sompuntsee bis zur Kirche von Stern. Nach 200 Metern an der Ciasa Rottanara vorbei und weiter bis zum **Sompuntsee** (siehe „Wegele fürs Wagele"). Nun bergab nach **Pedraces** bis zum Tourismusverein und von dort nach links Richtung St. Leonhard. Dort zweigen wir nach der Brücke rechts ab Richtung Oies. Nach ca. elf Kilometern ab Start biegen wir wieder rechts ab Richtung Stern und folgen dem asphaltierten

Bauernhof unterm Heiligkreuzkofel

Weg nach Stern. Nach einer Brücke biegen wir zunächst nach links, dann sofort wieder nach rechts auf den Steig ab, der uns zum Ausgangspunkt zurückführt.

 Naturpark Puez-Geisler

Abtei ist eingebunden in zwei Naturparke, den Naturpark Fanes-Sennes-Prags (siehe Enneberg „Natur pur") und den **Naturpark Puez-Geisler.** Dieser wurde im Jahr 1978 ausgewiesen und umfasst mit den eingebundenen Arealen der Gemeinden Villnöß, Corvara, Abtei, St. Martin in Thurn und jener in Gröden (St. Ulrich, St. Christina und Wolkenstein), eine Fläche von 10.196 Hektar. Etwa 1000 Hektar davon liegen in Abtei (vom Naturpark Fanes-Sennes-Prags gehören

1980 Hektar zum Gemeindegebiet von Abtei). Der Naturpark Puez-Geisler wird als „Bauhütte" der Dolomiten bezeichnet, zumal sich hier sämtliche für die Dolomiten typischen Gesteinsarten, Ablagerungsschichten und Erosionsformen finden. Das Gestein der Dolomiten besteht aus Kalk- und Magnesium-Doppelkarbonat; es wurde ebenso wie das Gebirge zu Ehren des französischen Forschers, Mineralogen und Geologen Déodat Guy Sylvain Tancrède Gratet de Dolomieu

8

„Wer wandert da in meinem Teller?"

(1750–1801) Dolomit genannt. Eine geologische Besonderheit sind die sogenannten **Kassianer Schichten** in der Gegend um St. Kassian, deren Entstehung vor ca. 200 Mio. Jahren einsetzte. Sie bestehen aus grauen, ockergelben und ziegelroten Mergeln, die, vermischt mit härteren Kalk- und Sandsteinen, eine große Menge Fossilien enthalten. In diesen Schichten wurden bis zu 950 verschiedene versteinerte Tierarten entdeckt. Um die Erforschung der Kassianer Fossilien hat sich erstmals der Geologe Christian Leopold Freiherr von Buch (1774–1853) im Jahre 1824 bemüht. Die sogenannten **Wengener Schichten** um Wengen, ebenso eine geologische Besonderheit, bestehen vorwiegend aus Ton, Silit, Sandsteinen und Konglomeraten.
Ein sehr beliebtes Wandergebiet ist die **Hochfläche Puez-Gherdenaccia**, westlich von Stern. Die

Hochebene auf ca. 2500 Meter gleicht einer weiten Mondlandschaft und entstand vor ca. 65 Mio. Jahren. Sie erhielt ihre sonderbare Erscheinungsform durch die Kreideablagerungen aus rötlichen und grüngrauen Mergeln mit eingelagerten Ammoniten, die relativ leicht zu Schutt verwittern. Aus der erodierten Hochfläche ragen Muntjela (2666 m) und Col dala Sonè (2633 m) wie kleine Vulkane heraus.
Im Sommer werden wöchentlich geführte Naturparkwanderungen veranstaltet (Informationen im Tourismusverein). Das Naturparkhaus Puez-Geisler befindet sich in der Nachbargemeinde Villnöß, St. Magdalena Nr. 114a. Öffnungszeiten: von Anfang Mai bis Ende Oktober und von Weihnachten bis Ostern: Dienstag–Samstag: 9.30–12.30 Uhr und 16–19 Uhr. Im Juli und August ist das Naturparkhaus auch sonn-

tags geöffnet. Der Eintritt ist frei. Tel. 0472 84 25 23.

Tipp

Bei einer **Rundwanderung zur Hochfläche Gherdenaccia** können Sie sich selbst von den steinernen Wundern der Natur überzeugen: Hierzu starten wir beim Parkplatz bei der Kirche von Stern. Südlich der Kirche folgen wir der Straße Richtung Nordwesten bergan und biegen bald links ab auf den beschilderten Weg Nr. 11, dem wir bis zur Ütia Gherdenaccia/ Gardenazzahütte (2050 m, ge-

öffnet Mitte Juni – Mitte Oktober, Tel. 0471 84 92 82) folgen. Ab der Hütte gehen wir in südwestlicher Richtung auf dem Weg Nr. 11 bis zu einer Weggabelung, wo wir links abbiegen und den Weg Nr. 15 nehmen, der zur Gherdenacciascharte (2548 m; 1 ½ Std. ab Hütte) führt. Von der Scharte steigen wir kurz ab, bis man links abbiegend auf den Weg Nr. 5 stößt, der zurück zur Hütte führt. Rückweg von der Hütte auf dem Hinweg.
Die Tour erfordert gute Kondition und Trittsicherheit, Gesamtgehzeit ca. 6 Std.

8

 Veranstaltungen

- „Maratona dles Dolomites", Anfang Juli (siehe Corvara, „Das Besondere").
- Alta Badia Jazz Festival von Ende Juli bis Mitte August in den verschiedenen Ortschaften von Abtei und Corvara
- Von Mitte Juli bis Ende August wird alle zwei Wochen die „paisc in festa", das Dorffest von St. Kassian, veranstaltet; dabei werden kulinarische Spezialitäten angeboten, ebenso Kochkurse und freilich auch allerlei Unterhaltung.
- Leonhardiritt, Anfang November: Beim Erntedankfest zu Pferde werden geschmückte Karren und Kutschen von stolzen Noriker- und Haflingerpferden durch die Straßen von St. Leonhard gezogen. Mit dabei sind die Trachtenvereine und Musikkapellen der verschiedenen Orte des Gadertales.
- Alpiner Skiweltcup, Mitte Dezem-

ber: Auf der Skipiste Gran Risa in Stern wird ein Herren-Riesentorlaufrennen ausgetragen, das zu den anspruchvollsten der Welt gehört.
- „Slittada da paur", Mitte Februar: Die Bauern von Alta Badia treffen sich zu einem Bauernschlitten-Umzug beim Sportplatz in Stern.
- Sellaronda Skimarathon, Anfang März: Das internationale Skitouren-Nachtrennen ist ein Team-Rennen für trainierte Spitzensportler und Skitourenfahrer; dabei werden die Pässe Pordoi, Sella, Gröden und Campolongo bewältigt.

☺ Das Besondere

Die bedeutendste Persönlichkeit aus Abtei ist **Josef Freinademetz.** Er wurde am 15. April 1852 in Oies bei St. Leonhard als Sohn einer Bauernfamilie geboren. Nach dem Theologiestudium in Brixen wurde er 1875 zum Priester geweiht. Schon in jungen Jahren empfand er die Berufung für die Mission und trat nach seiner Weihe in das Missionshaus Steyl in den Niederlanden ein. Nach einem Jahr der Vorbereitung wurde er 1879 als erster Steyler Missionar nach China entsandt, wo er knapp dreißig Jahre seines Lebens verbringen sollte, ohne je seine Heimat oder Familie wiederzusehen. In den Jahren seiner Tätigkeit konnte die Zahl der Christen von 158 auf über 46.000 angehoben werden. Sein Lebenswerk wurde durch die Ernennung zum Bischof belohnt. Als Leiter der Diözese von Taika verstarb er jedoch bald darauf infolge einer

Typhusepidemie im Jahre 1908. Im Jahre 1975 wurde Freinademetz selig- und am 5. Oktober 2003 schließlich heiliggesprochen. Sein 250 Jahre altes **Geburtshaus** in Oies wurde 1965 von den Steyler Missionaren erworben und als Pilgerstätte eingerichtet. Dass für den Bauernsohn aus Abtei das geliebte ferne Land zur zweiten Heimat geworden ist, verdeutlicht sein legendärer Ausspruch: „Ich will auch im Himmel ein Chinese sein."
Man erreicht das Geburtshaus, indem man von St. Leonhard der beschilderten Fahrstraße nach Oies folgt. Zu Fuß benötigt man etwa 45 Minuten: Bei der Kirche in St. Leonhard folgt man der Fahrstraße nach Anvì und biegt dann links ab auf die Sotrùstraße, die weiter zur Pilgerstätte leitet. Als Abkürzung zweigt in Anvì auch ein beschilderter Steig ab, der durch Wiesen und Wald führt.

◎ Sehenswertes

Sagenumwoben am Fuße des mächtigen Kreuzkofelmassivs thront die **Wallfahrtskirche Heiligkreuz / La Crusc** (2045 m). Sie wurde im Jahr 1484 von Bischof Konrad von Brixen geweiht. Im Jahre 1718 wurde das nebenstehende Hospiz erbaut, das heute als Gaststätte mit Übernachtungsmöglichkeit dient (Tel. 0471 83 96 32). Im Jahre 1786 wurde im Zuge der Säkularisierung von Kaiser Joseph II. (1741–1790)

die Kirche geschlossen, entweiht und als Schafstall genutzt. Seit 1839 ist sie wieder als Pilgerstätte geöffnet. Heute noch unternimmt im Frühjahr jede Gemeinde des Gadertales eine Wallfahrt nach Heiligkreuz.
Um den Ort ranken sich mehrere Legenden: So soll hier um das Jahr 1000 ein geheimnisvoller Einsiedler gehaust haben. Eine andere Erzählung besagt, dass die Kirche folgen-

Heiligkreuz-Hospiz mit Heiligkreuzkofel im Sonnenuntergang

8

dermaßen entstand: Einst wollten die Bewohner von St. Leonhard auf dem Hügel Col d'Anvidalfarei eine Kapelle errichten. Die Zimmerleute zogen sich beim Bau derselben jedoch immer wieder Schnittwunden zu. Weiße Tauben sollen die blutverschmierten Späne anschließend geholt und in ihren Schnäbeln zum Fuße des Kreuzkofels gebracht haben, an die Stelle, an der man später in Anbetracht des göttlichen Zeichens die Kirche errichtete. Man erreicht die Wallfahrtskirche nach einem Fußmarsch von etwa einer Viertel Stunde ab der Bergstation des Heiligkreuz-Liftes (geöffnet Mitte Juni – Ende September, Tel. 0471 83 96 45) oder in 2 Std. auf dem beschilderten Wanderweg Nr. 7 ab St. Leonhard. Abtei hat eine bewegte Kirchengeschichte vorzuweisen. Anfangs

gehörte Abtei zur Pfarre Enneberg. Im Jahr 1379 wurde schließlich in St. Leonhard ein eigener Friedhof angelegt, damit die Verstorbenen nicht mehr nach Enneberg gebracht werden mussten. Aber erst seit dem Jahr 1891 ist Abtei eine eigenständige Pfarre. Die **Kirche von Abtei** wurde im Jahr 1347 erbaut und ist den Heiligen Leonhard und Martin geweiht. Allerdings ist von diesem Bau heute nur mehr der Kirchturm erhalten, da das restliche Gebäude in den Jahren 1776–80 im Spätbarockstil umgestaltet wurde. Der **Ansitz Colz** in Stern wurde 1537 von der Familie Colz–Freyenberg in gotischem Stil mit zwei Wehrtürmen erbaut. Im Jahr 1856 wurde er großzügig umgebaut, wobei aber viele Kunstschätze aus der früheren Zeit erhalten blieben, vor allem wertvolle Deckenfresken. Heute ist hier ein Gourmet-Restaurant untergebracht (Straße Marin 80, Tel. 0471 847511). Die **Ciasanöia** in St. Leonhard, ein stattliches Gebäude aus dem Jahre 1614, war Eigentum der Benediktinerinnenabtei Sonnenburg (siehe oben) und diente als Verwaltungssitz. Hier mussten die Bauern den Zehnt abliefern.

 Öffentliche Verkehrsmittel

Zuglinie: Franzensfeste – Innichen; **nächstgelegener Bahnhof**: Bruneck
Buslinie: Bruneck – Kolfuschg
Bus-Dolomitenrundfahrt: Grödner Joch – Falzaregopass – Campolongopass; Info: Tel. 840000471, www.sii.bz.it, info@sii.bz.it.
Bergbahnen: Stern: Piz La IIa und Gardenaccia (Tel. 0471 847010); St. Kassian: Piz Sorega (Tel. 0471 849532); St. Leonhard: Heiligkreuz (0471 839645) und La Crusc (Tel. 0471 839645).

 Freizeitangebote

- **Basketball:**
  Sportzone in Stern,
  Tel: 0471 847501, und in
  Pedraces, Mobil: 334 2504882
- **Beach Volley**: Sportzone in
  St. Kassian, Mobil: 335 7890497
- **Bergbahnen:**
  – in Stern: Piz La IIa und
  Gardenaccia, Tel: 0471 847010;
  – in St. Kassian: Piz Sorega,
  Tel: 0471 849532;
  – in Badia: Santa Croce und
  La Crusc, Tel: 0471 839645
- **Bibliothek:** „Sas dla Crusc" in
  Stern, Colzstraße 75/b,
  Tel. 0471 844697;
  in Pedraces, Pedracesstraße 57,
  Tel. 0471 839994
- **Eislaufen und Eisstock-
  schießen** beim Sompunt-See in
  Stern, Tel. 0471 847015

- **Erholungspark**: Rüdeferia in
  St. Kassian
- **Fahrradverleih**: in Stern:
  Break Out Sports, Colzstraße 18,
  Tel. 0471 847763; in St. Kassian:
  Hotel Tofana, Straße Micurà de Rü
  63, Tel. 0471 849473
- **Fitness-Parcour** „Gran Ega" in
  Stern, 25 Übungsposten, Länge
  3 km
- **Hallenbad** in Stern bei der Mittel-
  schule, Ninzstraße 9,
  Tel. 0471 847888
- **Kino** in Stern (in italienischer
  Sprache)
- **Kleinfeldfußball**: Sportzone in
  St. Kassian, Mobil: 335 7890497,
  und in Pedraces,
  Mobil: 334 2504882
- **Langlauf**: Loipen in Armantarola
  bei St. Kassian, 23 km

8

- **Museum:** Pic Museo Ladin mit kleiner Fossiliensammlung in St. Kassian, geöffnet vom 1. Juli bis zum 30. September und vom 22. Dezember bis Ostern, Tel. 0471 84 95 05
- **Reiten:**
  – in St. Kassian: Col dala Vara, Costadedoistraße 79, Mobil: 333 23 68 082; Hotel Armentarola, Tel. 0471 84 95 22;
  – in Pedraces: Hotel Teresa, Damezstraße 64, Mobil: 339 39 13 677
- **Rodelbahn**: „Tru Liösa Foram" vom Piz Sorega nach St. Kassian, 3,5 km, 460 Hm; Pralongia–Armentarola, 3 km, 400 Hm. Zu den Startpunkten mit der Kabinenbahn Piz Sorega von St. Kassian, Tel. 0471 84 95 32
- **Skate Park** in der Sportzone in Pedraces, Mobil: 334 25 04 882

- **Tennishalle:** in Stern, Tel. 0471 84 75 01, und in der Sportzone in Pedraces, Mobil: 334 25 04 882
- **Skigebiet:** Die Skiregion Alta Badia verfügt über 95 Skipisten, 1 Seilbahn, 8 Kabinenbahnen, 30 Sessellifte und 12 Skilifte, Infos im Tourismusverein
- **Themenwege:** St. Kassian**:** Lärchenweg und Besinnungsweg, jeweils vom Ortszentrum aus beschildert; Gehzeit jeweils ca. 45 Min.
- **Volleyball** in der Sportzone in Pedraces, Mobil: 334 25 04 882
- **Wildgehege** Paraciora zwischen Stern und Pedraces. Es erstreckt sich über 7 ha. Von der Hütte Paraciora aus führt ein 2 km langer Rundgang durch das Gehege, wo Rehe und Rothirsche im freien Lauf zu sehen sind. Nebenan Spielplatz und Einkehrmöglichkeit.

8

Die Dolomitenkletterer von morgen ...

8

Heiligkreuzkofel-Lavarela-Cunturines-Massiv

 **Spielplätze**

Stern: Sportzone, donnerstags Hüpfburg; beim Sompuntsee (siehe „Wegele fürs Wagele")
St. Kassian: Sportzone und Go-card-Piste, Mobil: 335 78 90 497
Badia: Sportzone
Wildgehege Parcoria zwischen **Stern** und **Pedraces** („siehe Frei-zeitangebote")

 Links / Infos

Tourismusverein Pedraces
Pedraces-Straße 29A
39036 Abtei
Tel. +39 0471 84 70 37
Fax +39 0471 84 72 77

Tourismusverein St. Kassian
Micurà de Rü 24
39030 St. Kassian
Tel. +39 0471 84 94 22
Fax +39 0471 84 92 49

Tourismusverein Stern
Colz 75
39040 Stern
Tel.+39 0471 84 70 47
Fax +39 0471 84 72 77
lavilla@altabadia.org
www.altabadia.org

CORVARA

1316 Einwohner – 1568 m
46° 33' N – 11° 52' O

Die Gemeinde Corvara umfasst mit den Fraktionen Corvara, Kolfuschg/Calfosch und Pescosta eine Fläche von 42,13 Quadratkilometern; davon sind aber lediglich 3,3 Quadratkilometer besiedelt.

Die erste urkundliche Erwähnung von Corvara reicht in das Jahr 1297 zurück: Coruera soll damals fünf Häuser umfasst haben. Im Jahre 1356 wird das Dorf als „Kurfar" bezeichnet und unterstand dem Gericht Enneberg. Ein erstes sakrales Gebäude ohne genauere Angaben wird im Jahre 1347 dokumentiert. Die Einweihung der **Kirche zur hl. Katharina** erfolgte im Jahre 1452. Kolfuschg wurde hingegen bereits im Jahre 1153 erstmals urkundlich genannt und unterstand dem Gericht Wolkenstein in Gröden sowie dem

Bischof von Brixen und gehörte zur Pfarrei Lajen. Somit mussten die Verstorbenen über Puez und das Langental bis nach Lajen zur Beerdigung gebracht werden. 1419 wurde die **Kirche zum hl. Vigilius** eingeweiht; ab nun unterstand der Ort der Pfarrei St. Christina in Gröden. Das Dorf Kolfuschg wurde erst im Jahr 1827 an das Gadertal angeschlossen. Der Hausberg von Corvara ist der 2665 Meter hohe Sassongher. Im Südwesten liegt die Hochebene Pralongiá und im Nordwesten die Hochebene Puez. Seit dem Jahre 1978 ist Corvara Teil des **Naturparks Puez-Geisler** (siehe Abtei, „Natur

9

Sonnenbalkon ins Herz der Dolomiten

pur"). Von den insgesamt 10.196 Hektar dieses Naturparks liegen etwa 650 in Corvara. Im Jahre 2009 wurde der Naturpark zum **Unesco-Weltnaturerbe** ernannt. Corvara ist Ausgangsort zweier Passstraßen, nämlich jener zum 2121 Meter hohen Grödner Joch und jener zum 1875 Meter hohen Campolongopass. Heute ist Corvara der bekannteste und wohl auch mondänste Ort des Gadertales und lebt vorwiegend vom Wintertourismus. Im Jahre 1938 wurde ein Schlittenlift am Col Alto (1993 m) eingeweiht und 1947 durch einen Sessellift ersetzt, es war dies der erste Sessellift in Italien. Heute bietet Corvara seinen Gästen nicht weniger als 130 km Skipisten. Zudem kann man von hier aus auch eine einzigartige Ski-Panoramatour beginnen, bei der man das ganze Sella-

massiv mit Skiern umrundet, nämlich die sogenannte **Sella Ronda**. Die zurückgelegte Strecke mit Liften und Pisten beträgt 40 Kilometer; sie ist technisch nicht schwierig, allerdings bedarf es guter Kondition, um die ganze Rundtour an einem Tag zu schaffen. Im Sommer ist Corvara vor allem bei Kletterern sehr beliebt, da es unzählige Routen und Klettersteige gibt; auch Radfahrer messen sich gerne beim Volksradtag **Sella Ronda bike day** und bei der **Maratona dles Dolomites** (siehe „Das Besondere" und „Veranstaltungen").

Die Nachbargemeinden sind:
• im Norden Abtei und St. Martin in Thurn
• im Osten und Süden Buchenstein (Provinz Belluno)
• im Westen Wolkenstein, Gröden

Zur Franz-Kostner-Hütte

Gesamtgehzeit: 2 ½ Std.
Höhenunterschied: 120 m im Anstieg, 1100 m im Abstieg
Schwierigkeit: leicht bis mittel
Jahreszeit: Sommer bis Herbst
Einkehrmöglichkeiten: Franz-Kostner-Hütte, Crep-de-Mont-Hütte

Einer der größten Förderer des Fremdenverkehrs in Corvara um die Mitte des 20. Jahrhunderts war **Franz Kostner**. Als Gastwirt, Busunternehmer und im Sommer nebenbei als Bergführer tätig, erkannte er, dass die Dolomiten auch im Winter ein lohnendes Ziel darstellen. So veranlasste er im

Jahre 1938 den Bau eines Schlittenliftes auf den Col Alto (1993 m) und ersetzte ihn 1947 durch einen Sessellift. Es war dies der erste Sessellift Italiens und gleichsam der Beginn des Skitourismus in Corvara. In Anerkennung seiner Leistung benannte man nach ihm die 1988 erbaute Schutzhütte am Vallonkar. Seit die Ostseite des Sellamassivs durch den Boè- und Vallonlift erschlossen ist, wird eine **Wanderung zur Franz-Kostner-Hütte** (2550 m) um einiges erleichtert.

Wegverlauf
Ausgangspunkt ist die Talstation der **Boè-Bahn** im Zentrum von Corvara

Ciampac-Massiv und Sassongher

(geöffnet vom 20. Juni bis zum 20. September: 8.45–12.45 Uhr und 14–17.30 Uhr, Dienstag Ruhetag, Tel. 0471 83 60 34). Wir fahren mit der Bahn zur Boè-Bergstation (2194 m) und mit dem anschlie-ßenden Vallon-Sessellift (2195 m, gleiche Öffnungszeiten, Tel. 0471 83 62 66) zur **Vallon-Bergstation** (2525 m). Auf dem beschilderten Weg Nr. 638 gelangen wir anfangs leicht abwärts, bald leicht anstei-gend in einer halben Stunde zur nahen **Franz-Kostner-Hütte** (geöffnet von ca. 20. Juni bis Ende September, Mobil: 333 87 59 838, www.rifugiokostner.it). Durch den kurzen Anstiegsweg ist die Hütte auch für Kinder und Senioren prob-lemlos erreichbar; das fantastische Panorama auf Tofana, Nuvolau, Monte Pelmo und Marmolada eröffnet sich somit auch Gehschwä-cheren. Dem Genusswanderer steht nun ein langer, aber unschwieriger

Abstieg bevor: Wir wandern durch felsdurchsetzte Grashänge bergab auf dem Weg Nr. 638, kommen am dunkelgrünen **Boè-See** (2250 m) vorbei zur Schulter des Crep de Mont und zur nahen **Crep-de-Mont-Hütte** (1959 m, ½ Std. ab Franz-Kostner-Hütte; geöffnet: 15. Juli bis 30. September, Mobil: 335 60 23 721). Gehschwä-chere können von hier aus mit der Boè-Seilbahn wieder zu Tal fahren; wir Wanderer folgen hingegen dem Weg Nr. 639 Richtung Nordosten und gelangen auf eine Forststraße. Wir bleiben kurz auf der Straße, bis links unser Weg Nr. 639 wieder in den Wald abzweigt. Auch bei der nächsten Kreuzung biegen wir wieder links ab. Der Steig führt kurz Richtung Westen, ehe er dann nord-wärts absteigend wieder den Aus-gangspunkt erreicht (ca. 1 ½ Std. ab Crep de Mont).

Tipp
Für den konditionsstarken und trittsicheren Berggeher bietet sich der Gipfel des **Piz Boè** (3152 m)

an, der auf dem markierten Weg Nr. 638 in gut 2 Std. ab der Franz-Kostner-Hütte erreicht werden kann. Rückweg auf dem Hinweg.

 ## Corvara–Kolfuschg

Eine gemütliche **Rundwanderung von Corvara nach Kolfuschg und retour** führt durch blumige Wiesen und vorbei an einem malerischen Biotopsee.

Gesamtgehzeit: 1 ½ Std.
Höhenunterschied: 130 m
Schwierigkeit: keine, geländegängiger Kinderwagen erforderlich
Jahreszeit: Frühling bis Spätherbst
Einkehrmöglichkeiten: Restaurant am Biotopsee sowie Gasthöfe in Corvara und Kolfuschg

Wegverlauf
Vom Ortszentrum in Corvara gehen wir Richtung Pescosta, der etwas ansteigenden Sassongherstraße entlang. Bei der Kreuzung zur Mersciastraße folgen wir dieser und gelangen auf einem sonnigen Weg durch Wiesen weiter bis zur

Kirche von Kolfuschg. Nun folgen wir dem beschilderten Weiterweg nach Corvara, der uns durch Wiesen in Richtung Süden absteigend zu

9

Kolfuschg

einem Bach führt. Hier biegen wir links ab auf dem bezeichneten **Borest-Weg**, der uns, am **Sotscofes-Biotopsee** vorbei, zurück ins Zentrum von Corvara führt. Der Sotscofes-Biotopsee lädt zu einer kleinen Erfrischung oder zum Verweilen und Ausspannen ein. Er umfasst drei Bereiche: den

Badeteich sowie ein Kinder- und ein Regenerationsbecken. Das Wasser ist chlorfrei und wird biologisch gesäubert. Rund um den See gibt es eine Liegewiese, einen Spielplatz, einen kleinen botanischen Lehrpfad und ein Restaurant. Der Biotopsee ist im Sommer täglich von 10 bis 19 Uhr geöffnet, Tel. 0471 836906.

 ## Corvara – Cherz

Eine weite Aussicht über das Gebiet um Corvara kann man von der blumenreichen Hochebene Cherz aus genießen, die südöstlich von Corvara auf ca. 2000 Meter liegt. Die **Mountainbiketour auf die Hochebene von Cherz** ist allerdings technisch sehr anspruchsvoll und erfolgt auf teilweise rutschigem Terrain; die Tour sollte also nur bei trockenen Verhältnissen angetreten werden. Der Weg wird auch gerne von Wanderern begangen, deshalb ist Rücksicht geboten, und es empfiehlt sich, an Engstellen auch mal vom Rad abzusteigen, um Fußgänger nicht zu gefährden.

Wegverlauf
Von Corvara folgen wir der Straße Richtung Campolongopass. Auf der Höhe des Hotels Laguscei biegen wir links ab auf den Schotterweg zur **Cherz-Schutzhütte** (2060 m, geöffnet von 1. Juli bis 20. Sep-

tember, Tel. 0436 79270, Mobil: 335 6175089). Am Hochplateau angelangt folgen wir der Beschilderung „Rifugio Incisa – Punta Trieste". Diese Etappe zur Incisa-Hütte beginnt mit einer steilen Abfahrt, auch der anschließende Steig zur Hütte ist technisch sehr anspruchsvoll.

9

Sassongher (2665 m), der Hausberg von Corvara

Bei der **Incisa-Hütte** angelangt (1938 m, geöffnet von 11. Juli bis 6. September, Tel. 0436 79313) radeln wir auf dem Forstweg abwärts Richtung Nordwesten nach Corvara. Beim Golfplatz in Corvara biegen wir rechts ab und folgen dem schmalen Weg bis zur Siedlung Arlara; von dort auf der Straße zurück zum Ausgangspunkt ins Ortszentrum von Corvara.

Gesamtfahrzeit: 1 ½ Std.
Gesamtlänge: 14,6 km
Höhenmeter: 545 m
Schwierigkeit: mittel bis schwer
Jahreszeit: Sommer bis Herbst
Einkehrmöglichkeiten: Schutzhütten Cherz und Incisa, Gasthöfe in Corvara

 Der Pisciadù-Wasserfall

Das Element Wasser ist im Biotop-See von Corvara von Menschenhand eingefangen, die Natur zeigt sich still und leise (siehe „Wegele fürs Wagele"). Weit wilder und sprühender präsentiert sie sich beim nahen **Pisciadù-Wasserfall.** Die zweistufige Kaskade entspringt dem kleinen Pisciadùsee (2564 m) an der Nordostseite des Sellamassivs und weist bis zum Fallbecken

Gesamtgehzeit: 1 Std.
Höhenunterschied: 60 m
Schwierigkeit: keine
Jahreszeit: Frühling bis Spätherbst
Einkehrmöglichkeit: Gasthof Lujanta in Pecei

in der Schlucht oberhalb der Kolfuschger Wiesen eine Fallhöhe von 183 Meter auf. Er ist einer der wenigen Wasserfälle in den Dolomiten, die den ganzen Sommer hindurch Wasser führen und nicht abtrocknen. Das Besondere ist zudem, dass er eigentlich keinen Namen hat, denn Pisciadù heißt auf ladinisch ganz einfach „Wasserfall". Eine eindrucksvolle Rundwanderung zum tosenden Naturschauspiel kann man von Kolfuschg aus unternehmen.

Wegverlauf
Ausgangspunkt ist der **Gasthof Lujanta** (1675 m, Peceistraße 31, geöffnet von Ende Juni bis Ende September, Tel. 0471 836005). Er befindet sich im **Weiler Pecei**, knapp einen Kilometer nach dem Ortszentrum von Kolfuschg Richtung Grödner Joch; von der Passstraße zweigt links eine Fahrstraße ab zum

Gasthof. Von dort wandern wir auf breitem Weg südwestwärts zu den Lärchenwiesen des **Kolfuschger Talbodens**. Nach einer Weggabelung folgen wir links dem Steig Nr. 651 in südlicher Richtung. Bei der nächsten Weggabelung gehen wir geradeaus weiter, durchschreiten ein Gatter und gelangen leicht ansteigend zum Fuß des Sellastocks und zum imposanten **Pisciadù-Wasserfall** (1730 m). Wir wandern zurück zum Gatter, zweigen nun aber rechts ab Richtung Osten und gelangen durch Wiesen und Fichtenwald zur nächsten Weggabelung, bei der wir uns nach links, das heißt Richtung Norden, wenden. Wir erreichen nun wieder den eingangs erwähnten Fahrweg, biegen rechts ab und gelangen bald zurück zum Ausgangspunkt.

Veranstaltungen

- Chef's Cup im Jänner: Beim internationalen Gourmet-Event beweisen Spitzenköche ihr Können am Herd und auf der Skipiste.
- Sellaronda Skimarathon, Anfang März: Das internationale Skitouren-Nachtrennen, ist ein Team-Rennen für trainierte Spitzensportler und Skitourenfahrer; dabei werden die Pässe Pordoi, Sella, Gröden und Campolongo überwunden.
- Volksradtag Sella Ronda bike day, Ende Juni: Die Strecke führt über vier Dolomitenpässe, und zwar über das Sella- und Grödner Joch sowie über den Pordoi- und Campolongopass. Am Radtag

kann jeder teilnehmen, Infos im Tourismusverein.
- Maratona dles Dolomites (siehe „das Besondere"). Die Passstraßen bleiben anlässlich der genannten Veranstaltungen für den Autoverkehr geschlossen.
- Alta Badia Jazz Festival von Ende Juli bis Mitte August in verschiedenen Ortschaften von Abtei und Corvara
- Eis-Gala im August: Eistänzer internationalen Ranges zeigen im Eisstadion von Corvara ihr Können.

☺ Das Besondere

Als am 12. Juli 1987 die erste **Maratona dles Dolomites** gestartet wurde, ahnte wohl niemand, dass sich dieses Radrennen zu einem wahren Publikumsmagneten entwickeln sollte. Seitdem findet jedes Jahr Anfang Juli die Maratona statt. Anlässlich des Rennens werden die Passstraßen für den Verkehr geschlossen; der Startschuss fällt in Stern / La Vila und das Ziel ist in Corvara; dabei werden 138 Kilometer und 4190 Höhenmetern bewältigt. Für weniger Geübte gibt es die mittlere Radstrecke von 106 Kilometer und 3090 Höhenmetern oder die Sella-Ronda-Strecke von 55 Kilometern und 1780 Höhenmetern zur Auswahl. Die zu bewältigenden Pässe auf der Paradestrecke sind: Campolongo, Pordoi, Falzarego, Giau sowie das Grödner- und Sellajoch. Zählte man beim ersten Rennen 166

Teilnehmer, so waren es im Jahre 2009 beispielsweise über 9000; die Zahl der Interessierten erhöht sich jährlich um ein Vielfaches, sodass die Startplätze mittlerweile zum Teil verlost werden. Im Laufe der Jahre traten bisher Teilnehmer aus 37 Nationen in die Pedale. Der Erlös aus den Startgeldern der Maratona wird vorwiegend internationalen Hilfsprojekten zugeführt. Das bestens organisierte Rennen gilt heute europaweit als die Königin der Radmarathons und ist die bedeutendste Großveranstaltung der Sommersaison im Gadertal. Dabeisein ist alles, dieses Motto gilt nicht nur für die Athleten, denn auch dem anfeuernden Publikum wird ein reichhaltiges Rahmenprogramm geboten.
Info: Tel. 0471 83 95 36,
www.maratona.it

Sehenswertes

Im Jahre 1347 wurde in Corvara eine erste Kirche ohne genauere Angaben erwähnt. Die Weihe der gotischen **Kirche zur hl. Katharina** von Alexandrien erfolgte im Jahre 1452, vermutlich nach dem Umbau des erstgenannten Gebäudes. Sehenswert ist der Flügelaltar mit der Abbildung „Die Enthauptung der hl. Katharina", entstanden um 1520. Das Bild des Martyriums befindet sich auf der Rückseite des Flügelaltares und wurde möglicherweise vom großen Meister Tizian (1487–1576) gemalt, es wird aber ebenso den Schulen Dürers (1471–1528) oder Altdorfers (1480–1538) zugeschrieben. Der Hochaltar selbst stammt vom einheimischen Künstler Ruprecht Potsch. Im Jahre 1975 würde die Kirche gründlich restauriert.

Im Jahr 1962 wurde die Kirche zum **Heiligen Herz Jesu** in Corvara eingeweiht, welche nach den Plänen des Architekten Erich Pattis erbaut wurde. Sie besticht mit ihren nüchternen und klaren Linien und dem imposanten Holzdach.

Die Kirche zum **hl. Vigilius** in Kolfuschg mit dem Zwiebelturm vor dem Sellastock ist wohl eines der meistfotografierten Motive des Gadertales. Sie wurde 1419 eingeweiht und in den Jahren 1626 und 1869 erweitert und umgebaut. Der Hochaltar stammt aus dem späten 19. Jahrhundert; besonders sehenswert ist das Mariahilf-Bild in der mittleren Kirchennische, das im 18. Jahrhundert entstand.

Einen Besuch wert ist ebenso das **Atelier** von Raimond Mussner, das eine Dauerausstellung von Aquarellen und Bronzestudien beherbergt. Die Bilder zeigen meist Motive aus den ladinischen Tälern, vor allem die typischen „Viles Ladines" (siehe Wengen „Sehenswertes").

 Freizeitangebote

- **Bergbahnen:**
  – in Corvara: Col Alto, Tel: 0471 836034; Boè, Tel. 0471 836266; Vallon, 0471 836266; Pralongià, Tel. 0471 836222; Braida Fraida, Tel. 0471 836034;
  – in Kolfuschg: Plans Frara, Tel. 0471 836466
- **Bibliothek:** „Tita Alton" in Kolfuschg, Col-Pradat-Straße 26
- **Boccebahnen** in Corvara; Tel. 0471 836474
- **Bogenschießen** in Corvara beim Biotopsee, Mobil: 340 6756681
- **Eislaufen** im Eisstadion von Corvara, Tel. 0471 830301
- **Erholungspark** beim Biotopteich in Corvara, Tel. 0471 836906
- **Fahrradverleih** in Corvara: Da Carlo, Straße Col Alt 40, Tel. 0471 830977; Sport Badia, Straße Colt Alt 102, Tel. 0471 830292; in Kolfuschg: Sport Edoardo, Straße Pecei 12, Tel. 0471 836212
- **Fitness-Parcours:** „Borest" in Corvara, Länge 3 km

9

- **Funny jumping** in Corvara bei der Skischule, Brujèstraße, Tel. 0471 836126
- **Golf** in Corvara 9-Loch-Anlage, Tel. 0471 836655, www.golfaltabadia.it
- **Hochseilgarten** beim Adventure Park in Kolfuschg
- **Kletterwand** in Corvara bei der Sportzone, Tel. 0471 836176
- **Kutschenfahrten**: Infos bei: Erich, Mobil: 338 1734235; Hotel Armentarola, Tel. 0471 849522; Oswald, Mobil: 338 4021401; Reinhold, Mobil: 339 3532410

- **Langlauf**: Loipe Corvara–Kolfuschg, 15 km
- **Paragliding** in Corvara, Info Mobil: 347 0652549
- **Rodelbahn**: Cherz–Planac, 2 km, 300 Hm; Pralongia–Armentarola, 3 km, 400 Hm, zum Startpunkt mit der Kabinenbahn von St. Kassian zum Piz Sorega, Tel. 0471 849532
- **Skigebiet**: Die Skiregion Alta Badia verfügt über 95 Skipisten, 1 Seilbahn, 8 Kabinenbahnen, 30 Sessellifte und 12 Skilifte, Infos im Tourismusverein
- **Tennishalle**: in Corvara, Tel. 0471 836474

 Öffentliche Verkehrsmittel

Zuglinie: Franzensfeste–Innichen; **nächstgelegener Bahnhof**: Bruneck.
Buslinien: von Bruneck bis Kolfuschg;
Dolomitenrundfahrt Grödnerjoch–Falzaregopass–Campolongopass;
Info: Tel. 840000471, www.sii.bz.it, info@sii.bz.it
Bergbahnen: Corvara: Lifte Col Alto, Boè, Vallon, Pralongià und Braida Fraida; Kolfuschg: Plans Frara

Spielplätze

Corvara: Teichanlage / Pinienwald „La Sieia", Biotopsee Sotscofes
Kolfuschg: Adventure Park mit Kleintierpark und Streichelzoo
Im Sommer montags Hüpfburg im Zentrum von **Corvara,** dienstags in **Kolfuschg**

 Links/Infos

Tourismusverein Corvara-Kolfuschg
Col Alt 36
39033 Corvara
Tel. +39 0471 836176
Fax +39 0471 836540

Tourismusverein Kolfuschg
Peceistraße 2
Tel. +39 0471 836145
Fax +39 0471 836744
corvara@altabadia.org
www.altabadia.org

BRUNECK

15171 Einwohner – 835 m
46°47′ – N 11°56′ O

Bruneck liegt als Zentrum des Pustertals in einem weiten Talbecken, das nach dem von Bozen als zweitgrößtes von Südtirol gilt. Bischof Bruno von Brixen gründete die Stadt und das Schloss vor gut 750 Jahren zur Sicherung seines dortigen Besitzes und war wohl auch deren Namensgeber. Schloss Bruneck diente seinen Nachfolgern lange Zeit als Sommersitz. Heute noch bilden die weitum sichtbare Burg und die darunterliegende Rainkirche mit ihrem Zwiebelturm die Wahrzeichen der Stadt. Ab Frühjahr 2011 ist im Schloss das fünfte Messner Mountain Museum (MMM Bergvölker) untergebracht.

Großen Aufschwung erlebte die Stadt im 14. und 15. Jahrhundert: Zwischen Augsburg und Venedig wurde reger Handel betrieben, wobei die Waren auch durch Bruneck transportiert und dort gelagert wurden. Zusätzliche Berühmtheit erlangte die Stadt in dieser Zeit durch ihre Malschule, in der keine Geringeren als Michael und Friedrich Pacher zu Meistern ihres Faches ausgebildet wurden.

Zum ausgiebigen Bummeln, Schauen und Einkehren lädt die wunderschöne Stadtgasse mit ihren barocken Hausfassaden ein, die sich an den Burghügel schmiegt. Das Viertel Oberragen mit seinen Herrensitzen ist eine Fortsetzung der Stadtgasse.

Der Ortsteil **Reischach** hat sich zu einem beliebten Urlaubsort entwickelt. Von dort aus kann man in kurzer Zeit den Brunecker Hausberg Kronplatz mit der Umlaufbahn erreichen. Im Winter ist er ein allseits bekanntes Ziel für Schifahrer und im Sommer ein aussichtsreicher Wanderberg. Zudem gibt es in Reischach einen großzügigen und reich ausgestatteten Sportpark.

Der Ortsteil **Stegen**, dessen Name schon auf seine einstige Bedeutung hinweist (ein Steg führte neben der Nikolauskirche schon seit alten Zeiten über die Ahr), ist vor allem durch seinen dreitägigen Markt Ende Oktober sehr bekannt, der längst zu einem fröhlichen Volksfest geworden ist.

Am Eingang ins Tauferer Tal befinden

Stadtviertel Oberragen

Bruneck

sich die Ortsteile **St. Georgen, Auf-hofen** und **Dietenheim**. St. Georgen wird von der Ahr geteilt, an deren Ufer der Radweg verläuft, welcher Richtung Sand in Taufers führt. In Dietenheim ist das bekannte Volkskundemuseum einen Besuch wert.

Die Nachbargemeinden von Bruneck sind:
- im Norden Gais
- im Osten Percha und Olang
- im Süden Enneberg
- im Westen St. Lorenzen und Pfalzen

 ## Über Unter- und Oberhaidach nach Amaten

Der Hausberg von Bruneck ist natürlich der Kronplatz und er bietet auch einige Wandermöglichkeiten. Wir aber begeben uns auf den gegenüberliegenden Talhang und machen einen Ausflug nach Amaten: ein netter Weiler, aussichtsreich auf einer Wiesenterrasse nordöstlich über Dietenheim gelegen. In der Werbung wird der Weiler auch als „Königsloge des Pustertales" bezeichnet. Ganz

Sonnenstrahlen weisen den Weg durch den dunklen Wald.

von der Hand zu weisen ist diese
Behauptung nicht!

Wegverlauf

Wir fahren mit dem Auto oder dem
Citybus (Linie Nr. 2) nach **Dietenheim** (865 m). Am Ortseingang
befindet sich ein Parkplatz. Wir
gehen ein kurzes Stück auf der Straße nach links und dort zweigt nach
der Ampel, zwischen den Häusern,
der Weg nach Amaten nach rechts
ab (vom Ortszentrum ausgehend
können wir auch der Beschilderung
„Sportplatz" folgen). Wir kommen
am Spielplatz und dem Sportplatz
vorbei. Oberhalb davon führt der
Weg Nr. 1 zuerst durch Weiden
und dann durch den Wald aufwärts.
Die erste rot-weiß-rot markierte
Abzweigung nach Amaten lassen wir
links liegen. Plötzlich öffnet sich der

Gesamtgehzeit: 3 Std.
Höhenunterschied: 415 m
Schwierigkeit: keine
Jahreszeit: Frühsommer bis
Spätherbst
Einkehrmöglichkeiten: Gasthof
Amaten (Dienstag Ruhetag), Gast-
hof Oberraut (Donnerstag Ruhetag)

Wald und auf einer Wieseninsel er-
blicken wir den **Unterhaidachhof**
und dahinter die Dolomiten. Oberhalb des Hofes überqueren wir die
Straße, um weiterhin auf unserem
Wanderweg bis zum sagenumwo-
benen und anscheinend einmal sehr
begüterten **Oberhaidachhof** zu
wandern. Kurz vorher zweigt Weg
Nr. 5 nach links, Richtung Amaten,
ab. Wir queren den Berghang und
erreichen den besagten Weiler. Dort

10

Beim Unterhaidachhof wird der Blick auf die Dolomiten freigegeben.

gibt es zwei Einkehrmöglichkeiten. Gestärkt kehren wir auf Weg Nr. 4, am Gasthof Oberraut vorbei, wieder nach Dietenheim zurück.
Wer die Wanderung ausdehnen

möchte, kann auf Weg „K" zur Kehlburg weiterwandern (kurz auf der Straße Richtung Tesselberg hinaufgehen und dann nach links abbiegen).

Schloss Bruneck – Waldfriedhof – Kühbergl

Die Stadt Bruneck liegt in einem weiten Talbecken, aus dem eine Erhebung, genannt Kühbergl, deutlich hervorragt. Auf seinem Gipfel steht die Kaiserwarte und erinnert uns daran, dass Kaiser Franz Joseph 1886 in Bruneck weilte.
Aus den Baumstämmen des Kühberglwaldes fertigte man die Kreuze des ebenso am Kühbergl befindlichen Waldfriedhofes. Gefallene der Weltkriege wurden hier zur letzten Ruhe gebettet. Zudem treffen wir auf unserem Spaziergang auch auf drei idyllische Teiche

Gesamtgehzeit: ca. 2–3 Std.
Höhenunterschied: 178 m
Schwierigkeit: keine; geländegängiger Kinderwagen erforderlich
Jahreszeit: Frühling bis Spätherbst
Einkehrmöglichkeiten: in der Stadtgasse gibt es mehrere Einkehrmöglichkeiten

und kommen am Schloss Bruneck vorbei. Man sehe und staune, welch wertvolle Naherholungszone sich hier befindet!

Die Teiche am Kühbergl laden zum Verweilen und Schauen ein.

Wegverlauf

Vom **Graben** (835 m) ausgehend spazieren wir durch das **Florianitor** in die schöne Brunecker Stadtgasse und wenden uns nach links. Vorbei an gepflegten Altstadthäusern schlendern wir weiter bis zum **Raintor**. Nach dem Tor geht nach rechts der **Schlossweg** ab, auf dem wir zum **Schloss Bruneck** hinaufwandern. Dieses beherbergt ab Frühjahr 2011 das fünfte Messner Mountain Museum. Es befasst sich mit dem Thema Bergvölker. Beim Schlosstor angekommen, gehen wir nach rechts und umrunden die Burg. Dann überqueren wir die **Schlossbrücke**, wandern nach rechts weiter und bei der nächsten Abzweigung nach links hinauf. Ein Schild zeigt uns an, dass wir links zum interessanten **Waldfriedhof** kommen, dem wir auf jeden Fall einen Besuch abstatten sollten. Danach kehren wir wieder auf den Weg zurück und folgen diesem bis zu den drei mit Seerosen bewachsenen Teichen, die eine wahre Augenweide sind. Bänke laden zum Verweilen ein. Wer noch weiterspa-

zieren möchte, kann vom obersten Teich aus auf wurzeligen Wegen den Gipfel des **Kühbergls** (1013 m) erreichen. Wir kehren auf dem Anstiegsweg wieder bis zur Abzweigung zurück, die zur Schlossbrücke führt. Hier halten wir uns aber nach links und gelangen so wieder in die Stadt zurück.

 ## Bruneck−Niederolang−Reischach−Stefansdorf− St. Lorenzen−Bruneck

Diese Tour ist für die ganze Familie geeignet, gemütlich und ohne nennenswerte Höhenunterschiede. Der Hinweg verläuft auf dem Pustertaler Radweg durch die idyllische Rienzschlucht und weiter bis Olang. Der Rückweg ist etwas höher gelegen und führt über den Ortsteil Reischach.

Gesamtfahrzeit: ca. 2 ½ Std.
Gesamtlänge: rund 30 km
Höhenunterschied: rund 200 m
Schwierigkeit: leicht
Jahreszeit: Frühling bis Spätherbst
Einkehrmöglichkeiten: in Bruneck, Olang, Reischach, Stefansdorf und St. Lorenzen

10

Der Anblick der Lamprechtsburg lädt zu einer Rast ein.

Wegverlauf
Startpunkt ist der **Stegener Marktplatz** (830 m), welcher vom Zentrum von Bruneck aus am besten über die Stegener Straße erreichbar ist (zweigt beim Gilmplatz vom Graben ab). Dort befindet sich ein großer, gebührenfreier Parkplatz (P2); gleich daneben ist schon der Radweg. Auf diesem fahren wir Richtung Osten, durchqueren die Stadt und gelangen schließlich in die **Rienzschlucht**. Dort erwarten uns auf unserer Route auch zwei kühle, aber beleuchtete Tunnels. In bequemem Auf und Ab erreichen wir, vorbei am Sportplatz von Percha, die nach rechts abzweigende Brücke, die uns nach Olang führt. Diese überqueren wir und sobald wir die **Eisenbahnunterführung**

(1006 m) hinter uns gelassen haben, geht es sofort nach rechts weiter (Markierung Nr. 15). Natürlich kann vorher ein Abstecher nach Olang gemacht werden. Dann treten wir wieder den Rückweg bis zur genannten Abzweigung an und von dort radeln wir ganz gemütlich mit einigen leichten Steigungen an einigen Höfen vorbei. Die Aussicht auf die andere Talseite und schließlich die **Lamprechtsburg** auf unserer rechten Seite fesseln unsere Blicke. Sie kann aber nicht besichtigt werden. So setzen wir unseren Weg fort bis **Reischach** (958 m). Müde Radler können schon von hier nach Bruneck abfahren (über die Reischacher Straße).
Durch die Reipertinger Straße fahren wir weiter bis nach **Ste-**

fansdorf. Im Ortszentrum geht es nach rechts, Richtung **St. Lorenzen** (805 m). Auf dem sehenswerten Kirchplatz angekommen, überqueren wir diesen und gelangen, wieder nach rechts fahrend, auf den Radweg. Auf diesem kehren wir nach Bruneck zurück.

Radverleih:
– Kronplatzbike, Ahrntaler Straße 19, St. Georgen, Mobil 348 67 16 022
– Papin Sport, Bahnhofsgelände Bruneck, Mobil 348 71 16 803
– Rentabike, Bahnhofsgelände Bruneck, Mobil 348 40 65 468

Naturlehrpfad

Das Forstamt von Bruneck legte zu Beginn der 1990er Jahre im Süden und Südosten der Stadt einen Naturlehrpfad an. Er soll den Menschen die Wichtigkeit des Waldes als Ökosystem und dessen Lebensgemeinschaften näherbringen. Der Lehrpfad hat eine Gesamtlänge von fünf Kilometern mit insgesamt 27 Haltepunkten. Zudem ist er in eine große Schleife (Rienzschlucht, A-Teil, 17 Haltepunkte) und in eine kleine (Sternwaldele, B-Teil, 10 Haltepunkte) eingeteilt. Es sollte insgesamt mit gut zwei Stunden Gehzeit gerechnet werden. Der erholsame Spaziergang beginnt an der Informationstafel, welche wir erreichen, indem wir der Rienz Richtung Osten folgen, nach dem Schwimmbad nach rechts abbiegen und bis zur besagten Tafel weiter-

`10`

Mehrere Haltepunkte begleiten den Naturlehrpfad.

marschieren. Nach links begehen wir die große Schleife und nach rechts die kleine. Auch einige kulturelle Besonderheiten wurden in den Lehrpfad mit eingebunden: Schloss Bruneck, die Rainkirche und der Stadtteil Oberragen. Man sollte sich unbedingt die lehrreiche Broschüre „Naturlehrpfad" im Tourismusbüro besorgen! Dieser entnimmt man sehr viel Wissenswertes über diesen Weg.

 ## Sehenswertes

Die Jagd auf die Sehenswürdigkeiten in Bruneck könnte beim **Ursulinen- oder Neutor** beginnen. Gleich daneben befindet sich die zu Beginn des 15. Jahrhunderts erbaute **Ursulinenkirche**. Das Neutor ist so wie die anderen alten Stadttore noch mit Fresken versehen. Der Gang durch die **Stadtgasse** entlang der malerischen Hausfassaden ist ein seltenes Vergnügen. Vorbei an

Die Mariensäule vor dem Ansitz Sternbach

der Florianigasse, die zum gleichnamigen Tor führt, gelangen wir zum **Ragentor** und durch dieses hindurch in die **„Oberstadt"** (Stadtviertel Oberragen). Wir spazieren weiter, bis wir schließlich auf die schlanke **Mariensäule** vor dem stattlichen **Ansitz Sternbach** stoßen. Die Immaculata-Säule wurde von Anton von Wenzel gestiftet und 1716 vom Künstler Michael Rasner ausgeführt. Bald erreichen wir die **Pfarrkirche Mariä Himmelfahrt**, die nach mehreren Umbauten in der Mitte des 19. Jahrhunderts ihre heutige Form bekam und im Inneren sehenswerte Deckenmalereien aufweist. Auch die barocke **Spitalskirche zum Hl. Geist** aus der Mitte des 18. Jahrhunderts und die **Rainkirche** mit ihren barocken Altären sind einen Besuch wert. **Schloss Bruneck** befindet sich gleich oberhalb der Rainkirche und birgt ab Frühjahr 2011 das fünfte Messner Mountain Museum (www.messnermountainmuseum.it). Wenn wir die Schlossbrücke überqueren, welche über die Reischacher Straße führt, gelangen wir zum **Waldfriedhof** hinauf (siehe „Wegele fürs Wagele"). Erwähnenswert ist auch das **Stadtmuseum für Grafik** in der Bruder-Willram-Straße, welches in den

Schloss Bruneck

Die Rainkirche

10

früheren Postställen untergebracht ist. Es enthält eine kunsthistorische Sammlung, den Schwerpunkt bildet jedoch moderne und zeitgenössische Grafik von Künstlern aus der Region. Öffnungszeiten: von Dienstag bis Freitag von 15 bis 18 Uhr, Samstag und Sonntag von 10 bis 12 Uhr;

im Juli und August von Dienstag bis Sonntag von 10 bis 12 Uhr und von 15 bis 18 Uhr; Montag Ruhetag (außer August), Tel. 0474 553292, info@stadtmuseum-bruneck.it www.stadtmuseum-bruneck.it **Volkskundemuseum Dieten-heim**: siehe „Das Besondere"

 Spielplätze

In Bruneck und Umgebung gibt es mehrere Spielplätze. Besonders empfehlenswert sind jene:
– in der Peter-Anich-Siedlung
– in der Althingstraße in **Stegen**
– hinter der Eishalle von **Bruneck**
– in der Sportzone Reiperting in **Reischach**
– neben dem Sportplatz von **Dietenheim**
– neben der Kirche von **St. Georgen**

☺ Das Besondere

Volkskundemuseum Dietenheim
In Dietenheim, dem Brunecker Ortsteil mit den vielen sehenswerten Edelsitzen, sticht einer besonders hervor. Es ist der Ansitz Mair am Hof, der Mittelpunkt des Volkskundemuseums. Dieses erstreckt sich über ein Gelände von etwa drei Hektar, wurde 1976 gegründet und ist eines der bedeutendsten und schönsten des Alpenraumes. Ein Besuch dieser Anlage ist ein Ausflug in die Vergangenheit der Bevölkerung Südtirols, in eine Zeit, als Mobiltelefon, Spül- oder Mähmaschine und andere Annehmlichkeiten noch Zukunftsmusik waren.

Bauernhäuser, Ställe, Mühlen, Backofen, Schmiede, Bienenhaus, Sägewerk können besichtigt werden, zum größten Teil in verschiedenen Orten Südtirols ab- und auf dem Museumsgelände wieder aufgebaut. Längst vergessene Arbeitsgeräte werden ausgestellt. Kindern sind sie bereits völlig unbekannt, während Großeltern bei deren Anblick noch in Erinnerungen schwelgen. Auch einige Tiere tummeln sich auf umzäunten Wiesen, und in den Gärten werden Gemüse- und Heilkräuter angebaut. Im herrschaftlichen Ansitz Mair am Hof wird die Lebensweise des Landadels vergegenwärtigt und verschiedene Sammlungen ausgestellt, z. B. aus dem Bereich der Volksfrömmigkeit und -kunst, medizinische Geräte, Pfeifen und Zithern. Filme über die bäuerliche Arbeit im Jahreslauf und die hierzu notwendigen Geräte werden in der daneben befindlichen Stallscheune gezeigt.

Im Museumsgasthaus kann schließlich eingekehrt und daneben auf einer alten Kegelbahn sogar gekegelt werden.

Besonders interessant sind sogenannte Aktionstage, an denen z. B. das Schafescheren, Glasblasen oder Brecheln gezeigt wird. Informieren Sie sich vorher über die jeweiligen Termine!

Das Museum kann mit dem Auto (über den Nordring, großer Parkplatz beim Museum), dem Citybus (Linie Nr. 2) oder mit dem Rad erreicht werden (durch die Rienzschlucht bis kurz vor Percha, beim E-Werk nach links abbiegen und bis zur Pusterer Straße hinaufradeln, auf der gegenüberliegenden Seite nach Dietenheim hinunterradeln).

Öffnungszeiten:
Ostermontag bis Oktober, Dienstag bis Samstag von 9.30 bis 17.30 Uhr, Sonn- und Feiertage von 14 bis 18 Uhr (Montag Ruhetag); **August:** Montag bis Samstag von 9.30 bis 18.30 Uhr, Sonn- und Feiertage von 14 bis 19 Uhr (kein Ruhetag); www.volkskundemuseum.it Tel. 0474 55 20 87

Freizeitangebote

- **Angeln** (ohne Fischerlizenz) im Fischerteich in Bruneck, Auskünfte bei Roman Perego, Mobil 335 57 44 73
- **Billard:** Sport's Arena in der Harrasserstraße 1 in Reischach, Tel. 0474 41 36 00 (mit Ausstrahlung von Sky-TV)
- **Boccia**: In der Bocciahalle in Bruneck, Alte Straße 6, kann auf vier homologierten Bocciabahnen aus Kunstfaser gespielt werden. Täglich geöffnet von 10 bis 24 Uhr, Montag Ruhetag; Voranmeldung unter Tel. 0474 41 05 88 erwünscht
- **Bogenschießen:**
  − auf einem Stand mit regulären Maßen (18 − 90 m) beim Schloss Bruneck; geöffnet im Juli, August und September, Anmeldung erforderlich bei Herrn Dario Mulliri, Mobil 328 57 34 00
  − Bogenschützen Bruneck: ganzjährig geöffnet in Reischach, hinter dem Hotel Royal Hinterhuber, Auskünfte unter Mobil 340 50 66 568
- **Golf:** Golfclub Pustertal, Sportpark in Reischach, Tel. 0474 41 37 95, info@golfpustertal.com
- **Inline-Skating** beim Jugendzentrum UFO in Bruneck, Josef-Ferrari-Straße 8; Tel. 0474 55 57 70
- **Kegeln** auf vier vollautomatischen Bahnen in der Kegelbahn Alping in St. Georgen, Sonntag Ruhetag, Tel. 0474 55 08 97
- **Klettern**:
  − Kletterhalle am Rathausplatz in Bruneck (Eintrittskarten beim Tourismusverein Bruneck erhältlich)
  − Kletterfelsen am Aufhofener Kofl zwischen Bruneck und Aufhofen
  − Kletterfelsen auf der linken Straßenseite zwischen St. Georgen und Gais
- **Nordic Walking**: Der „Nature. Fitness.Park.Kronplatz-Dolomiti" ist der größte Nordic-Walking-Park Europas und umfasst viele ausgeschilderte, leichte und mittelschwere Touren auf über 275 Kilometer Länge.
- **Paragleiten (Tandemflüge):** Ein Team staatlich geprüfter Tandempiloten mit langjähriger Flugerfahrung steht zu Ihrer Verfügung. Auskünfte bei Wolfi, Mobil 338 97 42 701
- **Reiten:**
  − Reitstall im Sportpark Reischach, Tel. 0474 55 52 58
  − Reitanlage Lechnerhof, Reischach, Tel. 0474 55 57 78
- **Schießsport:** Sektion Bruneck des Nationalen Sportschützenverbandes (Amateurverein), J.-Ferrari-Straße 26 (Schulzone Bruneck); Öffnungszeiten: Dienstag und Freitag ab 20 Uhr
- **Schwimmen:**
  − Erlebnis-Hallenbad Cron4 im Sportpark Reischach: eine tolle Anlage mit mehreren Becken (Fun-, Sport-, Baby- und Activpool) und Wellnessanlage, die auch mit einfallsreichen Aktionen von sich reden macht, wie der Saunaaufgussmeisterschaft. Ganzjährig geöffnet von 10 bis 22 Uhr, Tel. 0474 41 04 73, www.cron4.it
  − Freischwimmbad Bruneck, Neurautherstraße 1, täglich geöffnet

10

Erlebnis-Hallenbad Cron4

von Juni bis August von 9.30 bis
21 Uhr, Tel. 0474 41 14 14
• **Tennis**:
– Tennishalle in Bruneck mit zwei
Plätzen, Tel. 0474 41 12 47 (Platz-
reservierung erforderlich)
– Tennisplatz im Sportpark in
Reischach mit 6 Sandplätzen,
Tel. 0474 55 47 60
– Tennisplatz in St. Geogen, Ufer-
straße, Tel. 0474 53 03 80

 Öffentliche Verkehrsmittel

 Veranstaltungen

Bruneck ist der wichtigste Ver-
kehrsknotenpunkt des Pustertals
und kann mit den öffentlichen
Verkehrsmitteln problemlos erreicht und verlassen werden. Die
neue Pusterer Bahn fährt stündlich
(und zeitweise auch halbstündlich)
von Bruneck Richtung Brixen oder
Innichen. Auch sonntags gibt es
gute Verbindungen. Die Ortsteile
können mit dem Citybus erreicht
werden.
Fahrpläne unter: www.sii.bz.it

• Sommernachtstraum: Einkaufen
bis 22.30 Uhr an den Freitagen im
August mit Rahmenprogramm
• Sommerkonzerte im Ragenhaus
mit außergewöhnlichen Musikern
und Ensembles
• Stadtführungen und verschiedene
geführte Wanderungen
• Brunecker Bauernmarkt: von Juni
bis Oktober, jeden Freitag von
8 bis 12.30 Uhr
• Wochenmarkt in Bruneck: jeden
Mittwoch
• Stegener Markt: am letzten Wo-
chenende im Oktober
• Weihnachtsmarkt in Bruneck
• Altstadtfest: jedes zweite Jahr am
letzten Wochenende im Juli
• Kirchweihfeste in den Ortsteilen

 Links/Infos

Tourismusverein Bruneck
Rathausplatz 7
39031 Bruneck
Tel. +39 0474 55 57 22
Fax +39 0474 55 55 44
info@bruneck.com
www.bruneck.com

GAIS

3100 Einwohner – 840 m
46°50' N – 11°56' O

„Ich weiß ein Dorf, gar lieb und traut, am stillen Lauf der Ahr", so beginnt das vierstrophige „Gaisinger Heimatlied" aus dem Jahre 1944 und endet im Refrain „'s ist die Heimat mein, die ich lieb so heiß, 's ist mein Sonnenschein, mein liebes Gais". Wie schön für ein Dorf, ein eigenes Lied zu besitzen!

Der Name Gais wird 985 als „Gaizes" erstmals genannt. Er geht vermutlich auf das indogermanische „ghid" zurück, was „Anschwemmland" bedeutet, welches heute noch im ausladenden Murkegel aus dem Bärental sichtbar ist. Die Pfarrkirche zum hl. Johannes dem Evangelisten wird 990 dokumentiert. Das Gotteshaus mit dem gotischen Spitzturm ist eine der ältesten und kunsthistorisch interessantesten Landkirchen

Tirols. Trotz zahlreicher Umbauten ist der ursprüngliche romanische Stil noch gut erkennbar. Die Fraktionen sind Uttenheim, Lanebach, Mühlbach, Tesselberg. **Uttenheim** scheint ab 993 als „Outanheim" und „Utenhaem" auf. Der Name geht vermutlich auf „Uota" zurück, einem Mitglied der bayerischen Herzogdynastie der Agilolfinger (6. bis 8. Jahrhundert). Seit 1100 sind die Edlen von Uttenheim historisch bezeugt, die an der Westflanke des Tales das Uttenheimer Schlössl bewohnten; 1387 starb das Adelsgeschlecht aus. Die Pfarrkirche zur hl. Margaret wird 1175 erstmals

11

Gais

genannt. Der Weiler **Lanebach** (1560 m) mit seinen 20 Einwohnern gehört zu den abgelegensten Südtirols. Seine steilen Hänge haben bereits den Minnesänger Oswald von Wolkenstein (1377-1445, siehe „Das Besondere") beeindruckt. So schildert er 1418 die Lage: „ze öbrist auf dem Lenepach, auf sticklem berg in wilder höch". Im Volksmund geht heute noch die schaurige Kunde, dass hier kein Bauer im Bett stirbt: „Der eine wird von der Lawine verschüttet, der andere vom Holz erschlagen, und der dritte stürzt ab."
Mühlbach (1462 m) wird 1337 als Dorf erstmals urkundlich genannt. Es war bis ins 19. Jahrhundert nur zu Fuß erreichbar; 1960 erhielt es die heutige Zufahrtsstraße über Percha–Amaten–Tesselberg; die Straße über Uttenheim gar erst 1977. Das Kirchlein zu den 14 Nothelfern war

früher ein Wallfahrtsort. **Tesselberg** (1485 m) wird um 990 als Tessilinperch" und „Tessilperc mons Tassilonis" zum ersten Mal erwähnt; die Bezeichnung geht vermutlich auf „Tassilo", einen Namen aus dem Geschlecht der Agilolfinger, zurück. Das Gemeindegebiet von Gais erstreckt sich auf 60,34 Quadratkilometern, wovon 29,37 Quadratkilometer dem 1988 ausgewiesenen **Naturpark Rieserferner-Ahrn** (315,05 km^2) angehören (siehe Ahrntal und Sand in Taufers „Natur pur").

Die Nachbargemeinden sind:
- im Norden Mühlwald und Sand in Taufers
- im Osten Percha
- im Süden Bruneck
- im Westen Pfalzen

Uttenheim

Der Kehlburger Waal

Kehlburger Waalweg

Eine der schönsten Ansichten von Gais ist der Murkegel aus dem Bärental, der sich einem Patchwork-Teppich gleich an das Dorf zu schmiegen scheint; Wiesen und Felder ergeben dabei sein grün-braunes, rechteckiges Muster. Zur Bewässerung dieser Kulturgründe wurde schon in Urzeiten ein Waal angelegt, der sich in einem u-förmigen Graben vom Mühlbach- bis zum Bärental zieht. Heute verläuft entlang des **Waalweges** ein schattiger Wanderweg; an einer besonders romantischen Ecke wurde eine wettergeschützte Kanzel in die dunkle Felsennische gezimmert.

Wegverlauf
Ausgangspunkt für unseren Rundweg ist der Parkplatz beim Naturbadesee im Ortszentrum von Gais.

Wir wandern die Talfriedenstraße entlang ostwärts und biegen bald rechts ab in die Kehlburgstraße. Den Weiterweg mit der Markierung Nr. 2+5 verfolgen wir Richtung Süden, bis wir zum Hinweisschild mit der

Bezeichnung „Waalweg" gelangen. Der Steig führt uns nun links abbiegend in den Wald hinein. In leichtem Auf und Ab wandern wir bis zum Ende des Waalweges, halten uns hier links, und gelangen entlang des Mühlweges zur Talfriedenstraße und zurück zum Ausgangspunkt.

Gesamtgehzeit: 1 ½ Std.
Höhenunterschied: 100 m
Schwierigkeit: leicht
Jahreszeit: ganzjährig; im Winter teilweise vereist
Einkehrmöglichkeiten: im Dorf Gais

 ## Ins „Mühlbocha Talile"

Gesamtgehzeit: 3 Std.
Höhenunterschied: 447 m
Schwierigkeit: leicht; geländetauglicher Kinderwagen erforderlich
Jahreszeit: Frühling bis Spätherbst
Einkehrmöglichkeiten: Mühlbacher Badl und bei den Almen

Das weite Talbecken zwischen den Dörfern Gais und Uttenheim eignet sich vorzüglich für gemütliche Ausflüge mit dem Wagele, vor allem entlang des beschilderten Tauferer Radweges. Mit einem geländetauglichen Kinderwagen sollte aber unbedingt das malerische **Mühlbacher Tal** (im Volksmund: „Mühlbocha Talile", also Tälchen) besucht werden.

Wegverlauf
Am südostseitigen Dorfende von Mühlbach zweigt eine schmale Fahrstraße ab, die man bis zum großen Parkplatz (1580 m) verfolgt. Nun wandert man auf dem Weg Nr. 2

Alm im Mühlbacher Talile

zum Mühlbacher Badl und vorbei an der Oberbacher- und Huber- zur Unterwanger Alm. Ein kurzer, letzter Anstieg führt uns zur Oberwanger Alm (2027 m) am Talschluss, wo imposant die Arena der Dreitausender glänzt, von der Großen Windschar über Fensterlekofel bis zur Schwarzen Wand. Rückweg auf dem Hinweg.

Tipp
Am Eingang in das Mühlbacher Tal, gleich hinter dem Stausee, ist eine kleine Kneippanlage eingerichtet; Infos im Tourismusverein.

 ## Rundtour Gais

Der Tauferer Radweg von Gais nach Sand in Taufers ist eine sehr beliebte Strecke bei Jung und Alt. Gewiss gehört er zu den landschaftlich schönsten des Landes. Er verläuft nahezu eben, ist asphaltiert und deshalb ebenso geeignet für Kinderwagen und Rollstuhl. Für die 10 Kilometer lange Strecke von Gais nach Sand in Taufers benötigt man eine knappe Stunde. Eine Beschreibung erübrigt sich, da der Radweg durchwegs gut beschildert ist.

Gesamtfahrzeit: 1 Std.
Gesamtlänge: ca. 6 km
Höhenunterschied: 150 m
Schwierigkeit: leicht
Jahreszeit: Frühling bis Spätherbst
Einkehrmöglichkeit: in Gais

11

Einen schönen Panoramablick über Gais gewinnen wir bei der nicht allzu anstrengenden Rundtour über den **Bärentaler Murkegel**.

Am Radweg Bruneck – Sand in Taufers

11

Wegverlauf

Wir starten am Naturbadesee in Gais, radeln in südlicher Richtung zur Kirche und am Radweg talauswärts bis zum „Hohen Kreuz". Hier verlassen wir den Radweg und biegen links ab auf den Wiesenweg Richtung Aufhofen. Bei einer kleinen Kapelle biegen wir wiederum links ab nach Aufhofen. Hier wählen wir links haltend die asphaltierte Straße Nr. 2B, die uns ansteigend zum Bärentalerhof (966 m) führt. Ab dem Hof halten wir uns nach rechts, fahren hinunter zur Kehlburgstraße, zweigen links ab in die Talfriedenstraße und gelangen an deren Ende zurück zum Parkplatz. Variante: Ab dem Hof führt ein Weg auch direkt bergab zur Kirche und zurück zum Ausgangspunkt.

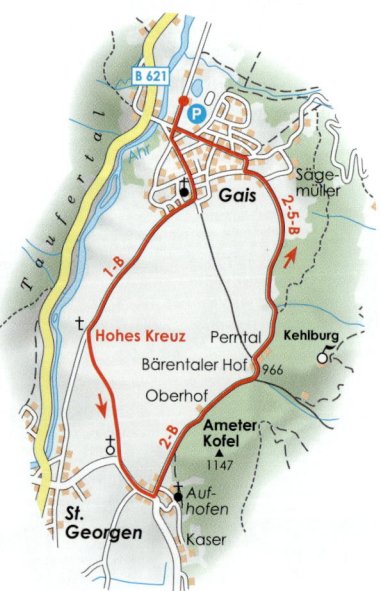

Naturbadesee

Der Naturbadesee in Gais ist der beliebteste Treffpunkt an heißen Sommertagen für Feriengäste und Einheimische. Das Wasser ist frei von chemischen Zusätzen, und der See weist eine geringe Wassertiefe auf. Besonders Familien mit Kleinkindern schätzen das übersichtliche Badegelände und die gepflegte Liegewiese. Begrüßenswert ist ebenso der kostenlose Eintritt zur Badeanstalt. Sie ist von Anfang Juni bis Ende August geöffnet, kann aber je nach Wetterlage auch später noch benutzt werden. Im Bereich des Sees hat sogar ein Piratenschiff seine Anker ausgeworfen! Eine nette Idee, wie hier aus einem umgebauten Schiff eine Bar entstanden ist, wo es erfrischende Getränke und Imbisse gibt.

11

Naturbadesee Gais

Öffentliche Verkehrsmittel

Zuglinie: Franzensfeste–Innichen; **nächstgelegener Bahnhof**: Bruneck
Buslinie: ab Zug- oder Busbahnhof Bruneck ins Tauferer Ahrntal. Haltestellen in Gais und Uttenheim. Info: www.oberhollenzer.com, info@oberhollenzer.com, Tel. 0474 678072 oder 840000471, www.sii.bz.it, info@sii.bz.it. Keine Buslinie zu den weiteren Fraktionen.

☺ Das Besondere

Installation am Kulturweg.Gais

Am „**Kulturweg.Gais**" treffen wir auf moderne Kunstinstallationen, die großen Persönlichkeiten gewidmet sind, welche einst in Gais lebten und wirkten. Es sind dies der Minnesänger Oswald von Wolkenstein, die Künstlerfamilie Bacher und der Dichter Ezra Pound. **Oswald von Wolkenstein** (1377–1445) wurde vermutlich auf der nahen Burg Schöneck bei Pfalzen geboren und zog bereits im Alter von zehn Jahren durch halb Europa. Er soll zehn Sprachen gesprochen, mehrere Musikinstrumente gespielt haben und hinterließ mit seinen Liedersammlungen nicht nur einen wahren Schatz an geistlichen und weltlichen Liedern, sondern auch einen tiefen Einblick in das Leben und Lieben im ausgehenden Mittelalter. Die Jahre 1424–1426 verweilte der Minnesänger auf Schloss Neuhaus als Pfleger. Er starb 1445 in Meran. Die **Künstlerfamilie Bacher** lebte im Pflegerhaus von Schloss Neuhaus. Der Holzbildhauer Alois Bacher (1866–1921) gab sein künstlerisches Talent den Söhnen Heinrich

(1897–1972) und Franz (1903–1981) weiter, die es auf Kunsthochschulen im Ausland perfektionierten. Die Gebrüder erreichten mit ihren Holz- und Bronzeplastiken hohes Ansehen; ihre Werke zeichnen sich durch Reduktion auf das Wesentliche aus, durch klare Linien und Formen. Von Heinrich Bacher kann ein Pietà-Relief am Kriegerdenkmal sowie das Relief „Kampf zwischen Gut und Böse" im Pfarrsaal von Gais bewundert werden.

Der amerikanische Dichter **Ezra Pound** (1885–1972) lebte ab 1924 in Italien. Seine Tochter Mary (*1925) aus der Beziehung mit der Violinistin Olga Rudge (1895–1996) wurde in Gais am Samerhof großgezogen. 1946 heiratete Mary den Ägyptologen Graf Boris de Rachewiltz, mit dem sie sich 1955 auf der Brunnenburg bei Meran niederließ. In der Biographie „Diskretionen" beschreibt **Mary de Rachewiltz** ihre Jugendzeit in Gais und das Leben ihres berühmten Vaters.

Der zwei Kilometer lange Kulturweg.Gais führt vom Dorf über die Bachscheide zum Schloss Neuhaus, ist leicht begehbar und beschildert.

◉ Sehenswertes

Schloss Neuhaus

„Auff einem kofel rund und smal mit dickem wald umbfangen, vil hoher perg und tieffe tal, stain, stauden, stock, snestangen", so beschreibt Oswald von Wolkenstein (siehe „Das Besondere") seinen winterlichen Ausblick von **Schloss Neuhaus**. Die schmucke Burganlage wurde um das Jahr 1240 von den Herren von Taufers errichtet. Später ging sie an die Grafen von Görz und um 1500 an Kaiser Maximilian I. (1459–1519). Heute ist Schloss Neuhaus in privater Hand und wird teilweise als Hotelbetrieb geführt. In den Räumen des Palas sind Gästezimmer untergebracht und im Schlosshof gibt es eine Gaststätte, Tel. 0474 504222.
Gegenüber am ostseitigen Berghang von Gais thront die **Kehlburg**. Sie wurde 975–1006 durch das Bistum von Brixen erbaut. Nach mehr-

maligem Besitzerwechsel scheint von 1545 bis 1891 die Familie der Herren von Rost auf. Die Burg brachte ihren späteren Inhabern wenig Glück, zumal sich einige wegen ständiger Restaurierungs-arbeiten finanziell übernahmen. Der schwärzeste Tag jedoch war der 30. April 1944, als ein Brand ausbrach und den Großteil der Burg zerstörte. Seitdem ist sie Ruine. Erste Dokumente über das **Utten-heimer Schlössl** belegen eine Schenkung durch Kaiser Heinrich II. (1002–1024) an das Bistum Bam-berg, welches es den Herren von Uttenheim zu Lehen gab. Um 1225 ging es in den Besitz der Herren von Taufers über. Nach mehrmaligem Wechsel der Eigentümer verfiel das Schloss seit Ende des 17. Jahrhun-derts zusehends. Im einstigen Palas ist heute ein bäuerliches Wohnhaus mit Ausschank eingerichtet. Das Burgareal und die Kapelle können im Sommer nach Vereinbarung besichtigt werden; Info im Touris-musverein. Zu allen drei Festungen führt von den Dorfzentren ein leichter, markierter Wanderweg. Das **Mühlbacher Badl** (1694 m) im Mühlbacher Tal ist das höchstge-legene Bauernbad des Pustertales; seine Geschichte lässt sich bis ins 18. Jahrhundert zurückverfol-gen. Zwar sprach man der Quelle heilende Wirkung bei Erkrankung der Verdauungsorgane zu, aber die Anlage war wohl vielmehr ein Ort der Geselligkeit. Ein Brand im Jahre 1970 zerstörte den Badebetrieb,

11

an dessen Stelle heute ein Gast-hof steht, Tel. 0474 505100. Das **Feuerwehrmuseum** in Gais ist einzigartig in Südtirol und zeigt über 700 Feuerwehrhelme aus aller Welt.

Das Museum im Hotel Burgfrieden an der Tauferer Straße kann nach telefonischer Vereinbarung von 10 bis 18 Uhr besichtigt werden, Info: Tel. 0474 504117.

Veranstaltungen

- Krapfenfest am 15. August in Gais: Beim traditionellen Mittsom-mernachtsfest werden süße wie salzige Krapfensorten aus dem Pustertal aufgetischt.
- Almhüttenfest im Mühlbacher Tal: am vorletzten Wochenende im August jedes zweiten, geraden Kalenderjahres
- Tauferer Halb- und Dreiviertel-Ma-rathon: Laufstrecke von Bruneck über Gais, Uttenheim nach Sand; auch für Rollstuhlfahrer. Gestartet

wird das Rennen Ende August; Info Tel. 0474 678076.
- Kirchweihfeste im Oktober: am 1. Wochenende in Gais, am 2. in Uttenheim, am 3. in Mühlbach
- Laternenwanderung zum Schloss Neuhaus: Erklärung der Geschich-te um das Schloss und Einkehr in die Schlossschenke; jeden Donnerstag im Sommer
- Blasmusikkonzerte und Feste zum Almabtrieb

11

Almabtrieb

Freizeitangebote

- **Asphaltstockschießen:** Anmeldung in der Tennisbar Gais, Tel. 0474 504330; nur im Sommer
- **Bibliothek:**
  – in Gais: Ulrich-von-Taufers-Straße 9, Tel. 0474 505094
  – in Uttenheim: im Haus der Dorfgemeinschaft, Andrä-von-Wenzl-Straße 11/A, Tel. 0474 596032
  – in Mühlbach: Leihstelle im Grundschulgebäude, Tel. 0474 504539
- **Eislaufen und Eisstockschießen**
  – in Gais: Natureisplatz mit Flutlichtanlage in der Sportzone, Sportbar Tel. 0474 504330, geöffnet von 10 bis 22 Uhr, Eisstock- und Schlittschuhverleih
  – in Uttenheim: Natureisplatz mit Flutlichtanlage in der Sportzone; Sportbar Tel. 0474 597286
- **Klettern:** Klettergärten Altgais, Neugais und Platten und Boulderanlage Gais, Infos im Tourismusverein
- **Kneippen** im Mühlbacher Tal beim Stausee, Info beim Tourismusverein
- **Radverleih:** Rainer Bike in Gais, Talfriedenstraße 12, Tel. 0474 504526
- **Rafting, Kajak, Canyoning:** River Tours, Mobil: 347 4428020
- **Rodeln:**
  – in Gais: Bahn Bärental mit separatem Aufstieg, leicht, 1,3 km, 230 Hm
  – in Uttenheim: Bahn Bauhof, beleuchtet, mittel, 1,2 km, 130 Hm; jeden Donnerstag ab 20 Uhr Nachtrodeln mit Glühweinparty.

Einkehr und Rodelverleih: Gasthof Bauhof, Tel. 0474 597173
– in Mühlbach: Bahn Mühlbacher Tal, leicht, 1,2km, Einkehrmöglichkeit und Rodelverleih Gasthof Huber, Tel. 0474 504120, und Gasthof Mühlbacher Badl Tel. 0474 505100
- **Schwimmen:** Naturbadesee (siehe Natur pur)
- **Tandem-Gleitschirmfliegen:** Herr Agstner, Lützbuchstraße 5 in Gais, Tel. 0474 504451
- **Tennis:** nur im Sommer
  – in Gais: 3 Tennisplätze mit Flutlichtanlage; Anmeldung in der Tennisbar Gais, Tel. 0474 504330
  – in Uttenheim: 2 Tennisplätze mit Flutlichtanlage; Anmeldung in der Tennisbar Uttenheim, Tel. 0474 597286

11

Klettergärten Gais

11

 **Spielplätze**

Gais: Spiel- und Erholungspark im Dorfzentrum
Uttenheim: Kleiner Spielplatz beim Vereinshaus

 Links/Infos

Tourismusverein Gais-Uttenheim
Ulrich-vonTaufers-Straße 5
39030 Gais
Tel. + 39 0474 504220
Fax: + 39 0474 504031
info@gais-uttenheim.com
www.gais-uttenheim.com

MÜHLWALD

1472 Einwohner – 1054 m
46° 53' N – 11° 52' O

Urkundlich erwähnt wird Mühlwald erstmals im Jahre 1160 in einer Schenkungsurkunde der Brüder Otto und Konrad, Grafen von Valey in Bayern, Schirmvögte von Brixen und Neustift, an die Äbtissin Beatrix von Sonnenburg bei St. Lorenzen im Pustertal: „Mullenwalt loca campestria et silvestria a Rochenwant usque Bucenbach". In einem Urbar aus dem Jahr 1296 werden bereits 60 Höfe in Mühlwald aufgelistet. Die Bezeichnung „Mülbalt" entnehmen wir einem Dokument aus dem Jahre 1397. Das Tal war seit 1325 in sogenannte „**Pimwerche**" unterteilt, in Gebiete, die durch natürliche Grenzen (z. B. Gräben) voneinander getrennt waren. Die vier Pimwerche des Mühlwalder Tales waren: Gasteig, Lappach, Kyrcher und Schmidts. Wie aus einer Vertragsurkunde aus dem Jahr 1586 hervorgeht, war es Aufgabe der Pimwerche, Stege, Wege und Straßen instand zu halten.

Als sich die Äbtissin des Benediktinerinnenklosters Sonnenburg Mitte des 15. Jahrhunderts weigerte, die auferlegten Reformen des Bischofs von Brixen anzuerkennen, wurde auch über Mühlwald, wo das Kloster eine Grundherrschaft von etwa 100 Bauernhöfen besaß, kurzzeitig der Kirchenbann gelegt. Zudem verbot Kardinal Nikolaus von Kues (Cusa-

Mühlwald

Lappach

12

nus, 1401–1464) den Bauern den
Zehent an das Kloster abzuliefern.
Kloster Sonnenburg hatte die
Schiedsgerichtsbarkeit über Mühlwald inne, die niedere und höhere
Gerichtsbarkeit lag beim Gericht
Taufers. Aufgrund ständiger Ausein-
andersetzungen zwischen den Herren von Taufers und den Benediktinerinnen wurde schließlich im Jahre
1787 die gesamte Gerichtsbarkeit
an Taufers übergeben.
Besonders aussagekräftig ist das
Wappen der Gemeinde Mühlwald,
in dessen oberer Hälfte vier anein-
andergereihte Fichten und in dessen
unterer Hälfte ein Mühlrad abgebildet sind. Die zahlreichen **Mühlen**,
die dem grünen Tal den Namen
gaben, mussten leider dem modernen Maschinenzeitalter weichen
und verfielen zusehends, einige sind

jedoch in letzter Zeit vorbildlich restauriert worden und können heute
am Themenweg besichtigt werden
(siehe „Das Besondere"). Der Bau
des **Nevesstausee**s in den Jahren
1960–1964 bot vielen Einheimischen Arbeit; er liegt im Nevestal
auf ca. 1860 m, die Kronenhöhe der
Staumauer beträgt 94 m. Die bessere Stromversorgung im Tal brachte
auch einen wirtschaftlichen und
touristischen Aufschwung mit sich.
Die ersten Urkunden über eine
Besiedlung von **Lappach** stammen
aus dem Jahre 1225, als Graf Hugo
von Taufers in einer Schenkungsurkunde dem Bischof Heinrich von
Brixen drei Höfe in Zösen überließ:
„tria armenta apud Cesem". Der
Name Lappach wird erstmals im
Jahre 1296 als „Levpach" erwähnt;
er bezeichnete im Mittelhochdeut-

schen einen „Ort, wo Laub wächst". Die Gemeinde Mühlwald umfasst zusammen mit den Fraktionen Außermühlwald und Lappach eine Fläche von 104,52 Quadratkilometer.

Die Nachbargemeinden sind:
• im Norden Ahrntal und Finkenberg (Österreich)
• im Osten Sand in Taufers
• im Süden Gais, Pfalzen, Kiens und Terenten
• im Westen Pfunders und Pfitsch

Neveser Höhenweg

Gesamtgehzeit: 6 ½ – 7 Std.
Höhenunterschied: ca. 1000 m
Schwierigkeit: mittel; gute Kondition, Trittsicherheit und Schwindelfreiheit erforderlich
Jahreszeit: Sommer bis Frühherbst
Einkehrmöglichkeiten: Nevesjochhütte, Eisbruggjochhütte, Jausenstation Neves

Der 8 Kilometer lange **Neveser Höhenweg**, der in einem weiten Halbrund die Gletschermoränen der westlichen Zillertaler Südhänge durchzieht, zählt zu den schönsten Höhenwegen Südtirols. Er wurde vor 100 Jahren angelegt und verbindet die Nevesjoch- mit der Eisbruggjochhütte. Die Nevesjochhütte, auch Chemnitzer Hütte genannt, liegt auf 2430 m, wurde im Jahr 1880 von der Alpenvereinssektion Taufers erbaut und ging 1894 an die Sektion Chemnitz über. Die Eisbruggjoch- oder Edelrauthütte liegt auf 2545 Meter und wurde 1908 von der Sektion Edelraute aus Wien erstellt; der Verbindungsweg entstand unmittelbar darauf durch die genannten Sektionen.

Nevesstausee

Wegverlauf
Ausgangspunkt für die Rundwanderung ist der **Nevesstausee** (1860 m), der von Lappach auf der ampelgeregelten Einbahnstraße erreichbar ist (von Juli bis September Mautgebühr). Wir wandern am ostseitigen Seeufer eben taleinwärts, vorbei an der Jausenstation Neves (1860). Am nordseitigen Ende des Sees biegen wir rechts ab und steigen auf dem beschilderten

12

Weg Nr. 24 bergan zur **Nevesjoch-hütte**; alternativ kann auch die etwas weniger steile, aber längere Forststraße benutzt werden. Bei der Nevesjochhütte (2419 m, geöffnet von Mitte Juni bis Mitte Oktober, Tel. 0474 65 32 44, 0472 54 83 13, Mobil: 335 68 98 111) beginnt der eigentliche Höhenweg. Wir biegen rechts ab und wandern auf Weg Nr. 1 in westlicher Richtung zur **Eisbruggjochhütte**. Der Steig verläuft in leichtem Auf und Ab auf Quote 2400 bis 2600 Meter; bei einigen zu überquerenden Gletscher-bächen und rutschigen Steinplatten ist besondere Vorsicht geboten, insbesondere bei Schneeresten und Vereisung im Frühsommer. Von der Eisbruggjochhütte (2584 m, geöffnet von Anfang Juni bis Anfang Oktober, 0474 65 32 30, 0472 80 26 78, Mobil: 340 66 04 738) geht es auf dem Weg Nr. 26 hinab durch das **Pfeifholdertal**, und wir erreichen das Westufer des Nevesstausees. Hier biegen

wir nach rechts ab und wandern am Uferweg talauswärts, überqueren die Staumauer und gelangen so zurück zum Ausgangspunkt.
Hinweis: Etwa 1½ Stunden nach der Nevesjochhütte ist ein vorzeiti-ger Abstieg ins Ursprungtal möglich. Der Weg zweigt gleich nach der Überquerung des Ursprungbaches links ab; man gelangt an das Nord-ufer des Stausees und somit zurück zum Ausgangspunkt: Dies ist der einzig mögliche Zwischenabstieg am langen Höhenweg; insbesondere bei unsicherem Wetter oder mangeln-der Kondition sollte man davon Gebrauch machen.

Rund um den Nevesstausee

Tiefgrün ruht das gestaute Gletscherwasser der Zillertaler Berge im Becken des Nevesstausees am Talschluss des Mühlwalder Tales. Auch wenn der See „nur" von Menschhand geschaffen wurde, hat er doch etwas Faszinierendes und Beruhigendes an sich. Bei einer **Rundwanderung um den Nevesstausee** (1860 m) kann man sich selbst davon überzeugen. Die Route verläuft eben auf der Forststraße und kann mit einem geländetauglichen Kinderwagen problemlos bewältigt werden.

Gesamtgehzeit: 1 ½ Std.
Höhenunterschied: gering
Schwierigkeit: leicht
Jahreszeit: Frühsommer bis Spätherbst
Einkehrmöglichkeit: Jausenstation Neves

Wegverlauf

Man fährt mit dem Auto ab Lappach auf der ampelgeregelten und mautpflichtigen Straße taleinwärts bis zum Südostufer des Stausees, wo ausreichend Parkplätze vorhanden sind. Nun wandern wir ostseitig taleinwärts auf der Forststraße Nr. 24. An der Jausenstation Neves (1860 m) vorbei gelangen wir bis an das Nordufer, überqueren die Brücke über den Ursprungbach und wandern nun auf dem Weg Nr. 26 talauswärts. Wir überqueren die Staumauer und kommen wieder zurück zum Ausgangspunkt.

12

Nevesjoch-/Chemnitzer Hütte (2430 m)

Mühlwald–Nevesstausee

Eine bei Mountainbikern äußerst beliebte Tour ist die Strecke **von Mühlwald zum Nevesstausee**. Sie ist technisch nicht schwierig, jedoch sehr steil, kurvenreich und erfordert eine gute Kondition. Bis zum Stausee verläuft die Route auf Asphaltstraße und kann auch mit dem Rennrad befahren werden; die Runde um den See verläuft auf der Forststraße.

Gesamtfahrzeit: 3 Std.
Gesamtlänge: 27 km
Höhenunterschied: 720 m
Schwierigkeit: leicht, gute Kondition erforderlich; für Kinder wegen des Autoverkehrs nicht geeignet
Jahreszeit: Sommer bis Herbst
Einkehrmöglichkeiten: Jausenstation Neves, Gasthöfe in den Dörfern

Wegverlauf

Ausgangspunkt ist der Parkplatz bei der **Sportzone in Mühlwald**. Wir radeln auf der Landesstraße taleinwärts nach Lappach. Ab **Oberlappach** folgen wir der schmalen Zufahrtsstraße zum **Stausee**. Sie ist einspurig ampelgeregelt, sodass jeweils auf bergab oder bergan fahrende Autos achtzugeben ist. Der Autoverkehr hält sich jedoch in Grenzen, ausgenommen im August zur Hauptferienzeit. Beim See angelangt, empfängt uns die großartige Bergkulisse der Zillertaler Alpen. Für die **Seeumrundung** radeln wir geradeaus entlang des Ufers taleinwärts bis zur Brücke über den Ursprungbach. Bitte hier Rücksicht auf die Wanderer! Nun leitet der Weg am Seeufer talauswärts. Wir gelangen zur Staumauer, überqueren diese und stoßen wieder auf die Zufahrtsstraße zum Stausee. Auf bekannter Route zurück zum Ausgangspunkt.

Das einsame Zösental

Das Mühlwalder Tal ist reich an schönen Wanderwegen. Verglichen mit dem nahen Tauferer Ahrntal ist es aber etwas abgelegen und daher weit weniger überlaufen. Ein Geheimtipp für Ruhesuchende und Naturliebhaber ist das urige **Zösental**, das taleinwärts ca. 1,5 Kilometer nach Lappach links abzweigt und noch weitgehend unverbaut und naturbelassen ist. Eine hübsche Wanderung führt zum **Eggespitzl** (2187 m) am Flemmberg.

Gesamtgehzeit: 6 ½ Std.
Höhenunterschied: 848 m im Anstieg, 897 m im Abstieg
Schwierigkeit: leicht, aber lang
Jahreszeit: Sommer bis Herbst
Einkehrmöglichkeiten: Mair-am-Tinkhof-Alm in Zösen

Die Wanderung bietet eine schöne Aussicht und ist vor allem naturwissenschaftlich sehr interessant: Oberhalb der Waldgrenze treffen

Am Flemmberg

`12`

wir auf flache Almterrassen; es sind dies die Trogschultern eines glazial geprägten Tales. Das Mühlwalder Tal hat die typische Form eines Trogtales oder U-Tales, die es durch Gletscherschliff erhalten hat.

Wegverlauf

Wir wollen die Wanderung möglichst „Natur pur" gestalten und benutzen bis zum Ausgangs- und ab dem Endpunkt öffentliche Verkehrsmittel: Von der Bushaltestelle in **Lappach** (1439 m) gehen wir 1,5 Kilometer auf der Fahrstraße Richtung Nevesstausee taleinwärts bis zu einer ausgeprägten Rechtskurve. Hier biegen wir links ab zum Weiler Zösen, überqueren die hohe Brücke über die **Lappacher Klamm** und wandern in westlicher Richtung an der Mair-am-Tinkhof-Alm vorbei bis ans Talende von **Zösen** (1725 m). Nun geht

es auf dem Forstweg Nr. 20 links aufwärts nach Flemm. Wir kommen vorbei am verlandeten **Flemmsee** (2066 m) und folgen dem schmalen Steig zum Gipfelchen des **Eggespitzes**. Hier genießen wir eine herrliche Aussicht zum Gletscherkranz der Zillertaler Alpen vom Hohen Weißzint (3370 m) bis zum Turnerkamp (3416 m). Wir folgen dem Steig Nr. 20 Richtung Osten über den **Zösenbichl** und wandern durch Wald absteigend, bis wir auf die Forststraße Nr. 31 b stoßen. Hier biegen wir nach rechts ab und kommen zu den Hütten der **Passenalm** (1886 m). Nun leitet uns der Weg Nr. 31 weiter ostwärts, durch den Wald kommen wir hinab nach **Unterlappach** (1290 m). Von hier fahren wir mit dem Bus oder einem Bustaxi (Tel. 0474 68 50 05, Mobil: 348 35 29 812) zurück zum Ausgangspunkt nach Lappach.

👁 Sehenswertes

Die **St.-Gertrauds-Kirche** am Mühlwalder Bühel gilt als Wahrzeichen des Tales und thront weitum sichtbar, einem Wächter gleich, über dem Dorf. Sie wurde im Jahr 1380 errichtet; nach mehrmaligen Umbauten erhielt sie die heutigen Ausmaße in den Jahren 1831–1834. Die Kirche präsentiert sich heute im Stil des Spätbarocks, nur die Seitenkapelle aus dem Jahre 1581 ist spätgotisch. Das Altarbild stellt die Einkleidung der hl. Gertraud zur Nonne dar und wurde von Cosroe Dusi (1808–1859) aus Venedig gemalt. Die hl. Gertraud war eine Äbtissin im Kloster Nivelles bei Brüssel und starb im Jahre 659 mit 33 Jahren. Die Seitenaltäre zeigen den hl. Antonius von Padua und Maria mit dem Christkind. An den vier Flachkuppeln sehen wir Bilder, die Szenen aus dem Leben der hl.

Agnes und das Heilige Herz Jesu darstellen, ausgeführt 1893 von Heinrich Kluibenschädel.

Die **St.-Agnes-Kirche** in Lappach wurde im Jahr 1426 erstmals urkundlich erwähnt, besaß jedoch bis ins 16. Jahrhundert keinen eigenen Friedhof. Sie unterstand bis 1660 der Pfarre Taufers, anschließend bis 1724 der Pfarre Mühlwald und wurde dann zu einer eigenen Kuratie, bis sie 1990 wieder zu Mühlwald kam. Die Kirche wurde im Lauf der Jahrhunderte mehrmals umgebaut; interessante Schnitzereien sehen wir am Tabernakel. Das Altarbild zeigt die hl. Agnes (um 237–ca. 250),die als Schutzpatronin der Jungfrauen, Verlobten und der Keuschheit verehrt wird; die Seitenaltäre aus dem 18. Jahrhundert zeigen die hl. Silvester und Valentin. Im Jahre 1982 erhielt die Kirche eine Orgel.

☀ Freizeitangebote

- **Bibliothek** im Widum von Mühlwald, Tel. 0474 65 31 19
- **Eislaufen und Eisstockschießen:** Natureisplatz bei der Sportbar, Montag Ruhetag, Tel. 0474 65 33 33
- **Kneippen:** Kneippanlage in Lappach
- **Langlaufen:** Loipe von Mühlwald nach Lappach, 16 km; bei der Sportzone Mühlwald
- **Rodelbahnen:** Weizgruberalm, 3 km, mittelschwer, Mobil: 340 81 95 565
- **Sauna**: Bauernsauna Schüsslerhof in Lappach, Tel. 0474 68 50 46

- **Tamarix-family-park**: Erlebnispark mit einem 237 Meter langen, kindergerechten Skiförderband, das zum Aufstieg mit Rodel und Skiern benutzt werden kann. Das 5 ha große Areal beim Meggima am Mühlwalder Stausee ist geeignet für Anfänger und ebenso für Körperbehinderte, täglich geöffnet von 13 bis 17 Uhr, Info Mobil: 345 22 80 830 und 348 44 36 074.
- **Tennis** bei der Sportzone Mühlwald

Der Mühlwalder Stausee im Herbst ...

 Das Besondere

Mühlwald – das Tal der Mühlen, das Tal des Wassers. Um die stillen Wahrzeichen des Tales zu unterstreichen, wurden jüngst von den Quellgebieten bis ins Dorf vier neue **Themenwege** angelegt: Der erste will die Kraft des Wassers verdeutlichen. Er führt am Ufer des Mühlwalder Stausees entlang und berichtet an sechs Schautafeln über das Reich der Fische, den Mikrokosmos, das Klima und Wetter, die Vögel am Wasser und über das Blaue Gold, die Elektrizität.
Der zweite Themenweg befindet sich in der Nähe des Wassermannhofes und der Gasteiger Säge an der orografisch rechten Talseite, ca. 2,5 Kilometer taleinwärts vom Dorfzentrum von Mühlwald entfernt. Er ist dem Thema „Wasser und Rad" gewidmet: Der Weg führt an alten Mühlen, Stampfen und wasserbetriebenen Sägen vorbei.
Der dritte Themen-Wanderweg leitet uns durch die wildromantische Lappacher Klamm. Schautafeln geben Einblick in die Geologie, Religion und Mystik des Tales.
Der vierte Themen-Wanderweg ist entlang des Ufers am Nevesstausee oberhalb Lappach angelegt und informiert uns anhand von 14 Schautafeln über die Gletscherwelt sowie über die vorhandenen Mineralien, daneben wird von alten Riten und Mythen erzählt.

12

... im Sommer

Spielplätze

 Veranstaltungen

Mühlwald: in der Sportzone (neben der Sportbar Mühlwald)
Lappach: bei der Kneippanlage
Im Winter in **Mühlwald:** Tamarixfamily-park, ein Erlebnispark mit einem 237 Meter langen, kindergerechten Skiförderband (siehe „Freizeitangebot")

– Blasmusikkonzerte
– Volkstheater
– Bauernmärkte
– Sportveranstaltungen

 Öffentliche Verkehrsmittel

Zuglinie: Franzensfeste–Innichen; **nächstgelegener Bahnhof**: Bruneck.
Buslinien: Bruneck–Sand in Taufers; Sand in Taufers–Mühlwald–Lappach
Infos: Firma Oberhollenzer, Tel. 0474 678002, www.oberhollenzer.com
info@oberhollenzer.com und Tel. 840000471, www.sii.bz.it, info@sii.bz.it

 12

 Links/Infos

Tourismusverein Mühlwald
Dorf 18 A
39030 Mühlwald
Tel. +39 0474 653220
Fax +39 0474 656005
info@muehlwald.com
www.muehlwald.com

info@lappach.com
www.lappach.com

Ferienregion Tauferer Ahrntal
Ahrnerstraße 95
39030 Steinhaus
Tel. +39 0474 652081
Fax: +39 0474 652082
tauferer@ahrntal.com
www.tauferer.ahrntal.com

SAND IN TAUFERS

5172 Einwohner – 864 m
46° 55' N – 11° 57' O

Die Gemeinde Sand in Taufers erstreckt sich mit den Fraktionen Mühlen, Kematen, Ahornach und Rein auf einer Fläche von 164,46 Quadratkilometern. Der Name **Taufers** entstammt der indogermanischen Nominalwurzel „dhuber; dheub", was tief, hohl bzw. Engstelle bedeutet. Vermutlich sollte es das tiefe Tal oder die Engstelle beim Burgfelsen bezeichnen. „Tufvres" (für Taufers) ist bereits um das Jahr 1000 dokumentiert, während die Bezeichnung „Sant" (für Sand in Taufers) und der Ortsteil Sand Maurizien (St. Moritzen) erst 1296 bzw. 1410 urkundlich genannt werden. Der Name „Sand" wird wohl auf die zahlreichen Überschwemmungen zurückzuführen sein, die die Siedlung immer wieder heimsuchten. Der älteste archäologische Fund und damit der älteste Nachweis einer menschlichen Spur im Tauferer Ahrntal sind Gebrauchsgegenstände eines vermuteten Jägerrastplatzes am Klammljoch in Rein aus der mittleren Steinzeit (ca. 8000–6000 v. Chr.). Des Weiteren lässt sich ein Urnengrabfeld bei Mühlen aus der Zeit zwischen 50 und 200 n. Chr. nachweisen.

Die klassische Dorfansicht von Sand in Taufers vom Tauferer Boden aus mit Blick zur **Burg Taufers** (siehe „Sehenswertes") und den mächtigen

13

Sand in Taufers; im Hintergrund: links Kematen und rechts Mühlen in Taufers

Gletschern der Zillertaler Alpen im Hintergrund zählt zu den berühmtesten Panoramabildern Südtirols. Die Burganlage wurde um 1250 von den **Edlen von Taufers** errichtet, einem der bedeutendsten Adelsgeschlechter Tirols.

Heute ist Sand in Taufers ein beliebter Ferienort und wird wegen seines milden Klimas auch „Klein Meran" genannt. Der Tourismus entwickelte sich Ende des 19. Jahrhunderts, als die Schönheit der Tauferer Bergwelt viele Alpinisten anlockte. Der Arzt **Dr. Josef Daimer** (1845–1909) gründete im Jahre 1873 den Alpenverein und 1885 den Fremdenverkehrsverein. Er förderte die Heranbildung von Bergführern, aus deren Gilde **Johann Niederwieser** (1853–1902), genannt Stabeler, als der tüchtigste hervorging. Stabeler zählte zu den besten Bergführern

Europas jener Zeit; ihm gelangen zahlreiche Erstbesteigungen, darunter die des Mittleren Vajoletturms im Rosengarten, der bis heute seinen Namen trägt. Zu den besten Bergsteigern der Welt zählt heute **Hans Kammerlander** (*1956) aus Ahornach. Er hat 13 Achttausender bestiegen und über 50 neue Kletterrouten mit hohem Schwierigkeitsgrad eröffnet. Seine Liebe zu den Bergen entdeckte er in den Rieserfernern, dem Herzstück des **Naturpark**s **Rieserferner-Ahrn** (siehe Natur pur).

Die Nachbargemeinden sind:
• im Norden Ahrntal und Prettau
• im Osten Rasen-Antholz und St. Jakob in Defereggen (Österreich)
• im Süden Gais und Percha
• im Westen Mühlwald

 ## Zu den Koflerseen in Rein

Die Besiedelung von **Rein** (1595 m) ist ab dem 13. Jahrhundert dokumentiert. Aufgrund der Abgeschiedenheit und der schlechten Straßenverbindung zum Haupttal schlief das Dorf jedoch bis zu Beginn des 20. Jahrhunderts seinen Dornröschenschlaf. Erst als Bergsteiger die mächtigen Gletscher der Rieserferner für Erstbesteigungen entdeckten und schließlich die Straße ausgebaut wurde, erlebte das kleine Bergdorf einen langsamen Aufschwung. Die unverbaute Landschaft ist heute das größte Kapital von Rein, und es bleibt zu wünschen, dass sie es noch lange bleiben möge. Eine be-

sonders idyllische Wanderung führt zur Unteren und Oberen **Kofleralm** und weiter zu den **Koflerseen**.

Wegverlauf
Ausgangspunkt ist der große **Parkplatz am Talschluss** (1670 m) Richtung Knuttental. Wir gehen am linken Berghang der Straße Nr. 8 A entlang talauswärts und kommen zunächst am Ebnerhof vorbei, dann zu einem kleinen Parkplatz (1727 m; bis hierher auch mit dem Auto möglich). Nun zweigt links der Steig Nr. 8 A ab, der uns durch schönen Zirbenwald bis zur **Unteren Kofleralm** leitet (2034 m). Rechts

haltend Richtung Nordwesten führt uns der Weg weiter bis zur Hochebene der **Oberen Kofleralm** (2192 m). Kurz vor der Alm weist der Weg Nr. 9 links hinauf zu den **Koflerseen**. Der Weg führt uns bis zum höchstgelegenen der Koflerseen (2439 m), welcher zugleich der größte und schönste von allen ist. Hierin spiegeln sich die gegenüberliegenden Gletscher des Magersteins und Schneebigen Nocks. Die vier weiteren Seen sind wesentlich kleiner und nur querfeldein gehend erreichbar, sie sind auch nicht leicht zu finden, da sie sich teilweise in tiefen Mulden verstecken. Der Rückweg erfolgt auf dem Hinweg.

Gesamtgehzeit: 3 ½ – 4 Std.
Höhenunterschied: 770 m
Schwierigkeit: leicht
Jahreszeit: Frühsommer bis Spätherbst
Einkehrmöglichkeiten: keine

Tipp

Wer nicht den gleichen Weg zurückgehen möchte, kann dem Weg Nr. 9 weiter folgen und gelangt steil absteigend durch das **Sossental** ins **Knuttental** und zurück zum Ausgangspunkt. Gesamter Rundweg: ca. 5 Stunden.

Zudem besteht die Möglichkeit, die Wanderung zu einer langen Tagestour auszudehnen, indem man ab der Oberen Kofleralm dem Weg Nr. 8 A, ab hier **Arthur-Hartdegen-Höhenweg**, folgt. Er führt über die Ursprungalm zur Kasseler/Hochgallhütte und von dort hinab nach Rein. Gesamter Rundweg: ca. 7 Stunden. Während die Wanderung zu den Kofleralmen und zum Koflersee auch für Kinder und Senioren geeignet ist, ist bei den beiden hier genannten Tipps Trittsicherheit und gute Kondition unbedingt erforderlich.

13

Am Besinnungsweg zu den Reiner Wasserfällen

Schattenhain am Tauferer Talboden

13

Tauferer Talboden

Fährt man von Bruneck nordwärts durch das Tauferer Tal, so öffnet sich nach der Ortschaft Mühlen ein unerwartet großer Talkessel. Der so genannte „Tauferer Boden" dehnt sich breit und eben aus, an seinem Rand ziehen sich aber unmittelbar steile Felswände und Waldhänge empor. Das weite Areal ist in seinem Zentrum unbesiedelt und wird landwirtschaftlich genutzt. Durch die Wiesen und Felder des **Tauferer Talbodens** ziehen sich zahlreiche Wege, die besonders für Spaziergänge mit Kinderwagen oder Rollstuhl geeignet sind. Nicht nur geteerte Straßen, sondern auch naturbelassene Feldwege verbinden die Orte Sand, Kematen und Mühlen. Die Spazierwege sind Fußgängern und Radfahrern vorbe-

Gesamtgehzeit: variabel
Höhenunterschied: ebene Feldwege
Schwierigkeit: keine; geeignet für Rollstuhl
Jahreszeit: ganzjährig
Einkehrmöglichkeiten: in den Orten Sand, Mühlen, Kematen

halten und werden nur sporadisch von landwirtschaftlichen Fahrzeugen benutzt. Eine Routenbeschreibung erübrigt sich, da sich zwischen kurzen oder längeren Rundwanderungen sehr viele Möglichkeiten bieten. Die Orientierung am Talboden ist unschwierig, dient doch der hohe gotische Kirchturm der Pfarrkirche von Taufers gleichsam als Richtungsweiser.

Wegverlauf

Als Ausgangspunkt ist die Pfarrkirche von Taufers geeignet. Vom Parkplatz neben dem Friedhof gehen wir zum nahen hohen Holzkreuz mit Sitzbank. Hier ist der Kreuzungspunkt für Wege nach Mühlen (Westen), Kema-ten (Süden) oder Sand (Nordosten). Als Startpunkt sind auch die Ortsker-ne von Sand, Mühlen oder Kematen geeignet mit jeweiligem Verlauf in Richtung des leicht einsehbaren Tau-ferer Talbodens bzw. des Kirchturms der Pfarre von Taufers.

 ## Radweg Uttenheim−Sand in Taufers−Luttach

Gesamtfahrzeit: 1 ½ Std.
Gesamtlänge: 6 km (Strecke Ut-tenheim−Luttach und retour 13 km)
Höhenunterschied: gering
Schwierigkeit: leicht
Jahreszeit: Frühling bis Spätherbst
Einkehrmöglichkeiten: in den Orten Uttenheim, Kematen, Sand und Luttach

Das Tauferer Tal bietet viele Mög-lichkeiten sowohl für gemütliche Radausflüge entlang des Talbodens als auch für steile Bergfahrten mit dem Mountainbike. Der **Tauferer Radweg** von Bruneck ins Ahrntal ist landschaftlich sehr abwechslungs-reich und verläuft ohne nennenswer-te Steigung auf durchwegs asphal-tierter Straße. Außer in den Dörfern führt er über verkehrsberuhigte Nebenwege und ist deshalb auch für Familien und Kinder gut geeignet.

Wegverlauf

Ausgangspunkt ist das Dorf **Utten-heim** (im Dorfbereich mehrere Park-plätze). Wir überqueren die Brücke über die Ahr zum orografisch linken

13

Radweg im Bereich Tauferer Talboden

Ufer und stoßen links abbiegend auf den beschilderten Radweg. Durch Felder und Wiesen radeln wir taleinwärts bis nach **Kematen**. Dort überqueren wir die Ahrbrücke und fahren geradeaus weiter bis zum hohen Holzkreuz bei der Pfarrkirche von Taufers. Hier biegen wir rechts ab, kommen an Feldern und an einem Kastanienhain vorbei und schließlich ins Dorf **Sand**. Nun radeln wir taleinwärts bis ans Dorfende, wo wir vor der Schlossbrücke links auf den Rad- und Wanderweg abbiegen. Am orografisch rechten Ahrufer gelangen wir zum Weiler

Drittelsand, wo wir jetzt nicht taleinwärts weiterfahren, sondern die Brücke überquerend talaus fahren und direkt am Ende der Brücke wieder links abbiegen und den Rad- und Wanderweg am orografisch linken Bachufer fortsetzen. Gemütlich geht es weiter durch den Wald, bis wir das Dorf **Luttach** erreichen. Rückweg auf dem Hinweg.

Tipp
Die hier beschriebene Route kann nach Süden bis Gais bzw. Bruneck sowie nach Norden bis Steinhaus problemlos verlängert werden.

☺ **Das Besondere**

Gesamtgehzeit: 3 ½ Std.
Höhenunterschied: 200 m
Schwierigkeit: leicht
Jahreszeit: ganzjährig; im Winter teils vereist
Einkehrmöglichkeiten: Gasthof Toblhof, Burgcafe

Die drei Wasserfälle in der Toblschlucht bei Sand in Taufers, auch **Reiner Wasserfälle** genannt, sind eines der meistbesuchten Wanderziele des Pustertales. Der Reiner Bach zwängt sich durch die ein Kilometer lange Schlucht des Rieserfernertonalits und stürzt tosend und sehr wasserreich in die Tiefe. Seit im Jahre 1878 eine Brücke über die dritte Kaskade gebaut wurde, ist die gesamte Schlucht begehbar. Im Jahr 1982 wurde der Wanderweg zum **Besinnungsweg** ausgebaut. Er ist dem Sonnengesang des

hl. Franziskus von Assisi gewidmet und zieht sich entlang kunstvoll gestalteter Stationen, die von Ahrntaler Bildhauern geschaffen wurden. Ein schöner Rundweg über die Burg Taufers und zu den Wasserfällen, der sogenannte **Tauferer Ritterweg**, führt uns in die romantischsten Ecken des Tauferer Tales.

Wegverlauf
Ausgangspunkt ist das Tourismusbüro von **Sand in Taufers** (großer Parkplatz; 100 Meter von der Bushaltestelle). Wir gehen entlang der Jungmannstraße ostwärts bis zur Brücke von St. Moritzen. Direkt nach der Brücke zweigt rechts ein Weg ab, der uns am orografisch linken Bachufer der Ahr entlang führt. Die folgende Brücke überqueren wir und wandern nun am orografisch rechten Bachufer weiter bis zur nächsten Fußgängerbrücke. Hier

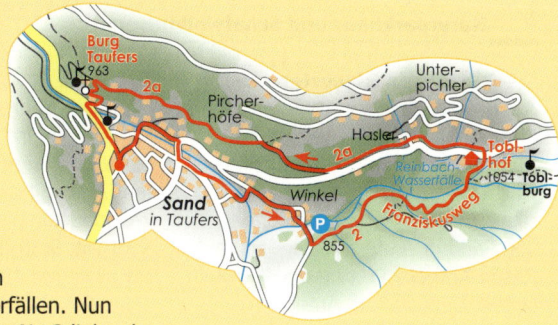

biegen wir links ab und gelangen auf eine Asphaltstraße. Dieser folgen wir, uns dabei immer rechts haltend, bis **zum Weiler Winkel** und weiter bis zum Parkplatz (855 m) an den Reinbach-Wasserfällen. Nun zweigt der breite Weg Nr. 2 links ab in den Wald, und wir erreichen bald darauf den ersten Wasserfall. Der Steig wird nun steiler, und wir gelangen, teils über Stufen, zum zweiten und dritten Reinbach-Wasserfall. Es gilt noch die hohe Brücke beim dritten Wasserfall zu überqueren, und schon sind wir beim **Gasthof Toblhof** angelangt (1054 m). Wir bleiben am **Ritterweg**, überqueren die Fahrstraße und folgen leicht absteigend der Markierung 2A, bis zur Straße, die zu den Pircher- und Reiterhöfen führt. Dieser folgen wir kurz ansteigend, bis der Wanderweg links ab in den Wald Richtung Sand führt. Wir stoßen auf einen Querweg, biegen rechts ab und wandern, erneut kurz ansteigend, auf dem Weg Nr. 2A weiter Richtung Burg Taufers. An den **Bruggnolhöfen** vorbeiwandernd haben wir einen schönen Panoramablick über den Tauferer Talboden und kommen nun zum Burgcafe und zur **Burg Taufers**. Bei der Burg biegen wir links ab auf einen Steig, der uns an der Schlosskreuzkapelle (siehe „Sehenswertes") vorbei in den nördlichen Ortsteil von Sand in Taufers führt. Über eine Holzbrücke gelangen wir zur Hauptstraße und

talauswärts ins Ortszentrum zum Ausgangspunkt.

Hinweis: Beim Gasthof Toblhof befindet sich eine Bushaltestelle der Linie Ahornach-Rein. Es besteht somit die Möglichkeit, von hier mit dem Bus nach Sand zurückzukehren.

13

Reinbach-Wasserfall

Naturparkhaus und Schafwollmuseum

Der **Naturpark Rieserferner-Ahrn** wurde im Jahr 1988 ins Leben gerufen und ist der zweitgrößte Naturpark Südtirols. Er umfasst eine Fläche von insgesamt 31.505 Hektar, die in den Gemeindegebieten von Sand in Taufers, Gais, Percha, Rasen-Antholz, Prettau und Ahrntal liegen. Den größten Anteil am Naturpark (12.153 Hektar) hat Sand in Taufers.

Das **Naturparkhaus Rieserferner-Ahrn** befindet sich im Gebäude des Rathauses von Sand in Taufers und ist ein lohnendes Ziel für alle Naturliebhaber.

Ein dreidimensionales Relief gibt multimedial Auskunft über Berge, Wege, Hütten, Seen und Wasserfälle im Park. Ein Zeitpendel lässt die Entstehungsgeschichte der Berge nachempfinden, deren Aufbau durch eine Art Steinpuzzle gezeigt wird.

Zahlreiche Schaustücke und Tafeln informieren über Flora, Fauna, Mineralogie und die Besonderheiten der Naturparkregion. Öffnungszeiten: Anfang Mai bis Ende Oktober, Weihnachten bis Ostern: Dienstag–Sonntag: 9.30–12 Uhr und 16–19 Uhr; Juli und August auch sonntags, Tel. 0474 67 75 46, www.provinz.bz.it/naturparke. Eintritt frei.

Als Besonderheit des Naturparks sei auch erwähnt, dass wir am Tristennöckl (2465 m), einer recht auffälligen, alleinstehenden Bergformation oberhalb der Kasseler/Hochgallhütte in Rein, den höchsten Zirbenbestand der Ostalpen finden.

In Bad Winkel gibt es ein **Schafwollmuseum**. Man gewinnt Einblick in das traditionsreiche Handwerk der Schafwollgewinnung und -verarbeitung. Auch können gefilzte und handgestrickte Produkte aus

Magerstein-Massiv und Schneebiger Nock spiegeln sich im Koflersee.

reiner Schafwolle erworben werden. Das kleine Museum liegt in Bad Winkel bei Sand in Taufers, Winkelweg

2. Öffnungszeiten: Montag–Samstag: 15–18 Uhr; dienstags geführte Besichtigungen, Tel. 0474 67 95 81.

 ## Sehenswertes

Einem Wächter gleich thront die **Burg Taufers** (957 m) über dem Tal, so als wolle sie die nördlichen Windstürme abwehren und die südlich gelegenen Dörfer beschützen. Sie ist eine der größten und imposantesten Wehranlagen des Landes und neben Schloss Tirol die meistbesuchte Burg Südtirols. Sie wurde um 1225 auf älteren Mauerwerken errichtet, die ins 11. Jahrhundert zurückreichen. Die „nobiles de Tufres" werden im Jahr 1070 erstmals genannt, 1306 liest man von einer „herschaft ze taufers". Die **Edlen von Taufers** waren eines der führenden Adelsgeschlechter Tirols. So führte Hugo V. von

Taufers in der legendären Schlacht am Marchfeld (1278) eine Tiroler Rittertruppe siegreich gegen König Ottokar (1232–1278). Die Edlen von Taufers hatten die hohe und niedere Gerichtsbarkeit über das gesamte Tauferer Ahrntal inne. Als das Adelsgeschlecht 1340 ausstarb, wechselte die Burg mehrmals ihre Besitzer; seit dem Jahr 1977 gehört die Anlage dem Südtiroler Burgeninstitut. Von den 64 Räumen der Burg sind rund zwei Dutzend getäfelt und im Rahmen einer Führung zu besichtigen. Von großer Bedeutung sind insbesondere die Fresken des Südtiroler Malers und Bildhauers Friedrich Pacher (1435–1498) in der

13

Die Burg Taufers, im Hintergrund der Schwarzenstein (3369 m)

Burgkapelle; hier sehen wir auch ein wertvolles romanisches Kruzifix aus dem 12. Jahrhundert. Besonderes sehenswert sind zudem die Fürstenzimmer, der Rittersaal, die Schlafgemächer, die große Bibliothek, die Rüstkammer, der Gerichtssaal, das Verlies und die Folterkammer. Die Burg kann ganzjährig besichtigt werden, die Öffnungszeiten variieren je nach Monat, Infos Tel. 0474 678053, www.burgeninstitut.com/taufers_besucherinfo.

Unterhalb der Burg Taufers steht die kleine **Wallfahrtskapelle Schlosskreuz**, die um 1700 erbaut wurde. Sie liegt an der alten Straße ins Ahrntal, die durch den steinernen Torbogen unterhalb der Burg führte. Erst seit 1878 führt die Straße, so wie wir sie heute kennen, am Talboden der Ahr entlang. Am Eingang des Dorfs sehen wir den stattlichen **Ansitz Neumelans**. Er wurde vom Gerichtsherrn Hans Fieger im Jahre 1582 erbaut und sticht vor allem wegen seiner mächtigen Dachkonstruktion dem Besucher sofort ins Auge. Nach mehrmaligem Besitzerwechsel ist er heute in privater Hand.

Die **Pfarrkirche Maria Himmel-**

fahrt zu Taufers wurde im Jahr 1527 geweiht und gilt als einer der prachtvollsten gotischen Bauten Südtirols. Die Kirche in St. Moritzen wird 1443 erstmals erwähnt, dürfte aber auf Fundamenten einer weit älteren Kirche errichtet worden sein. Im **Pfarrmuseum** bei der Pfarrkirche von Taufers kann man sakrale Kunst der Tauferer Kirchen und Kapellen sowie Grabungsfunde bewundern. Hervorzuheben ist hierbei insbesondere der „Spiegel der menschlichen Heilsgeschichte" aus dem Jahre 1350. Für Führungen und Info Tel. 0474 678543.

Um das **Kirchlein St. Walburg** oberhalb von Kematen ranken sich Sagen und Legenden. Hier soll ursprünglich eine Burg gestanden haben, an deren Stelle nach einem Brand um 1433 eine Kirche erbaut wurde.

Im Park neben dem Tourismusbüro in Sand ist die **Freiluftausstellung** „100 Jahre Tauferer Bahn" zu sehen. Die Dauerausstellung vermittelt anhand von Paneelen die Geschichte der Tauferer Eisenbahn. Als einziges Nebental des Pustertales verfügte das Tauferer Tal über eine Bahnlinie. Die 1908 eröffnete Linie verband Sand in Taufers mit Bruneck und der 1871 eröffneten Pustertalbahn. Für die 15,4 km lange Strecke benötigte der Zug 50 Minuten. Er wurde neben der Personenbeförderung vor allem für den Holz-, Waren- und Viehtransport eingesetzt. Wegen des aufkommenden Autoverkehrs und die Einrichtung einer schnelleren Buslinie wurde die Bahn 1957 wegen Unrentabilität eingestellt.

Ansitz Neumelans und Burg Taufers

13

Freizeitangebote

- **Bergbahn** zum Speikboden, geöffnet von Anfang Dezember bis nach Ostern, Ende Juni bis Anfang Oktober: täglich 8.30–12 Uhr und 13–16.30 Uhr, Tel. 0474 678122
- **Bibliothek** im Rathaus von Sand in Taufers, Tel. 0474 677535
- **Billard** in Rein beim Pichlerhof, Donnerstag bis Dienstag: 7–1 Uhr, Tel. 0474 672501
- **Bouldern:** AVS-Boulderhalle im Pavillon von Sand, Info Mobil: 346 3788481
- **Drachenfliegen und Paraglei-ten:** Landekarten erhältlich unter Tel. 0474 678004 oder Mobil: 347 5713508

Die Startwiese in Ahornach ist ideal für Drachenflieger und Paragleiter.

- **Eislaufen und Eisstockschie-ßen:** in Sand: Kunsteisplatz beim Pavillon, Tel. 0474 678076; in Mühlen: Natureisplatz beim Pavillon, geöffnet 9–24 Uhr, Mobil: 348 7281885
- **Fahrradverleih:** Sport Tubris, Tel. 0474 678290
- **Kutschenfahrten:** in Sand, Tel. 0474 677000/686641, Mobil: 348 9533277; in Rein, Tel. 0474 672516

- **Langlauf:** Loipen unterschiedlicher Länge (3–15 km) in Rein
- **Nordic Walking:** diverse beschilderte Routen, Info Tel. 0474 678076
- **Pferdeschlittenfahrten:** in Sand, Tel. 0474 677000/686641, Mobil: 348 9533277; in Rein, Tel. 0474 672516
- **River Rafting** auf der Ahr, Tel. 0474 678422 oder 0474 679489
- **Schwimmbad:** Naturbadeteich in Sand in Taufers, Tel. 0474 678257. Ein Erlebnisbad wird im Jahre 2011 eröffnet und neben dem Wassersport-, Sauna-, Massage-, Fitness-, und Beautybereich auch Sportstätten für Tennis, Klettern, Bouldern, Kegeln, Sportschießen und Yoseikan Budo beherbergen.
- **Skilifte:** Skigebiet Speikboden; in Rein: ein Schlepp- und ein Sessellift, Tel. 0474 672507/672501
- **Sportschießen** am Schießstand in der Sporthalle (mit Luftdruckgewehr), jeden Freitag: 20–23 Uhr, Mobil: 340 3189668
- **Squash:** Hotel Mühlener Hof in Mühlen, Tel. 0474 677000
- **Tennis:** vier Sandplätze und drei Hartplätze in der Sportzone, Mobil: 349 0686933

13

 **Spielplätze**

Sand in Taufers: St. Moritzen, Wiesenhofstraße, „Sandpark", in der unteren Daimerstraße
Mühlen in Taufers: Griesweg
Kematen: Nähe Feuerwehrhalle
Ahornach: Nähe Feuerwehrhalle

Öffentliche Verkehrsmittel

Zuglinie: Franzensfeste–Innichen; **nächstgelegener Bahnhof:** Bruneck
Buslinie: Bruneck–Sand in Taufers–Tauferer Ahrntal bzw. Rein–Ahornach–Mühlwalder Tal. Sonntags eingeschränkte Verbindungen,
Info: Tel. 0474 678072 und Tel. 840000471, www.sii.bz.it, info@sii.bz.it
Citybus: verkehrt zwischen Sand, Mühlen und Kematen,
Info: Tel. 0474 678076
Skibusbetrieb im Winter, Info Tel. 0474 678076
Bergbahn Speikboden: Anfang Dezember bis nach Ostern,
Ende Juni bis Anfang Oktober: täglich 8.30–12 Uhr und 13–16.30 Uhr, Info:
Tel. 0474 678122

 Veranstaltungen

- Tauferer Straßenküche: Dorffest mit Spezialitäten aus dem Tauferer Ahrntal, jeden Dienstag von Mitte Juli bis Mitte August im Dorfzentrum von Sand
- Großes Dorffest am 15. August im Dorfzentrum von Sand
- Tauferer Kirschta (Kirchtagsfest) mit Aufstellen des Michlbaumes: am ersten Sonntag im September in Sand, am zweiten Sonntag in Kematen und am dritten Sonntag in Mühlen, jeweils am Festplatz
- Familienfest am Speikboden: Ende Juli, organisiert von den Speikboden-Bergbahnen und dem Bergrettungsdienst von Sand in Taufers, Tel. 0474 678122
- Bauernpfinsta: Bauernmarkt mit einheimischen Produkten, jeden Donnerstag von 15 bis 18.30 Uhr im Tubriszentrum von Sand
- Bergtouren mit Hans Kammerlander, Info Tel. 0474 690012. Für weitere Bergführer Info im Tourismusverein Sand
- Tauferer Halb- und Dreiviertel-Marathon: Laufstrecke von Bruneck nach Sand, auch für Rollstuhlfahrer geeignet. Gestartet wird das Rennen Ende August, Info Tel. 0474 678076
- Schneefest jeweils zum Winterausklang, organisiert von den Speikboden-Bergbahnen, Tel. 0474 678122

 Links/Infos

Tourismusverein Sand in Taufers
Josef-Jungmann-Straße 8
39032 Sand in Taufers
Tel. +39 0474 678076
Fax + 39 0474 678922
info@taufers.com
www.taufers.com

Ferienregion Tauferer Ahrntal
Ahrnerstraße 95
39030 Steinhaus
Tel. +39 0474 652081
Fax: +39 0474 652082
tauferer@ahrntal.com

AHRNTAL

 5837 Einwohner – 1054 m
47° 1' N – 12° 3' O

Der Hauptfluss, die Ahr, der dem Tal den Namen gibt, wird erstmals um das Jahr 565 in einer Schrift des Venantius Fortunatus (535–605), Bischof von Poitiers (Frankreich) und bedeutendster Dichter der Merowingerzeit (frühes 5. Jh. bis zur Mitte des 8. Jh.), genannt. Die Birnlücke, das Quellgebiet der Ahr, wird dort als „Pyrrhus" bezeichnet. Im Jahr 1048 wird das Tal als Ourein urkundlich dokumentiert, später wurde der Name zu Aurina latinisiert.

Um 1426 begann man in Prettau mit dem Kupferbergbau. Ab 1520 wurden viele Schmelzhütten, und mit ihnen auch die **Verwaltungshäuser des Bergbaus** (siehe „Natur pur"), von Prettau ins Ahrntal verlegt.

Die gut begehbaren Jochübergänge begünstigten nachweislich schon vor über tausend Jahren einen regen Handel mit den nördlichen Nachbarn; das **Schmuggeln** galt vielfach als „hauptberuflicher Nebenerwerb". Der heimliche Warenaustausch von Salz, Zucker, Tabak, Wein und Vieh zog sich bis in die Mitte des 20. Jahrhunderts hin. Mit der Entdeckung der relativ leichten Zustiege der Zillertaler Alpengipfel an deren Südseite erblühte ab 1900 der **Bergtourismus** und somit ein Wirtschaftszweig, der bis heute eine Haupteinnahmequelle des Tales darstellt.

Die Gemeinde Ahrntal umfasst mit den Fraktionen Luttach, St. Johann, St. Jakob, St. Peter und Weißenbach eine Fläche von 187,28 Quadratkilometern. Von der im Jahre 1445 auf einem Hügel erbauten Kirche von **Luttach** aus, damals

14

Das Ahrntal

Lutten genannt, genießt man einen schönen Blick über das Dorf und den Eingang ins Ahrntal. Von Luttach zweigt gegen Nordwesten die Straße nach **Weißenbach** ab. Die Kirche zu „Wiessenbach" wurde 1434 erstmals urkundlich erwähnt. Weißenbach ist auch heute noch ein idyllisches Bergdorf, das aufgrund seiner Abgeschiedenheit sehr ursprünglich und unverbaut geblieben ist. Dem Haupttal folgend gelangt man taleinwärts nach **St. Johann**, dem größten Ort des Ahrntales, benannt nach dem hl. Johannes den Täufer. Ihm ist die im Jahr 1785 erbaute Kirche geweiht; der Neubau dieser Barockkirche erfolgte wegen der ständigen Wildbachgefährdung und Vermurung der 1250 erbauten Erzpfarrkirche in St. Martin. In **Steinhaus** befindet sich der Verwaltungssitz des Ahrntals; das

Dorf erhielt den Namen von den auffallend großen „Steinhäusern", den Verwaltungshäusern aus der Zeit des Bergbaus (siehe „Natur pur"). Der Ort **St. Jakob** wurde auf einem Hügel erbaut, der infolge eines Gebirgssturzes aus dem Bärental entstanden war. Weitum sichtbar thront auf seinem „Gipfel" die um 1500 errichtete gotische Pfarrkirche. **St. Peter**, das letzte Dorf des Ahrntals am Eingang der Klamm, wurde nach dem hl. Petrus benannt; die um 1600 errichtete Kirche ist den Aposteln Petrus und Paulus geweiht.

Die Nachbargemeinden sind:
• im Norden Brandberg, Finkenberg und Mayrhofen (alle Österreich)
• im Osten Prettau
• im Süden Sand in Taufers
• im Westen Mühlwald

14

Rundwanderung Steinerholm

„Gipfelgehoben schau ich das Land, sonnenumwoben Mitte und Rand", schrieb der Ahrntaler Dichter Joseph Georg Oberkofler (1889–1962, siehe „Sehenswertes").
Der grandiose Ausblick auf die Sonnenseite der Zillertaler Alpen lässt uns diese Empfindung bei einer **Rundwanderung über den Steinerholm** nachvollziehen. Nicht umsonst gilt sie wohl als die schönste Wanderung an der orografisch linken Talseite des Ahrntales.

Gesamtgehzeit: 4 ½ – 5 Std.
Höhenunterschied: 935 m
Schwierigkeit: leicht, Trittsicherheit erforderlich
Jahreszeit: Frühsommer bis Herbst
Einkehrmöglichkeiten: Niederhofer Alm, Gruberalm

Wegverlauf
Von der Hauptstraße in St. Johann fahren wir am Dorfende rechts über

die Brücke, die zur Schule und zur Feuerwehrhalle führt, und folgen südostwärts der asphaltierten Zufahrtsstraße zu mehreren Bauernhöfen bis hinauf zum **Sandbichlhof**. Kurz vor dem Hof befindet sich bei einer Linkskehre ein kleiner Parkplatz (1460 m). Von dort folgen

Alm im Ahrntal mit Blick zu den Bergen der Durreckgruppe

wir dem Weg Nr. 6, der rechts ansteigend durch den Wald leitet, und kommen bald zur **Niederhofer Alm** (1604 m; geöffnet von Ende Mai bis Ende Oktober, mit Kinderspielplatz). Nach etwa einer Stunde erreichen wir die **Gruberalm** (1840 m), bei der wir ein kurzes Stück der Forststraße nach links Richtung Norden folgen, um wenig später wieder rechts in den Wald abzubiegen, wo wir auf dem Weg Nr. 6 bergan zum Faden (2131 m) mit dem hübschen Bildstock gelangen. Wir halten uns nun Richtung Süden (nicht links Richtung Klausberg!), wandern auf einem mit Zirben bewachsenen Hügel bergan und später, uns immer rechts haltend, über die steinige Geröllflanke hinauf zum **Obersteinerholm** (2395 m). Nun biegen wir rechts ab und wandern am aussichtsreichen Grat entlang Richtung Westen, an dessen Ende ein schmaler Steig rechts ab zum **Steinerholm** (2228 m) mit Gipfelkreuz leitet. Vom Gipfel folgen wir, uns erneut rechts haltend, dem Weg Nr. 17 zurück Richtung St. Johann. Durch ein Meer von Alpenrosen steigen wir gemächlich bergab und gelangen wieder zur Gruberalm. Von dort wie auf dem Hinweg zurück zum Parkplatz.

14

 Luttach−Steinhaus

Das **Tauferer Ahrntal** ist das nördlichste und mit einer Fläche von 629 Quadratkilometern zugleich auch eines der größten Seitentäler Südtirols. Der Hauptfluss, die Ahr, entspringt im Talschluss auf ca. 2200 Meter unter der Birnlücke, nahe der Lahner Alm (1986 m),

Gesamtgehzeit: 3−4 Std.
Höhenunterschied: gering
Schwierigkeit: keine
Jahreszeit: Frühsommer bis Spätherbst
Einkehrmöglichkeiten: in den Dörfern entlang des Weges

Luttach mit den Südhängen der Zillertaler Alpen

14

entwässert nach 50,3 Kilometern bei Bruneck in die Rienz und ist deren größter orografisch rechter Zufluss. Entlang der Ahr führt ein Weg, der gerne von Fahrradfahrern und Spaziergängern benutzt wird. Die Etappe **von Luttach nach Steinhaus** ist landschaftlich abwechslungsreich und windet sich an der orografisch linken Seite der Ahr entlang durch Wiesen und Felder. Er ist als Fahrradweg markiert und für Kinderwagen leicht befahrbar.

Wegverlauf:
Vom Ortszentrum in Luttach fahren wir kurz taleinwärts bis zur Feuerwehrhalle, biegen dahinter nach rechts ab und gelangen über die Brücke an das orografisch linke Ahrufer. Nun folgen wir taleinwärts dem Weg bis **St. Johann** und weiter bis nach Steinhaus zur Talstation der Klausbergseilbahn. Hier überqueren wir die Brücke nach links zur Hauptstraße und gelangen ins Ortszentrum von **Steinhaus**. Rückweg auf dem Hinweg.

 ## Rundtour Großklausen – Kleinklausen

Der Klausberg in Steinhaus ist durch seine Aufstiegsanlagen im Winter ein beliebtes Skizentrum und im Sommer Ausgangspunkt für zahlreiche Wanderungen. Über Hofzufahrten und Forststraßen lässt sich das Gebiet von **Großklausen**

nach Kleinklausen gut mit dem Rad erkunden. Die Rundtour an der orografisch linken Talseite ist technisch nicht schwierig, erfordert aber einige Kondition; sie belohnt durch eindrucksvolle Ausblicke auf die Zillertaler Alpen.

Gesamtlänge: 15,8 km
Höhenmeter: 892 m
Schwierigkeit: mittel
Jahreszeit: Sommer bis Herbst
Einkehrmöglichkeiten: Großklausenhütte, Bergrestaurant Klausberg, Moaregg Alm, Almbodenrestaurant, Speck- und Schnapsalm, Baurschaftalm

Wegverlauf:
Wir starten beim Tourismusbüro in **Steinhaus** (1052 m) taleinwärts und überqueren nach 200 Metern die Brücke über die Ahr nach rechts. Wir radeln auf der Höfezufahrtsstraße bergauf Richtung Großklausen und gelangen zu den **Treyerhöfen** (1348 m). Nun geht es auf dem Weg Nr. 13 zur Großklausenhütte (1585 m) und von dort nach rechts, immer dem Weg Nr. 13 folgend, zur Bergstation der **Klausberg-**

bahn. Bei der Bergstation biegen wir rechts ab auf den Weg Nr. 33a, der Rodelbahnstrecke im Winter, und fahren abwärts bis **Kottersteg** am Talboden. Wir stoßen auf den Fahrradweg, biegen nach rechts ab und gelangen auf der orografisch linken Bachseite zur Talstation der Klausbergbahn. Wir überqueren die Brücke über die Ahr, fahren nach links, stoßen auf die Hauptstraße und gelangen taleinwärts zurück zum Ausgangspunkt.

Tipp
Am Klausberg gibt es mehrere Einkehrmöglichkeiten: Während das Bergrestaurant (1600 m) und die Moaregg Alm (1605 m) sich in unmittelbarer Nähe zur Bergstation der Klausbergbahn befinden, laden weitere bewirtschaftete Almen zu einer kleinen Wanderung ein: Das Almbodenrestaurant (1560 m) ist

`14`

Schwitzend unterwegs nach Kleinklausen

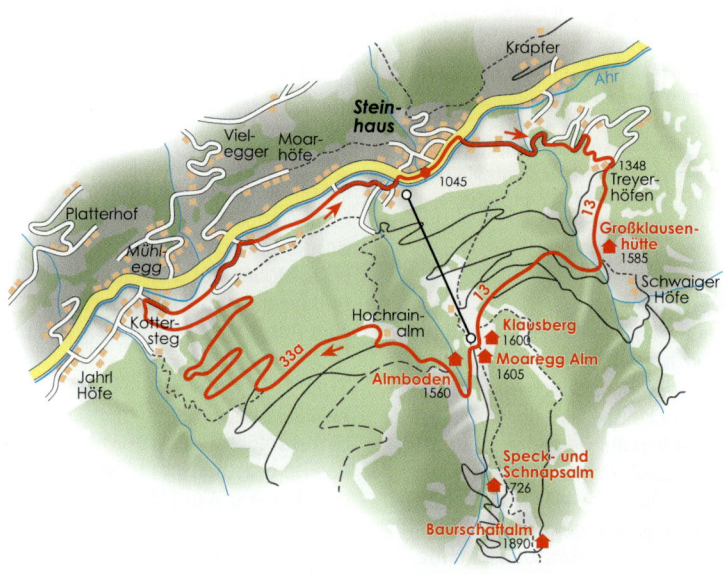

14

in ca. 10 Min. Fußweg zu erreichen, die Speck- und Schnapsalm
(1726 m) in etwa einer halben
Stunde und die kleine, urige
Baurschaftalm (1890 m) in ca.

40 Minuten. Sie sind alle von Ende
Mai bis Mitte Oktober geöffnet und
bieten dem Besucher neben guter
Küche auch ein herrliches Panorama.

Naturpark Rieserferner-Ahrn

Der **Naturpark Rieserferner-
Ahrn** besteht seit dem Jahr 1988
und ist der zweitgrößte Naturpark
Südtirols. Zusammen mit den Arealen der Gemeinden Sand in Taufers,
Gais, Percha, Rasen-Antholz, Prettau
und Ahrntal umfasst er eine Fläche
von 31.505 Hektar; davon gehören
3363 Hektar zur Gemeinde Ahrntal.
Mit dem angrenzenden Nationalpark Hohe Tauern (1786 km²) und
einem Ruhegebiet am Zillertaler

Hauptkamm (372 km²) befindet
sich hier mit einer Gesamtfläche von
2471 Quadratkilometern der **größte
Schutzgebietsverbund Europas.**
Im Jahr 2008 ist der Naturpark
Rieserferner-Ahrn zum Schutzgebiet
Natura 2000 erklärt worden, er
gehört somit dem europaweiten
Netz besonders schützenswerter
Landschaften an.
Durch das Ahrntal zieht sich eine
geologische Besonderheit, das

Wetterzersauste Zirben und Alpenrosenrausch am Rundweg zum Steinerholm

14

sogenannte **Tauernfenster.** Es ist dies ein schmaler Streifen, der sich entlang des Alpenhauptkammes vom Brenner 160 Kilometer ostwärts zieht und Einblicke in die Entstehung der Alpen gibt. Die ältesten metamorphen Gesteine bildeten sich hier vor 550 Mio. Jahren, während die Zentralgneise, das Produkt von Gesteinsschmelzen, 250 bis 340 Mio. Jahre alt sind. Die verschiedenen Gesteinsschichten, die im Tauernfenster zutage treten, könnte man mit den Schalen einer Zwiebel vergleichen; dabei liegen die jüngsten Ablagerungen in der obersten Decke. Das Tauernfenster ist bekannt für seinen Kristallreichtum. Besonders Bergkristalle, Rauchquarze und Amethyste haben sich in den Gneisschichten des Ahrntales gebildet; sie sind zu begehrten Objekten für Mineraliensammler geworden (siehe auch „Sehenswertes"). Im Naturparkhaus von Sand in Taufers und Prettau erhalten Sie weitere Informationen über Flora und Fauna im Gebiet Rieserferner-Ahrn (siehe Sand in Taufers; Prettau).

Die beherrschenden Gebäude von Steinhaus gehen auf den seit 1894 erloschenen „**Ahrner Handel**" zurück. Hier wurden die Kupfererze gestapelt und verladen, die im Prettauer Kupferbergwerk gewonnen wurden (siehe Prettau), sowie Lebensmittel, die das Gewerk des Ahrner Handels vertrieb. Die drei dominanten **Steinhäuser** sind das Faktorhaus, der Erzstadel und der Kornkasten. Im Kornkasten ist seit dem Jahre 2000 ein **Bergbaumuseum** eingerichtet. Die Grafen Enzenberg, denen die Gebäude heute noch gehören, haben ihre bergbaukundliche Sammlung dem Museum als Leihgabe zur Verfügung gestellt. Sie veranschaulicht die freud- und leidvolle Geschichte des Kupferbergwerkes von Prettau. Anhand von Modellen werden die schwierigen Gewinnungs- und Verarbeitungsprozesse des Kupfers dargestellt. Das Kupfer aus Prettau war übrigens weltweit geschätzt wegen seiner hervorragenden Qualität und besonderen Dehnbarkeit. Zudem werden auch wichtige soziale Fragen

☺ Das Besondere

Das Ahrntal ist eines der ursprünglichsten Täler Südtirols. Zwar hat sich unter dem Einfluss von Tourismus, Handwerk und Handel viel verändert und wurde den modernen Erfordernissen angepasst, aber nichtsdestotrotz sind die Bewohner auch heute noch stark den Traditionen des Tales verhaftet. So wird wohl nirgends der **Dialekt** so gepflegt wie hier, und alles außer „Töldrarisch" wird als Fremdsprache betrachtet. Die Bewohner sind die „Töldra", und ihre Heimat nennen sie ganz einfach „Toul" (für Tal). Das „Toul" beginnt für sie beim „Sondna Klopf", dem felsigen Burghügel von Sand in Taufers, und reicht bis zur „Klomme", der Klamm bei St. Peter. Das Töldrarische unterscheidet sich vom Tauferer Dialekt nicht zuletzt dadurch, dass man sich vom Burghügel talauswärts schon weit vornehmer auszudrücken glaubt. Auch das „Du" wird vom Tölderer gar nicht erst angeboten, sondern jedermann damit begrüßt, ob Fremder, Freund oder Feind. Im Ahrntal ist man sehr darauf bedacht, alte Traditionen zu pflegen, wie z. B. das Entzünden der **Herz-Jesu-Feuer**. Der Brauch, Bergfeuer zu entzünden, geht auf heidnische Sonnwendfeuer zurück. Neu entflammt ist er im Jahr 1796, als napoleonische Truppen das Land Tirol bedrohten und die Tiroler Landstände sich formierten, um das Land zu verteidigen. Das Entzünden war eine Art der Verständigung von Tal zu Tal. Später hoffte man, indem man das Land dem „Heiligsten Herzen Jesu" anvertraute, göttlichen Beistand zu erhalten. Man gelobte dafür, das Herz-Jesu-Fest jährlich feierlich zu begehen. Der Anführer der Tiroler Freiheitskämpfer Andreas Hofer (1767–1810) erneuerte das Gelöbnis vor der Berg-Isel-Schlacht (1809) gegen die französischen Truppen und ihre bayerischen Verbündeten. Seitdem werden an jedem zweiten Sonntag im Juni in ganz Tirol Bergfeuer entzündet.
Zu Allerseelen pflegt man das **„Pitschile"-Singen**. Kleine Sängergruppen gehen von Haus zu Haus, um „Pitschilan" zu erbetteln. Dabei singen die vermummten Gestalten ein monotones Allerseelenlied. „Pitschilan" waren Brotlaibe, die früher an Arme weitergereicht wurden; heute werden Geldspenden

14

thematisiert, wie Lohn und Privilegien der Knappen, familiäres Umfeld, bis hin zu Glaube und Aberglaube der damaligen Zeit. Das Museum befindet sich an der Hauptstraße im Ortszentrum von Steinhaus. Öffnungszeiten: Weihnachten bis Ostern: Dienstag und Mittwoch: 9–12 Uhr und 15–18 Uhr, Donnerstag: 15–22 Uhr, Sams-tag: 15–18 Uhr, Sonntag: 14–18 Uhr; Montag und Freitag geschlossen; von April bis Ende Oktober: Dienstag–Sonntag: 9.30–16.30 Uhr, Donnerstag: 9.30–22 Uhr, Montag geschlossen (außer August). Bei gewünschter Führung ist eine Anmeldung erforderlich, Tel. 0474 65 10 43, www.bergbaumuseum.it.

Steinhaus mit den rot bemalten Gebäuden des „Ahrner Handels"

14

gegeben, die wohltätigen Zwecken zugutekommen.
Die **Neujahrschreier** sind Kinder, die am Neujahrstag von Haus zu Haus ziehen und sich mit einem Glückwunschspruch kleine Schleckereien erbitten.
Wem es gelingt, am Dreikönigstag von der Früh bis zum Aufgehen der Sterne zu fasten, braucht sich vom „**Gerimple**", dem Krachen und Getöse des Jüngsten Gerichts, nicht zu fürchten.

Eine weitere Besonderheit sollten Sie wissen, wenn Sie in den Ahrntaler Bergen unterwegs sind: In Felslöchern und Berghöhlen hausen noch **antrische Leute**. Vorweltliche, Heidnische sollen das sein, so genau weiß man das allerdings nicht, oder sind es am Ende doch nur Gestalten aus dem bunten Reich der Fantasie? Die Ahrntaler sind bekannt dafür, dass Sie Auswärtigen gerne einen Bären aufbinden!

◎ Sehenswertes

Nicht nur zur Weihnachtszeit lädt das **Krippenmuseum** Maranatha in Luttach zu einem Besuch ein. Es ist ganzjährig geöffnet und birgt eine Sammlung volkstümlicher Tirolerkrippen einheimischer Schnitzkünstler, orientalische Anbetungsgruppen sowie moderne lebensgroße Holzplastiken. Info: Museum Maranatha in Luttach/Ahrntal, Tel. 0474 671682.

Nicht minder bezaubernd ist das **Mineralienmuseum Kirchler** in St. Johann. Aus dem Bereich der Zillertaler Alpen und Hohen Tauern werden über 950 Einzelexponate gezeigt, zudem beherbergt das Museum die größten Rauchquarze Südtirols. In einem Multimediaraum wird die Entstehung der Kristalle über Jahrmillionen sowie das Suchen, Finden und Bergen der edlen Steine und deren Heilwirkung präsentiert. Das Museum befindet sich an der Hauptstraße zwischen St. Johann und Steinhaus, Info unter Tel. 0474 652145.

Das kleine **Oberkofler-Museum** in St. Johann zeigt Werke der Ahrntaler Gebrüder Oberkofler: Johann Baptist (1895–1969) war Priester und Maler; Joseph Georg (1889–1962) war Publizist, Dichter und Schriftsteller, der sich gerne Themen aus dem Volksleben seines Heimattales widmete. Das Museum befindet sich im Mesnerhaus in St. Johann (Nr. 247), Tel. 0474 671178.

Im Zusammenhang mit dem Kupferabbau (siehe oben) sei noch der **Ansitz Mühleck** aus dem Jahre 1576 erwähnt. Er befindet sich zwischen St. Johann und Steinhaus taleinwärts links und fällt durch seine originellen Eckerker auf. Er war Sitz des Ahrner Bergrichters.

Zur Tradition des Tales gehört auch die **Holzmaskenschnitzerei**. Beliebte Motive sind Hexen, Teufel und Sonnen. In allen Dörfern des Tales gibt es Maskenschnitzer und Holzkünstler, die ihre Werke ausstellen und auch zum Verkauf anbieten.

☀ Freizeitangebote

- **Bibliothek:**
  – Luttach: in der Grundschule, Tel. 0474 671806;
  – Weißenbach: in der Grundschule
  – St. Johann: in der Mittelschule, Tel. 0474 671795;
  – St. Jakob: in der Grundschule;
  – St. Peter: in der Grundschule
- **Billard:**
  – Luttach: Bar Stifter, Mobil: 347 0864590;
  – St. Johann: Dorfcafe, Dorfstraße 1

- **Eislaufen**:
  – Luttach: Natureisplatz bei der Sportbar, Mobil: 348 2467143;
  – Weißenbach: beim Fußballplatz, Tel. 0474 680088;
  – Steinhaus: bei der Talstation der Klausbergbahn, Tel. 0474 652422
- **Fahrradverleih**:
  – Luttach: Bar Sportalm, Mobil: 340 0770370; Sport Bar, Mobil: 349 5743178;

Mutprobe am Hochseilgarten bei der Schwarzbachalm

– Steinhaus: Ski Hofer,
Mobil: 349 57 43 178
- **Hochseilgarten** bei der Schwarzbachalm in Weißenbach. Er bietet
mit seinen 23 Plattformen ein
spannendes Vergnügen für Jung
und Alt, Mobil: 347 22 19 881
- **Kegeln** in St. Johann im Hotel
Adler, Tel. 0474 67 11 35
- **Langlaufen:** Loipen unterschiedlicher Länge (2–11 km) in
Weißenbach
- **Minigolf** in Luttach im Sportzentrum
- **Reiten und Kutschenfahrten:**
– in Luttach, Mobil: 335 53 89 099,
www.pferdetrekking.it;
– in St. Peter, Mobil: 339 57 58 918,
www.obergruberhof.it
- **Rodelbahnen**:
– in Luttach: Luttach–Speikboden
8 km, 1000 Hm;
– in Weißenbach: Mitterbachalm
1,5 km, 72 Hm und Tristenbach
3,5 km, 430 Hm;

– in St. Johann: Kottersteg 6,2 km,
510 Hm;
– in Steinhaus: Klausberg 5 km,
550 Hm
- **Tennisplätze:**
– in Luttach bei der Sportalm,
– in St. Martin in der Sportzone,
– in St. Johann beim Hotel Steinpent
– in Steinhaus bei der Talstation
Klausberg
- **Tischtennis** in Luttach beim Kin-
derspielplatz und in Weißenbach
beim Schulplatz
- **Sauna** in Luttach bei der Sport-
alm, Mobil: 340 07 70 370
- **Schießstand**:
– Weißenbach: im Vereinshaus,
jeden Sonntag ab 15 Uhr mit
Luftdruckgewehr;
– St. Johann: in der Grundschule,
Tel. 0474 67 12 57
- **Skigebiet**: Klausbergbahnen in
Steinhaus, Tel. 0474 56 21 55
- **Snowrafting** in St. Jakob,
Mobil: 335 80 17 164

14

Öffentliche Verkehrsmittel

Zuglinie: Franzensfeste–Innichen; **nächstgelegener Bahnhof**: Bruneck
Buslinie: ab Zug- oder Busbahnhof Bruneck bis Kasern; Sand in Tau-
fers–Weißenbach; Infos: Firma Oberhollenzer, Tel. 0474 67 80 02,
www.oberhollenzer.com, info@oberhollenzer.com und Tel. 840000471,
www.sii.bz.it, info@sii.bz.it
Skibusbetrieb im Winter.
Bergbahn: Klausberg in Steinhaus, Tel. 0474 65 21 55, geöffnet von Anfang
Dezember bis Ostern und von Ende Mai bis Mitte Oktober.

 Veranstaltungen

 Spielplätze

- Im Sommer: Blasmusikkonzerte, klassische Konzerte, Ausstellungen, Almabtriebe, Volkstheater
- Im Winter: Nachtrodeln, Fackelwanderungen

Luttach: Familienland Sportalm, Maurlechenfeld 2 a,
Info Mobil: 340 07 70 370
Weißenbach: am Schulplatz und Pirch Wöhre
St. Johann: Sportzone St. Martin, Jausenstation Bizathütte, Grundschule St. Johann, Erlebnisspielplatz „Schwarzbachalm"
Steinhaus: Neumannwald (in der Nähe der Kirche)
St. Peter: Schulspielplatz
St. Jakob: Schulspielplatz

 Links/Infos

Tourismusverein Luttach
Ahrnerstraße 22
39030 Luttach
Tel. +39 0474 67 11 36
Fax +39 0474 83 02 40
info@ahrntal.it
www.ahrntal.it

Tourismusverein St. Johann
Dorfstraße 158 c
39030 St. Johann
Tel. +39 0474 67 12 57
Fax +39 0474 83 02 40
stjohann@ahrntal.it
www.ahrntal.it

Tourismusverein Steinhaus
Kornkasten 99
39030 Steinhaus
Tel. +39 0474 65 21 98
Fax +39 0474 83 02 40
steinhaus@ahrntal.it
www.ahrntal.it

Ferienregion Tauferer Ahrntal
Ahrnerstraße 95
39030 Steinhaus
Tel. +39 0474 65 20 81
Fax: +39 0474 65 20 82
tauferer@ahrntal.com
www.tauferer.ahrntal.com

14

PRETTAU

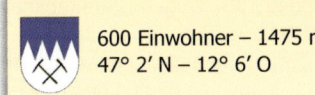

600 Einwohner – 1475 m
47° 2' N – 12° 6' O

Prettau wird im Jahre 1250 als „Braitenowe" (mittelhochdeutsch für „breite Aue") erstmals urkundlich genannt.

Man nimmt an, dass Prettau bereits in frühgeschichtlicher Zeit ein wichtiger Ausgangspunkt für den Weg über die **Krimmler Tauern** (2633 m) war und dass dieses relativ leicht begehbare Joch auch in jener Zeit, als die Römer um 15 v. Chr. begannen, dieses Gebiet zu besiedeln, eine wichtige Verbindung zwischen Nord und Süd darstellte. Ein um die Mitte des 19. Jahrhunderts in Prettau gefundenes Bronzebeil lässt vermuten, dass der **Kupferabbau** in Prettau bis in die Bronzezeit zurückreicht (2000–1200 v. Chr.), dokumentiert ist er allerdings erst seit 1426 n. Chr. Für das Schmelzen des Erzes wurde viel Holz benötigt, so dass man um 1500 über Holzknappheit berichtete und der Holzverkauf nach außerhalb sogar verboten wurde. Ab 1520 wurden viele Schmelzhütten von Prettau ins Ahrntal verlegt, und mit ihnen auch die Verwaltungs- und Lagerhäuser des Bergbaus. Das Kupfer aus Prettau war weltweit wegen seiner hervorragenden Qualität und besonderen Dehnbarkeit geschätzt, nichtsdestotrotz musste der

Prettau im Winter

15

Erzabbau 1893 wegen Unrentabilität eingestellt werden. Im 20. Jahrhundert betrieb man noch sporadischen Abbau, jedoch zu Beginn der 1980er Jahre wurde das Werk endgültig stillgelegt. Wenn man bedenkt, dass bis zu 400-450 Knappen im Bergbau arbeiteten und bis zu 2000 Leute in Prettau wohnten, kann man ermessen, welche Einbuße die Einstellung des Bergwerks für die ganze Bevölkerung bedeutete; heute zählt Prettau nur mehr 600 Einwohner und leidet an steter Abwanderung. 1996 ist der St.-Ignaz-Stollen zum Schaustollen umgebaut worden (siehe „Das Besondere").

Nach dem Auflassen des Bergwerks herrschte in den Familien mangels Arbeitsmöglichkeit große Not. Die Prettauerinnen fanden im **Spitzenklöppeln** ein lohnendes Einkommen; von 1891 bis 1965 gab es sogar eine Klöppelschule. Die Qualität der Prettauer Spitzen wurde europaweit geschätzt, und auch heute noch beschäftigen sich viele Frauen mit der kunstvollen Gestaltung des Leinenfadens. Die Männer entdeckten das Schnitzen und erzielten damit ein Zubrot. Typisch sind die **Prettauer Holzmasken** und Wurzelgesichter in rustikaler Ausfertigung.

Prettau ist nicht nur die nördlichste Gemeinde Südtirols, sondern auch Italiens und liegt am Fuße des bekannten **Klockerkarkopfes** (2913 m). Diese Erhebung ist laut Grenzziehung von St. Germain der nördlichste Punkt Italiens und wurde daher Vetta d'Italia getauft – allerdings fälschlicherweise. Das Prädikat des nördlichsten Punktes von Italien steht nämlich dem etwas weiter östlich gelegenen Westlichen Zwillingsköpfl (2837 m) zu, und zwar um 5" geografischer Breite. Prettau erstreckt sich auf einer Fläche von 86,49 Quadratkilometern und hat keine Fraktionen. Rund 72 Prozent des Gemeindegebietes befinden sich im **Naturpark Rieserferner-Ahrn**, der im Jahr 1988 begründet wurde und der zweitgrößte Naturpark Südtirols ist. Zusammen mit den Arealen der Gemeinden Sand in Taufers, Gais, Percha, Rasen-Antholz, Prettau und Ahrntal umfasst er eine Fläche von 315 Quadratkilometern, 62,84 Quadratkilometer davon gehören zu Prettau (siehe auch „Ahrntal", Seite 154).

Die Nachbargemeinden sind:
- im Norden Brandberg und Prägraten (beide in Österreich)
- im Osten Krimml und St. Jakob in Defreggen (beide in Österreich)
- im Süden Sand in Taufers
- im Westen Ahrntal

Rundwanderung Prettau–Waldner See–Starkl Alm

Der Waldner See am westlichen Berghang oberhalb Prettau zählt zu den schönstgelegenen und größten Hochgebirgsseen Südtirols. In seinem graugrünen Wasser spiegelt sich der weitum sichtbare, markante Gipfel des Rauchkofels (3250 m). Der See liegt auf 2338 Metern, ist 365 Meter lang, 200 Meter breit und 20 Meter tief. Die abwechs-

15

Der **Waldner See** gehört zu den „brüllenden" Wetterseen: Das sind Gebirgsseen, die plötzlich anfangen zu grollen, heulen, knirschen oder pfeifen. Dieses unheimliche Naturphänomen tritt vorwiegend vor Schlechtwetterfronten auf und konnte bis heute nicht wissenschaftlich begründet werden. Man nimmt an, dass nahender Tiefdruck die aufsteigende Blasenbildung beeinflusst, die durch die Fäulnisbildung des organischen Grundschlamms entsteht, und dass dadurch diese merkwürdigen Geräusche verursacht werden. Das Volk, das sich dieses Getöse nicht erklären konnte, glaubte natürlich, dass Drachen, Hexen oder Geister in den Wetterseen hausen würden; in den Tiefen des Waldner Sees hält sich übrigens ein wilder Stier versteckt, der den See früher oder später zum Ausbruch bringen wird …

lungsreiche **Rundwanderung zum Waldner See** führt uns zudem zu einem geschützten Hochmoor.

Wegverlauf

Ausgangspunkt ist **Kasern** (1595 m; bis hierher mit dem Auto oder Bus). Vom Parkplatz in Kasern bzw. der Bushaltestelle wandern wir ca. 150 Meter talauswärts und biegen dann nach rechts ab auf den beschilderten Weg Nr. 16A, der uns zuerst auf Wald-, später auf Forstweg zur **Waldner Alm** leitet (2063 m, geöffnet von Anfang Juli bis Anfang Oktober). Von dort steigen wir auf dem Weg Nr. 16B in westlicher Richtung hinauf zum **Waldner See**. Nun biegen wir rechts ab und wandern auf dem Weg Nr. 15A nahezu

`15`

Biotop Wieser Werfa; links im Hintergrund die Dreiherrenspitze (3498 m), Wahrzeichen von Prettau

> **Gesamtgehzeit**; 5 ½ Std.
> **Höhenunterschied**: 760 m
> **Schwierigkeit**: leicht, aber lang;
> Trittsicherheit erforderlich
> **Jahreszeit**: Sommer bis Früh-
> herbst
> **Einkehrmöglichkeiten**: Waldner
> Alm, Gasthöfe in Kasern

eben taleinwärts und kommen zum **Archenbichl-Sattel** (2369 m; rechts davon ist das nahe Gipfelchen des Archbichls, 2414 m, in 10 Min. erreichbar). Ab dem Sattel führt der

Steig steil bergab in den **March-stein Boden** mit seinen zahlreichen Wasserläufen. Auf dem Weg Nr. 15A wandern wir zum idyllischen **Biotop Wieser Werfa** (2050 m), einem Hochmoor, durch das sich ein Gletscherbächlein mäanderartig zu Tal schlängelt (das althochdeutsche Wort „Werfa" bezeichnet eine Vielzahl von Flusskrümmungen). Nun steigen wir ab zur **Starkl Alm** (2029 m) und kehren von dort auf dem beschilderten Waldweg Nr. 15 nach Kasern und zum Ausgangspunkt zurück.

Kasern–Trinkstein

> **Gesamtgehzeit:** 1 ½ – 2 Std.
> **Höhenunterschied**: 100 m
> **Schwierigkeit**: leicht
> **Jahreszeit**: Frühsommer bis
> Spätherbst
> **Einkehrmöglichkeiten**: Prast-
> mannalm, Adleralm

Die Prettauer, sagt man, sind ein eigener Menschenschlag, sie sind aufgeschlossener, redefreudiger und modebewusster als die Bewohner talauswärts; zudem kennzeichne ein tiefsinniger Humor ihr Gemüt. So witzeln sie über ihre Heimat, in Prettau sei acht Monate Winter und vier Monate sei es kalt; ebenso sei der Fußballplatz der einzige ebene Fleck in Prettau. Nun, ganz so schlimm ist es nicht, denn viele Touristen wissen gerade im Hochsommer die Kühle zu schätzen – und einen besonders schönen und ebenen Weg fürs Wagele gibt es

obendrein, und zwar **von Kasern nach Trinkstein.**

Wegverlauf
Vom Parkplatz in Kasern (1604 m) wandern wir auf der gesperrten Fahrstraße taleinwärts bis zur **Prastmannalm** (1623 m,). Auf der Forststraße Nr. 13 geht es nun immer entlang der jungen Ahr. Ohne nennenswerte Steigung gelangen wir schließlich nach **Trinkstein** und zur nahen **Adleralm** (1700 m, geöffnet von Mitte Mai bis Anfang November und von Weihnachten bis Ostern). Rückweg auf dem Hinweg.

Tipp
Man kann auf der Forststraße auch weiter bis zur Kehreralm wandern (1850 m, geöffnet von Mitte Juni bis Oktober). Hierfür benötigt man etwa 1 ½ Stunden zusätzlich (Hin- und Rückweg von bzw. bis Adleralm).

Rundtour Prettau–St. Peter

Die Almen an der orografisch rechten Seite sind größtenteils durch Forststraßen erschlossen. Auf ihnen führt eine beliebte Mountainbiketour zur **Waldner Alm,** die wegen ihres beträchtlichen Höhenunterschieds sehr anstrengend ist, der Ausblick zu den mächtigen Gletschern der Hohen Tauern belohnt jedoch die Mühe.

Gesamtfahrzeit: 3–4 Std.
Gesamtlänge: 22,5 km
Höhenmeter: 1590 m
Schwierigkeit: anstrengend
Jahreszeit: Sommer bis Frühherbst
Einkehrmöglichkeiten: Waldner Alm

Wegverlauf
Wir starten vom Parkplatz beim Rathaus in Prettau (1476 m) taleinwärts und biegen nach ca. 30 Metern links ab auf die beschilderte Forststraße Nr. 16a, die uns anfangs taleinwärts, später talauswärts in langgezogenen Kehren zur **Waldner Alm** leitet (2063 m, geöffnet von Anfang Juli bis Anfang Oktober). Ab

der Waldner Alm fahren wir auf der Forststraße talauswärts und folgen der Beschilderung zu den **Samhütten**. Von den Samhütten (2011 m) geht es auf Schotterweg

und Forststraße hinab nach **St. Peter**, bis wir auf die Hauptstraße stoßen (1241 m). Nun biegen wir links ab, überqueren die Brücke über die Ahr und radeln auf der asphaltierten Landesstraße taleinwärts zurück zum Ausgangspunkt.

Zu den Bergwerksstollen von Prettau

Gesamtgehzeit: 3 ½ Std.
Höhenunterschied: ca. 550 m
Schwierigkeit: leicht, Trittsicherheit erforderlich
Jahreszeit: Sommer bis Herbst
Einkehrmöglichkeiten: Rötalm

Das Kupferbergwerk war rund ein halbes Jahrtausend lang Lebensgrundlage der Prettauer Bevölkerung (siehe S. 161). Seit dem Jahre 1996 ist ein Teil der Bergwerksanlage zur Besichtigung zugänglich, da der St.-Ignaz-Stollen zu einem **Schaustollen** umgebaut worden ist. Allein schon die Fahrt mit der Grubenbahn in das enge, dunkle Bergwerksloch ist ein Erlebnis, und es lässt sich wohl nur erahnen, wie hart und mühevoll die Arbeit der Knappen gewesen sein mag. Der **Klima-**

stollen befindet sich ca. 1100 Meter im Bauch des Berges und ist wegen seines Mikroklimas zur Speläotherapie (Höhlentherapie) geeignet. Die Luft im Stollen gilt per Definition als reinste Luft. Durch die konstant niedrige Temperatur von 8–10°C und die hohe Luftfeuchtigkeit von 95 Prozent werden alle Schwebstoffe und Allergene gebunden und setzen sich an Wänden und Boden ab; der Staubgehalt in der Luft liegt mit einem Faktor 20 unter dem Grenzwert, der Pollengehalt mit einem Faktor 1000–1500 unter dem der normalen Außenluft. Eine Therapie wird vor allem bei akutem und chronischem Asthma, chronischen Lungenerkrankungen, Neurodermitis und Heuschnupfen empfohlen; hierzu verbleibt man für zwei Stunden pro Tag an 10–20 Folgetagen im Klima-

Die Rötalm (2116 m)

Die Rötspitze (3495 m)

stollen. Ein Aufenthalt ist auch zur Erholungs- und Entspannungstherapie geeignet. Öffnungszeiten: Anfang April bis Ende Oktober: 9–11.20 Uhr und 14.40–17 Uhr; Juli und August: zusätzlich 17.40–20 Uhr; Montag Ruhetag. Anmeldung erforderlich. Klimastollen Prettau, Hörmanngasse 38a, Tel. 0474 65 45 23, www.ich-atme-com.

Im Röttal kann man zahlreiche Stolleneingänge besichtigen, sie sind vorbildlich restauriert und mit anschaulichen und sehr informativen Schautafeln versehen, die den Kupferabbau und das Leben unter Tage dokumentieren.

Für die **Wanderung zu den Bergwerksstollen** wählen wir in Kasern den Weg Nr. 11, der beim Alpenhotel Kasern (1595 m) rechts abbiegt und ins Röttal leitet (bis Kasern mit dem Auto oder Bus). Wir steigen kurz ab zur Ahr, überqueren die Brücke, und folgen dem Weg, der uns Richtung Osten ansteigend an einem Wasserfall vorbeiführt. Der Steig leitet uns

durch die urige **Röttalschlucht** mit dem charakteristischen erzhaltigen rötlichen Gestein, das dem Tal den Namen gegeben hat. Wir wandern an den Eingangslöchern der ehemaligen Bergwerkstollen vorbei, entsteigen schließlich der Schlucht und gelangen in einen weiten Almkessel und zur **Rötalm** (2116 m). Dort biegen wir nach rechts ab und wandern Richtung Westen zur **Bruggeralm** (1940 m). Kurz vor der Bruggeralm zweigt der Weg Nr. 11 rechts ab, und wir gelangen hinunter zum **Kupferbergwerk in Prettau**. Von dort führt uns, wieder rechts abbiegend, ein beschilderter Weg zurück nach Kasern.

Tipp

Eine sehr lohnende, unschwierige, aber lange Tageswanderung ergibt sich, wenn wir von der Rötalm zur Lenkjöchlhütte (2590 m, geöffnet von Anfang Juli bis Ende September, Tel. 0474 65 41 44/65 42 22) ansteigen und von dort, nach ver-

15

dienter Hüttenrast im Schatten der mächtigen Rötspitze (3495 m), auf dem Weg Nr. 12 bergab ins karge Windtal wandern. Vorbei an der Labesaualm (1757 m, Tel. 0474 65 42 19) gelangt man schließlich nach Heiliggeist (1621 m). Hier entweder links abbiegend auf dem Kreuzweg Nr. 12-13 talauswärts oder die Brücke überquerend zur Prastmannalm (1623 m, Mobil: 348 65 41 44) und auf deren Zufahrtsstraße zurück zum Ausgangspunkt. Für die gesamte Rundwanderung ab Kasern benötigt man 6–6 ½ Stunden; insgesamt sind 1030 Höhenmeter zu überwinden.

Sehenswertes

Die **Wallfahrtskirche Heiliggeist** ist die nördlichste Wallfahrtskirche Südtirols. Sie wurde im Jahr 1455 vom Fürstbischof von Brixen, Nikolaus von Kues (Cusanus, 1401–1464), geweiht. In der Kapelle ist das durchschossene Kreuz zu sehen, um das sich folgende Legende rankt: Auf dem Weg übers Heiliggeistjöchl, zu einem Preisschießen ins Pinzgau, soll ein übermütiger Schütze an einem Wegkreuz seine Treffsicherheit erprobt und den Gekreuzigten dabei dreimal getroffen haben. Seine Zielgenauigkeit brachte ihm auch prompt den Sieg ein und einen Stier als Preis. Als der Glückliche beim Rückweg am Wegkreuz vorbeikam, wurde das Tier plötzlich wild und tötete den frevelhaften Schützen mit seinen Hörnern.

Zur Wallfahrtskirche führt heute entlang der orografisch linken Talseite ein Kreuzweg mit 15 Stationen. Er ist ab Kasern gut beschildert. Die im spätgotischen Stil erbaute **Pfarrkirche St. Valentin** in Prettau wurde 1489 geweiht. Im Kircheninneren zeigt das Hochaltarbild den hl. Valentin mit Viehherde; es gilt als ein Meisterwerk des

15

Besinnungsweg zur Wallfahrtskirche Heiliggeist

Südtiroler Künstlers Franz Sebald Unterberger (1707–1776). Im Jahre 1596 wurde Prettau zur Kuratie und 1891 zur Pfarre erhoben.

Im **Naturparkhaus Rieserferner-Ahrn-Kasern** kann man anhand von Reliefs und Großbildern die Ausdehnung der hiesigen Natur- und Kulturlandschaft bewundern. Zudem erhält man Informationen zur Geschichte und insbesondere zu den bedeutendsten Grenz- und Höhenwegen des Gebietes. Das Naturparkhaus befindet sich neben dem öffentlichen Parkplatz im Talschluss. Öffnungszeiten: Anfang Juni bis Mitte Oktober: 10–17 Uhr, Sonntag geschlossen; Mitte Juli bis Mitte September: täglich 9–18 Uhr; Weihnachten bis Ostern: täglich 9–16 Uhr. Eintritt frei, Info Tel. 0474 654188, www.provinz.bz.it/naturparke.

Berühmt wurde Prettau auch wegen der kunstvollen **Klöppelspitzen** (siehe S. 162); Klöppelvorführungen und Verkaufsausstellung im „Haus Prettau", Info Tel. 0474 654238.

 Veranstaltungen

- Traditionelle Jugendwallfahrt nach Heiliggeist im September
- „Uschntog", Ende Oktober (siehe „Das Besondere")
- Blasmusikkonzerte mit der Knappenkapelle Prettau
- Volkstheater mit der Volksbühne Prettau

- Almabtriebe Info im Tourismusverein

 **Spielplätze**

In **Prettau** bei der Schule

15

Einmal im Jahr beim Almabtrieb sind sie die Hauptdarsteller.

Das Besondere

Die Tradition des Volkstheaters ist in keinem Dorf des Tauferer Ahrntals über die Jahrhunderte so gepflegt worden wie in Prettau. Bis heute ist die **Volksbühne Prettau** (www.volksbuehne-prettau.com) über die Grenzen bekannt.

Das Nikolausspiel, das auch andernorts in Südtirol aufgeführt wird, hat seinen Ursprung in Prettau. Das teilweise mit derben Figuren und drastischen Szenen aufgeführte **Nigglasspiel** wurde vermutlich aus dem benachbarten Zillertal übernommen, wo es seit dem 16. Jahrhundert dokumentiert ist. Um den 6. Dezember zogen bis zu 40 Personen von Hof zu Hof und gaben in den Prettauer Bauernstuben ihre Geschichte vom hl. Nikolaus und seinem himmlischen und höllischen Gefolge zum Besten. Dargestellt werden der Bischof Nikolaus, der Tod, das Alter, die Jugend und jede Menge Engel und Teufel. Die drei Akte erzählen vom Kampf der Seele mit der teuflischen Verführung, vom Geizhals, der mit dem Tod bestraft wird, und von der Kinderpredigt des hl. Nikolaus. Heute wird das Spiel weit bescheidener und „gesitteter" aufgeführt.

Neben dem Nigglasspiel wurden hier auch „Paradeisspiele", sogenannte „Adam-und Eva-Spiele", aufgeführt, und nicht zuletzt der „**Prettauer Faust**". Der Prettauer Faust oder das „Johann-Doktor-Faustus-Spiel", ist eine volkstümliche Auslegung des berühmten Werkes von Johann Wolfgang von Goethe (1749–1832). Das Stück wurde vom Bauer Gregor Steger, einem leidenschaftlichen Volksschauspieler, neben weiteren Theaterstücken im Jahre 1830 geschrieben. Sein „Theaterbuch" ist im Bergbaumuseum Kornkasten in Steinhaus ausgestellt (siehe Ahrntal „Natur pur").

Seit dem Mittelalter wird der **Kreuzgang zur Kornmutter nach Ehrenburg** gepflegt. Der rund 50 Kilometer lange Bittgang zum „Ernburga Kraize" führt von Prettau durch das Tauferer Ahrntal über Bruneck bis nach Ehrenburg. Am Freitag nach Christi Himmelfahrt bricht man um Mitternacht bei der Prettauer Pfarrkirche auf. Dem Zug voran getragen wird das Wallfahrerfähnlein aus St. Peter und das legendäre durchschossene Kreuz von Heiliggeist (siehe „Sehenswertes"). In den Ortschaften des Tales stoßen weitere Gläubige zur Prozession dazu und ziehen laut betend und singend talauswärts. In der Kirche von St. Johann wird um 4 Uhr früh eine feierliche Messe gefeiert, die vom Kirchenchor musikalisch umrahmt

✿ **Freizeitangebote**

• **Angeln:** Info beim Gasthof Stern in Kasern, Tel. 0474 65 41 00; Wildwasserfischen am Waldner

See, Tel. 0474 65 42 04, Mobil: 347 03 60 330
• **Bibliothek** im Haus Prettau
• **Eislaufen und Eisstockschießen**: Natureisplatz im Talschluss,

Ein Stolleneingang des ehemaligen Kupferbergwerkes

15

wird. Auch in Ehrenburg werden die Kreuzgänger mit einem Gottesdienst feierlich empfangen. Nicht selten wird nach der Messfeier noch tüchtig „girangglgg". **Ranggeln** ist eine volkstümliche Kampfsportart, ähnlich dem Ringen, und wird im Ahrntal und in Prettau auch heute noch gepflegt. Nach wohlverdienter Stärkung und Bettruhe wird am Samstag der Heimweg angetreten. Früher soll der Kreuzgang drei Tage gedauert haben, wobei auch Frauen teilnehmen durften. Weil diese aber manch frommen Wallfahrer allzu sehr ablenkten und es auch zu „Missbräu-

chen" gekommen sein soll, wollte die Kirche den Kreuzgang verbieten. Man ließ sich den Brauch nicht abschaffen, seitdem dürfen allerdings nur mehr Männer teilnehmen. Wie vielerorts in Südtirol am Kirchtag, pflegt man hier das Aufstellen des „Kischtamichlbaams" (siehe Niederdorf und Prags, „Veranstaltungen"). Während jedoch überall die Strohpuppe männlich bekleidet ist, eben als Michl, gibt es in Kasern sein weibliches Gegenstück, die „Usche". Am Sonntag nach dem 21. Oktober, dem Namensfest der hl. Ursula, feiert man hier den „**Uschntog**".

täglich geöffnet: 9–12 Uhr und 13–17 Uhr, Mobil: 349 36 25 241
• **Fahrradverleih**: Alphotel Kasern, Mobil: 349 57 43 178
• **Fußball**: Sportplatz in Prettau

• **Langlauf**: Sonnenloipe Kasern mit einer Länge von 4 bis 10 km, leicht
• **Rodelbahn**: beim Parkplatz in Kasern, 200 Meter lang

 Öffentliche Verkehrsmittel

Zuglinie: Franzensfeste–Innichen; **nächstgelegener Bahnhof**: Bruneck
Buslinie: ab Zug- oder Busbahnhof Bruneck bis Kasern;
Infos: Firma Oberhollenzer, Tel. 0474 678002, www.oberhollenzer.com,
info@oberhollenzer.com
Mobilcard „Tauferer Ahrntal" (7 Tage): Mit dieser Karte können Sie alle
Linienbusse im Tauferer Ahrntal (Kasern bis Bruneck und Seitentäler) inklu-
sive die Citybusse in Sand in Taufers und Bruneck eine Woche lang für eine
unbegrenzte Zahl an Fahrten benützen; Infos: Tel. 840000471, www.sii.bz.it,
info@sii.bz.it

 15

 Links/Infos

Tourismusverein Prettau
Naturparkhaus 5d
39030 Kasern
Tel. und Fax: +39 0474 654188
kasern@ahrntal.it
www.ahrntal.it

Tourismusverein Ahrntal
Ahrnerstraße 22
39030 Luttach
Tel. +39 0474 671136
Fax +39 0474 671666
info@arhntal.it
www.ahrntal.it

Ferienregion Tauferer Ahrntal
Ahrnerstraße 95
39030 Steinhaus
Tel. +39 0474 652081
Fax +39 0474 652082
tauferer@ahrntal.com
www.tauferer.ahrntal.com

PERCHA

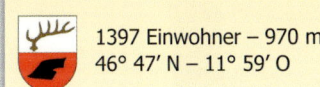

1397 Einwohner – 970 m
46° 47' N – 11° 59' O

Zwischen Bruneck und Olang verengt sich das Pustertal, Siedlungen findet man hier nur auf dessen Sonnenseite. Genau dort liegt Percha. Bis 1850 trug die Gemeinde den Namen Wielenbach. Der Hauptort Percha, an der Hauptstraße gelegen, bekam in den letzten Jahren Zuwachs durch eine große Neubausiedlung, die als Neu-Percha bezeichnet wird. Die Ortsteile sind ziemlich verstreut. Oberwielenbach mit seinen alten Bauernhöfen ist der Ausgangspunkt für Wanderungen in das bekannte und landschaftlich sehr reizvolle Oberwielenbacher Tal, im Sommer wie im Winter gerne besucht. Von Oberwielenbach aus kann man auch den Ortsteil Platten erreichen, einen Weiler mit Panoramablick. Auf der anderen Seite des Wielenbaches befinden sich die Fraktionen Wielenberg, Aschbach und Nasen.

Die Gemeinde liegt am Fuße des Naturparks Rieserferner-Ahr und teilweise auch schon im Naturpark selbst. Daher können zahlreiche tolle Ausflüge und Wanderungen in naturbelassene Gebiete von hier aus unternommen werden, zum Beispiel zu den Erdpyramiden von Platten oder auf den aussichtsreichen Gipfel des Rammelstein.
Für Kunstfreunde gibt es interessante Kirchen zu besuchen.

Die Nachbargemeinden von Percha sind:
• im Norden Sand In Taufers
• im Osten und Süden Rasen-Antholz
• im Westen Bruneck und Gais

Die Johanneskirche in Wielenberg

16

Gipfelkreuz und traumhaftes Panorama am Rammelstein

Auf den Rammelstein

16

Gesamtgehzeit: ca. 6 Std.
Höhenunterschied: 950 m
Schwierigkeit: Bei der Überquerung des Gipfels und beim Abstieg im felsigen Gelände ist Vorsicht geboten und unbedingt Trittsicherheit erforderlich**.**
Jahreszeit: Sommer
Einkehrmöglichkeiten: Gönneralm (geöffnet von Anfang Juni bis Anfang Oktober)

Der Rammelstein gehört zum Naturpark Rieserferner-Ahrn und erhebt sich zwischen dem Antholzer Tal und dem Wielental. Der Anstieg über die Südflanke des Gipfels ist relativ einfach, der Abstieg auf der gegenüberliegenden Seite hingegen verläuft ziemlich steil und über Felsblöcke. Größte Vorsicht ist geboten, vor allem bei Nässe! Der Ausblick vom Gipfel ist beeindruckend und zieht jeden in seinen Bann.

Wegverlauf

Von Percha fahren wir vor dem Vereinshaus aufwärts bis **Oberwielenbach**. Von dort ein Stück weiter Richtung Platten. Bald nach der großen Rechtskurve ist ein **Parkplatz** (1430 m). Ein weiterer befindet sich neben der ins Wielental führenden Straße.
Auf dieser Straße marschieren wir

Kunstvoll geflochtene Zäune begleiten unseren Weg durch das Oberwielental

dann aufwärts bis zu den Schildern im Wald und folgen diesen Richtung Gönneralm und Rammelstein (Weg Nr. 6). Bis kurz unterhalb der Gönneralm ist der Weg ziemlich steil, dann führt er bequemer über weite Almweiden bis zum Aufstieg auf den **Rammelstein** (2383 m).

Für den Abstieg überqueren wir den Berg und steigen mit allergrößter Vorsicht immer noch auf Weg Nr. 6 über Felsblöcke und -stufen sowie über einige gesicherte Stellen hinab. Sobald wir wieder sicheren Wiesenboden erreichen, marschieren wir auf Steig Nr. 6A wieder steil hinab ins idyllische **Wielental** (1835 m). Dort wandern wir dann auf bequemem

Forstweg, vorbei an unterschiedlichsten Arten von kunstvoll geflochtenen Zäunen, bis zum Ausgangspunkt zurück.

16

👶 Am Wielenbach entlang

Der obere Teil des Wielenbaches liegt im Naturpark Rieserferner-Ahrn. Vom Ortsteil Oberwielenbach aus kann man, nach einer kurzen anfänglichen Steigung, ganz bequem durch dieses wunderhübsche Tal wandern. Vorbei an interessanten Zäunen können wir marschieren, solange es uns Spaß macht. Auch längs des unteren Bachlaufs kann man einen netten Ausflug unternehmen. Unser Ziel ist ein besonderer Kräuterhof, der Hauserhof in Wielenberg. Es ist dies nicht nur ein schlichter Kräuterhof, sondern er hat noch einige zusätzliche Attraktionen zu bieten: einen lehrreichen Kräutererlebnispfad mit erklärenden Tafeln, einem Dendrophon (großes Xylophon aus Lärchenholz) zum Spielen, archäologischen Fundstel-

Gesamtgehzeit: ca. 2–3 Std.
Höhenunterschied: ca. 180 m
Schwierigkeit: Die Rodelbahn ist nicht asphaltiert, geländetauglicher Kinderwagen erforderlich
Jahreszeit: Frühling bis Spätherbst
Einkehrmöglichkeiten: unterwegs gibt es keine Einkehrmöglichkeit

len und Bänken zum Ausruhen und Schauen. Den Abschluss bildet der Kräutergarten mit rund 80 Kräutern, welche auf dem Hof zu verschiedenen Produkten verarbeitet werden. Vor Kurzem wurde zudem ein Blockhaus aus Fichtenrundholzstämmen aus dem eigenen Wald errichtet, das an die Bauweise in der Bronzezeit erinnert. Da sich die

Der Kräutererlebnispfad beim Hauserhof: ein abwechslungsreicher Rundgang

16

Hofstelle auf prähistorischem Boden befindet, erweist sich dies als sehr passend und zeugt von Kreativität und Einfühlungsvermögen. Im Laufe der Jahre 2010/2011 sollen auch ein Kinderspielplatz, ein Kleintiergarten und ein Märchenschuppen fertiggestellt werden.

Wegverlauf
Wir starten vom Ortszentrum in Percha aus, spazieren unterhalb der Kirche hinunter und auf dem Gehweg oberhalb der Straße bis zu den Höfen am Wielenbach. Dort wenden wir uns dann nach Norden, Richtung Oberwielenbach und Wielenberg. In gemütlicher, aber steter Steigung geht es über die auch als Rodelbahn genutzte Forststraße bergauf, bis eine weitere Forststraße nach rechts abzweigt. Auf dieser gelangen wir nun zusehends steiler bis zum Hauserhof. Für den Rückweg wählen wir die gleiche Route.

 Percha–Amaten–Tesselberg–Mühlbach–Uttenheim

Was es bedeutet, ein richtiger Bergbauer zu sein, das wird uns im Laufe dieser Radtour bewusst. Sie führt uns in das wohl steilste Nebental des Tauferer Tales: nach Mühlbach. Im Ort gibt es eine Schule und eine sehenswerte Kirche zu den Vierzehn Nothelfern, welche früher ein beliebter Wallfahrtsort war. Die weitum verstreuten Höfe kleben förmlich an den abschüssigen Hängen.

Gesamtfahrzeit: ca 3 Std.
Gesamtlänge: ca. 32 km
Höhenunterschied: ca. 600 m
Schwierigkeit: keine, verläuft zum größten Teil auf geteerten Straßen
Jahreszeit: Frühling bis Spätherbst
Einkehrmöglichkeiten: in Amaten: Gasthof Oberraut (Donnerstag Ruhetag), Gasthof Amaten (Dienstag Ruhetag); in Tesselberg: Naturhotel Miraval (Montag Nachmittag und Dienstag Ruhetag); in Mühlbach: Gasthof Huber (kein Ruhetag); weitere Einkehrmöglichkeiten in Uttenheim, Gais, Dietenheim

`16`

Wegverlauf
Wir starten beim Vereinshaus und der Feuerwehrhalle von **Percha** (970 m). Gleich daneben führt die Straße aufwärts, Richtung Oberwielenbach und Amaten. Nach knapp zwei Kilometern zweigt nach links die Höhenstraße Richtung Amaten, Tesselberg und Mühlbach ab. Dieser relativ flach verlaufenden Straße folgen wir jetzt bis zum aussichtsreichen Weiler **Amaten** (1250 m). Von dort geht es aufwärts bis zum höchsten Punkt unserer Tour (1542 m) und nun verläuft die Straße wieder abwärts. Schließlich fahren wir schön flach bis **Tesselberg** (1470 m). Hier gibt es eine Einkehrmöglichkeit und dann radeln wir auf der Verbindungsstraße weiter, Richtung **Mühlbach** (1450 m). Wer hier noch Lust hat, weitere Höhenmeter in Angriff zu nehmen, kann einen Abstecher durch das Mühlbacher Tal hinauf bis zum **Mühlbacher Badl**

(1694 m, ca. 2,5 km) machen. Dabei handelt es sich um das höchstgelegene Heilbad des Pustertals, welches nach einem Brand Ende der 1960er Jahre nun wiederhergestellt ist und aufgesucht werden kann. Das Wasser aus der Badquelle zeigt heilende Wirkung bei Magen- und Verdauungsbeschwerden.
Ansonsten geht es von Mühlbach auf der Straße weiter, noch kurz bergauf und dann in einer luftigen Talfahrt bis **Uttenheim** (837 m) hinab. Nun folgen wir der Straße bis zum Fluss Ahr. Dort geht der bequeme Radweg Richtung Bruneck nach links ab. Wir folgen diesem zunächst bis nach Gais und anschließend noch rund zwei Kilometer weiter. Hier führt ein Weg nach links durch die Felder Richtung Aufhofen und Dietenheim. In **Dietenheim** (850 m) fahren wir an der Kirche vorbei und gerade weiter. Durch die Felder geht es schließlich nochmals aufwärts bis zur

Mühlbach

Pustertaler Straße. Diese wird überquert und dann können wir nach links auf einer Nebenstraße weiterfahren bis zum Ausgangspunkt.

16   Zu den Erdpyramiden von Platten

Die Erdpyramiden befinden sich an der Grenze des Naturparks Rieserferner-Ahrn und zählen zu den größten Erdpyramidenvorkommen des Pustertals. Laut Erklärung auf einer Tafel in der Nähe der Pyramiden entstanden sie durch Abrutschen eines Weges, der über den Litschbach führte. Niemand machte sich die Mühe, diesen Karrenweg wieder instand zu setzen. Nach und nach vergrößerte sich der Graben, besonders nach dem großen Unwetter im Jahr 1882. Im Laufe der Jahre bildeten sich die lehmhaltigen, steinbedeckten Säulen. Sie haben hier besonders interessante und sehenswerte Formen angenommen, die sich durch die Erosion laufend verändern.
Wir erreichen dieses Naturwunder, wenn wir mit dem Auto von Percha in nördliche Richtung bis Oberwielenbach und dann nach rechts, Richtung Platten, fahren. Wir erreichen einen großen **Parkplatz** (ca. 1400 m). Von dort führt der von der Naturparkverwaltung angelegte **Pyramidenweg (P)** über Stufen in den Wald hinein. In einem

gemütlichen Spaziergang erreichen wir diesem folgend unser Ziel. Kurz vorher kommen wir an einigen interessanten Skulpturen vorbei. Wir wandern weiterhin auf Weg P abwärts, bis wir den Weg Nr. 1 erreichen. Auf diesem marschieren wir Richtung Westen bis zum Thalerhof und über dessen alleeähnliche Zufahrt weiter bis zum aussichtsreichen Weiler Platten (Einkehrmöglichkeit Gasthof „Schönblick"). Auf der Straße kehren wir wieder zum Parkplatz zurück.

`16`

Die Erdpyramiden von Platten weisen besonders interessante Formen auf.

 Sehenswertes

Pfarrkirche St. Kassian in Percha, laut Josef Weingartner ein Hauptdenkmal des Pustertaler spätgotischen Kirchenbaustils. Im Inneren kann man ein sehr schönes Gewölbe bewundern, die Einrichtung ist neugotisch.
Auch die **Jakobskirche in Nasen** ist ein sehr schöner spätgotischer Bau mit einem riesigen Christophorusbild an der Außenwand und barockem Hochaltar.

Gleich dreimal sind in der **Johanneskirche von Wielenberg** die drei Jungfrauen Ambeth, Wilbeth und Borbeth abgebildet. Es handelt sich dabei um Figuren, deren Verehrung ihren Ursprung in der matriarchal geprägten vorchristlichen Vergangenheit hat.
Erdpyramiden von Platten: siehe „Natur pur"
Kräuterhof Hauserhof: siehe „Wegele fürs Wagele"

Öffentliche Verkehrsmittel

Percha kann mit der öffentlichen Buslinie Bruneck–Hochpustertal regelmäßig erreicht werden. Die verschiedenen Ortsteile können im Sommer nicht mit öffentlichen Verkehrsmitteln erreicht werden.

 ## Freizeitangebote

- **Tennis**: In der Sportzone von Percha kann auf zwei Kunstrasenplätzen gespielt werden. Reservierung erforderlich, Tel. 0474 40 14 50
- **Tischtennis** in der Sportbar in Unterwielenbach, Tel. 0474 40 14 50

 ## Spielplätze

Spielplätze findet man in der Gemeinde **Percha:**
- hinter dem Vereinshaus von Percha
- vor dem Pyramidencafe in Oberwielenbach
- beim Kindergarten in Unterwielenbach

 ## Veranstaltungen

Traditionelle Veranstaltungen in Percha sind die Kirchtagsfeste:
- Mitte August in Percha
- am zweiten Sonntag im Juli in Oberwielenbach
- am dritten Sonntag im Juli in Nasen

 ## Links/Infos

Tourismusverein Bruneck
Rathausplatz 7
39031 Bruneck
Tel. +39 0474 55 57 22
Fax +39 0474 55 55 44
info@bruneck.com
www.bruneck.com

OLANG

3035 Einwohner – 1048 m
46° 46' N – 12° 2' O

„Es breiten sich die reichsten Gefilde aus, mit lustigen Dörfern, ragenden Thürmen, und dem saftigsten Wiesengrün, das die Bergluft erzeugen kann. Die lauterste Atmosphäre, von streifenden Zugwinden gesäubert, spannt sich über die Landschaft, und die Mittelregion der Gebirge läuft in riesenhaften Kalkobelisken aus", so beschreibt Beda Weber (Schriftsteller und Theologe aus Lienz, 1798–1858) das Olanger Talbecken. Geologisch betrachtet liegt das Gebiet auf einem ausgedehnten Glazialschuttkegel, der hier den Brixner Quarzphyllit überlagert.

Urkundlich erstmals erwähnt wird der Name Olang um 830 als „Olianga". Vermutlich wurde die Gegend aber bereits von keltischen Volksstämmen um das 8.–6. Jahrhundert v. Ch. besiedelt, worauf Gräberfunde in der nahen Umgebung bei Rasen schließen lassen. Bedeutend sind die Funde aus der Römerzeit; bei **Bad Bergfall** wurden zahlreiche Münzen und beim heutigen Stausee ein römischer Meilenstein zutage gebracht (siehe „das Besondere"). Im Jahre 1202 wird erstmals die **Urpfarre Olang** erwähnt, die ein weites Gebiet von Prags über Unterwielenbach (Percha) bis Rasen umschloss. Der erste Schulunterricht ist im Jahre 1503 dokumentiert. Schwere Heimsuchungen waren eine Heuschreckenplage im Jahre

Olang im Frühling

1338 und verheerende Brandkata-
strophen in den Jahren 1723 und
1904; Letztere äscherte nahezu die
ganze Ortschaft Mitterolang ein.
Heute ist Olang ein bedeutender
Sommer- und Wintertourismus-
ort am Fuße des Kronplatzes.
Berühmt wurde der Ort durch die
erste Kunsteis-Rodelbahn Südtirols,
wo Ende des 20. Jahrhunderts
Welt- und Europameisterschaften
ausgetragen wurden (heute nicht
mehr in Betrieb). Seit dem Jahre
1980 ist Olang Teil des **Naturparks „Fanes-Sennes-Prags"**.
Dieser umfasst mit den eingebundenen Arealen der Gemeinden

Abtei, Enneberg, Olang, Prags,
Toblach und Wengen eine Fläche
von 25.680 Hektar, davon liegen
1560 Hektar in Olang. Seit 2009 ist
der Naturpark **Unesco-Weltnaturerbe** (siehe Enneberg, „Natur pur").
Das Gemeindegebiet von Olang mit
den Fraktionen Niederolang, Mitterolang, Oberolang und Geiselsberg
erstreckt sich auf einer Fläche von
48,95 Quadratkilometern.

Die Nachbargemeinden sind:
• im Norden Rasen-Antholz
• im Osten Welsberg
• im Süden Prags
• im Westen Bruneck und Enneberg

Piz da Peres

Gesamtgehzeit: ca. 3½−4 Std.
Höhenunterschied: 748 m
Schwierigkeit: leicht
Jahreszeit: Frühsommer bis
Spätherbst
Einkehrmöglichkeiten: Alpen-
hotel Restaurant Ju Furcia nahe der
Talstation der Kabinenbahn Pre da
Peres am Furkelpass

17

Das Olanger Talbecken wird im
Süden von einer eindrucksvollen Ge-
birgsmauer abgeriegelt. Diese 6 km
lange Bergkette wird oft als „Olanger
Dolomiten" bezeichnet, deren höchs-
ter Berg im Osten der Maurerkopf
(2567 m) und deren westlichster
Berg der **Piz da Peres** (2507 m) ist.
Von Olang aus erscheint der Piz da
Peres recht unnahbar; man glaubt
kaum, dass man ihn recht mühelos
besteigen kann.

Wegverlauf
Ausgangspunkt ist der **Furkelsattel** (1758 m), den wir von Olang
in südwestlicher Richtung über die

Fraktion Geiselsberg erreichen. Bei einem kleinen Parkplatz kurz vor dem Sattel beginnt der Weg Nr. 3, dem wir Richtung Osten folgen. Auf einer Forststraße gelangen wir bis zu einer Sandgrube, hernach wird der Weg Nr. 3 schmaler; er führt uns durch Wald, später durch eine Geröllrinne aufwärts bis zur **Dreifingerscharte** (2330 m). Hier zweigen wir rechts ab Richtung Westen und gelangen über einen begrasten Bergrücken bald zum Gipfelkreuz des Piz da Peres. Ein gewaltiger Rundumblick von den Zillertaler Alpen im Norden bis zu den Dolomiten im Süden belohnt unseren Aufstieg. Der Rückweg erfolgt auf dem Hinweg.

Tipp

Von der Dreifingerscharte führt der Weg Nr. 3 an der Südseite der Dreifingerspitze nahezu auf gleicher Quote zu einem kleinen Sattel, 2350 m. Von diesem gelangt man, indem man rechts etwa 100 Meter absteigt, zu einem malerischen Hochalpensee. Rückweg auf dem Hinweg; insgesamt muss man ca. 1 Std. für diesen „Umweg" einplanen.

17

Ju Furcia

Furkelsattel
1758

P

3

Dreifingerlahne

2507
Piz da
Peres

12

3

2330
Dreifinger-
scharte

Dreifingerspitze
2479

3

Hochalmsee

2283
Kreuzjoch

Olanger Oberwiesen und Olanger Stausee

Gesamtgehzeit: 1) variabel, 2) 1–1½ St.
Höhenunterschied: gering
Schwierigkeit: leicht
Gesamtstreckenlänge: 1) variabel, 2) von Neu-Goste bis zum Ostrand des Stausees ca. 1,2 km
Jahreszeit: Frühling bis Frühwinter
Einkehrmöglichkeiten: 1) mehrere Einkehrmöglichkeiten in den Dörfern Mitter- und Oberolang, 2) keine

Olang mit Blick nach Rasen

Gleich zwei Wegstrecken wollen wir hier vorstellen, die leicht begehbar sind und keine Orientierungsschwierigkeiten aufweisen. Der erste Vorschlag bietet weite Ausblicke über Olang und seine Umgebung, während der zweite in romantische Ecken entlang des Stausees führt.

Wegverlauf
1) Die Wege bei den „**Oberwiesen**" zwischen Mitter- und Oberolang sind ideal für den Kinderwagen. Die „Oberwiesen" liegen westlich von Oberolang bzw. südlich von Mitterolang und sind weithin sichtbar. Man kann nun nach Belieben die Quer- und Längswege benutzen; dabei möge man sich an die Wege Nr. 6 und 32 halten. Da das gesamte Gelände leicht einsehbar ist, stellt die Orientierung kein Problem dar.
2) Einen beschaulichen Wageleweg gibt es am **Südufer des Olanger Stausees**. Hierzu begibt man sich von Oberolang auf dem Weg Nr. 21 nordöstlich nach Neu-Goste, wo nach der Bahnunterführung der Wageleweg rechts abbiegt und direkt ans Südufer des Stausees führt, dem man nun in östlicher Richtung entlangspaziert. Nach Belieben kann man nach dem Ostende des Sees noch weiterwandern und die Rienz ihrem Ufer entlang bis zum sogenannten Wasserfeld begleiten (Richtung Welsberg). Rückweg auf dem Hinweg.

Rundtour Olang–Furkelpass

Der Furkelpass (1758 m) südwestlich von Olang bildet den Übergang von Olang nach Enneberg. Die **Rundtour zum Furkelpass** ist abwechslungsreich und bei Mountainbikern sehr beliebt.

Wegverlauf

Vom Ortszentrum in **Mitterolang** folgen wir der Straße 100 Meter Richtung Westen, überqueren die Straße, biegen links ab, dann gleich wieder rechts und gelangen so in die „Oberwiesen". Nun auf Weg Nr. 32 in südlicher Richtung, bis wir rechts abbiegend auf die Straße nach **Gassl** gelangen. Bei der Kreuzung in Gassl folgen wir nicht der Straße, die rechts zum Pass abzweigt, sondern bleiben auf der Straße, die nach Bad Bergfall führt. Beim **Gasthof Bad Bergfall** angelangt, folgen wir dem Forstweg Nr. 32, der rechts neben dem Gasthof weiterführt. Bald darauf überqueren wir eine Brücke und fahren geradeaus weiter (die zwei folgenden, links abbiegenden Wege ignorieren) bis zu einer markanten Linkskehre, bei der wir rechts abbiegen und der Beschilderung

Gesamtfahrzeit: 1 ½ – 2 Std.
Gesamtlänge: ca. 20 km
Höhenunterschied: 780 m
Schwierigkeit: mittel
Jahreszeit: Frühling bis Herbst
Einkehrmöglichkeiten: Gasthof Bad Bergfall, Berggasthof Trattes, Alpenhotel Restaurant Ju Furcia

Berggasthof Trattes folgen. Wir fahren nun für ca. 300 Meter abwärts, überqueren eine Brücke und gelangen auf einen steil ansteigenden Steig (einige Tragepassagen!). Beim **Berggasthof Trattes** angekommen, fahren wir in nordöstlicher Richtung weiter und stoßen bald auf die Straße zum **Furkelpass**, wo wir links abbiegen und dieser bis zum Pass folgen. Für den Rückweg bleiben wir auf der Passstraße und radeln über **Geiselsberg** direkt nach Mitterolang zum Ausgangspunkt.

17

Zur Angerer- und Lanzwiesenalm

Die Olanger Dolomiten, die vom Piz da Peres bis zum Hochalpenkopf das Dorf Olang von Süden her zu beschützen scheinen, wirken auf ihrer Nordseite recht abweisend. Umso lieblicher zeigen sich die sanften Wiesen um die **Angerer- und Lanzwiesenalm** am Fuße des Maurerkopfes.

Lanzwiesenalm

Wegverlauf

Wir starten in Oberolang und folgen der Straße, die an der orografisch linken Seite des Riesbaches Richtung Süden führt (diese Strecke bis kurz vor den Riederhöfen ist auch mit dem Auto befahrbar; kleiner Parkplatz). Bei der Wegbeschilderung zur Lanzwiesenalm biegen wir rechts ab auf den Weg Nr. 6a und wandern, an den **Riederhöfen** vorbei, durch den Wald leicht ansteigend zur ersten Lichtung. Hier

Gesamtgehzeit: 3 ½ Std.
Höhenunterschied: 663 m
Schwierigkeit: leicht, teilweise etwas steil
Jahreszeit: Sommer bis Herbst
Einkehrmöglichkeiten: Angerer Alm, Lanzwiesenalm

haben wir bereits unser erstes Ziel, die **Angereralm** (1401 m) erreicht. Für den Weiterweg nutzen wir den Weg Nr. 6a, der uns nun i n südwestlicher Richtung ansteigend wiederum durch den Wald führt. Nach ca. 2 Stunden ab Ausgangspunkt gelangen wir zur **Lanzwiesenalm** (1823 m). Die Ausdehnung der Almfläche ist beträchtlich; zudem bietet die Alm weite Ausblicke in die umliegende Bergwelt. Rückweg wie Hinweg.

Öffentliche Verkehrsmittel

Zuglinie: Franzensfeste–Lienz; Bahnhof in Olang
Buslinien: Brixen–Bruneck–Innichen; im Sommer Busverbindung nach Triest. Bustransfer Treviso Airport
Buslinie Bruneck–Antholz–Olang; Linie Nieder-/Mitter-/Oberolang bis Geiselsberg; Info: Tel. 840000471, www.sii.bz.it, info@sii.bz.it
Skibus im Winter

Freizeitangebote

- **Angeln** am Stausee in Oberolang und an der Rienz bis Percha. Info im Hotel Seeberg in Welsberg, Tel. 0474 9 44 57 1
- **Bibliothek:** in Mitterolang, K.-Gamper-Weg 5, Tel. 0474 49 71 12; in Geiselsberg, geöffnet am Sonntag von 11 bis 12 Uhr
- **Eislaufen:** Natureisplätze Niederolang und Oberolang
- **Fahrradverleih:** Rent and go, Mitterolang, Florianiplatz 15, Tel. 0474 49 80 38, Mobil: 347 9 44 28 08, www.sportrent.it
- **Golf**: Zwei 9–Loch-Anlagen, eine 3-Loch-Anlage; Info im Tourismusverein
- **Grillstelle** in Oberolang; Reservierung im Tourismusverein
- **Kegeln**: Outdoor beim Hotel Bad Bergfall, Tel. 0474 59 20 84
- **Langlauf**: doppelt gespurte Loipen mit einer Länge von 10 bis 15 km; 5 km Kunstschneegarantie
- **Minigolf** im Park in Niederrasen

- **Paragliding**: Info bei Robby Amhof, Tel. 0474 59 20 67
- **Reiten und Pferdekutschenfahrten** beim Tolderhof in Oberolang, Tel. 0474 49 84 51
- **Rodelbahn**: Brunstalm, Länge 7 km; Angereralm, 3 km; Panoramabahn, 1 km
- **Schwimmen**: geheiztes Freibad in der Sportzone von Niederolang, Mobil: 349 52 67 467
- **Skilauf**: Skigebiet Kronplatz mit 31 Aufstiegsanlagen und bis zu 6,5 km langen Talabfahrten; Info im Tourismusverein
- **Tennis**: je 2 Sand- und Kunstrasenplätze in der Sportzone von Niederolang, Tel. 0474 49 60 91
- **Trimm-dich-Pfad:** 2 km in Oberolang
- **Volleyball** beim Freibad in Niederolang
- **Wandern**: wöchentlich geführte Wanderungen von Mai bis Oktober; Info im Tourismusbüro

17

 Sehenswertes

An der Straße von Mitterolang nach Geiselsberg sticht das „**Spitzige Stöckl**" ins Auge. Das pyramidenähnliche Bauwerk mit geschindeltem Spitzdach entstand um das Jahr 1460 und zeigt sakrale Fresken. Der Bildstock weist eine sehr eigenwillige Form auf und ist das stille Wahrzeichen von Olang. Es ist nicht allzu lange her, dass noch Prozessionen von Gläubigen zum „Spitzigen Stöckl" führten, um den Ablass zu

erbitten; diesen uralten Brauch nannte man „Klenker".

Ebenso sehenswert ist die **Pfarrkirche zu Maria Himmelfahrt** von Oberolang, die im Jahre 1472 geweiht und im Laufe der Jahrhunderte einige Male umgebaut wurde. Beeindruckend ist das **Christophorus-Fresko** aus dem 17. Jahrhundert an der westseitigen Fassade der Kirche. Das Fresko mit den gewaltigen Ausmaßen von 8 x 3,25

Metern zeigt den hl. Christophorus, den Schutzheiligen der Fahrenden und Pilger. Der Volksglaube riet vor längeren Reisen das Bildnis des segensreichen Wegbegleiters andächtig zu betrachten, um vor dem Tode sicher zu sein. Die **Kirche zum hl. Ägidius** in Mitterolang wurde im Jahre 1404 geweiht und vermutlich an der Stelle einer bereits 1138 geweihten Ägidiuskapelle erbaut. Beeindruckend ist der prächtige Hochaltar aus dem Jahre 1679.

Am Hauptplatz von Mitterolang wurde dem Tiroler Schützenhauptmann **Peter Sigmayr** (1775–1810) ein Denkmal errichtet, das 1910 der österreichische Thronfolger Erzherzog Franz Ferdinand (1863–1914) enthüllte. Sigmayr ging als Freiheitskämpfer in die Geschichte Tirols ein: Im Zuge der napoleonischen Kriege fiel Tirol im Jahre 1805 an Bayern, das mit Frankreich verbündet war. Die harte Unterjochung durch die Fremdherr-

☺ Das Besondere

Beim Bau des Elektrowerkes Goste im Jahre 1958 machte man einen sensationellen archäologischen Fund: Im Zuge der Grabungsarbeiten kam ein römischer **Meilenstein** ans Tageslicht. Der gut erhaltene Granitstein weist eine Höhe von 2,33 Metern und einen Durchmesser von ca. 40 Zentimeter auf. Seine Inschrift besagt, dass Kaiser Septimius Severus (193–211 n. Chr.) alte oder verfallene Meilensteine wieder aufrichten ließ; die Errichtung dieses Olanger Meilensteins geht vermutlich auf das Jahr 201 n. Chr. zurück. Die Übersetzung des eingemeißelten Textes lautet: „Kaiser L Septimius Severus Pius Pertinax Augustus, der Überwinder der Araber, Adiabener und Parther, der großmächtigste Pontifex maximus, mit tribunizischer Gewalt ausgestattet zum neunten Mal, Imperator zum zwölften Mal, Konsul zum zweiten Mal, Vater des Vaterlandes, Prokonsul, und Kaiser M. Aurelius Antonius Pius Augustus,

mit tribunizischer Gewalt ausgestattet zum vierten Mal, Prokonsul XXXXXX, haben die durch Alter verfallenen Meilensteine wiederhergestellt unter der Aufsicht des M. Juventius Surus Prokulus, des Legaten mit proprätorischer Gewalt. Von Agunt XXXXV Meilen." Die 45 Meilen (67,5 km) bedeuten die tatsächliche Entfernung zur römischen Stadt Aguntum bei Lienz im heutigen Osttirol. Aguntum erreichte seine Blütezeit im 1. und 2. Jahrhundert n. Chr., wurde unter Kaiser Claudius zur Stadt erhoben und fortan Municipium Claudium Aguntum genannt. Heute kann man noch die Ruinen der Stadtmauer, eines Atriumhauses, einer Therme und des Handwerkerviertels bewundern (in Dölsach, 4 km östlich von Lienz, Tel. +43 4852 61550, www.aguntum.info). Der römische Meilenstein ist in Oberolang im Ortsteil Seefeld wieder aufgestellt worden und kann

schaft führte in Tirol zu Aufständen, im Laufe derer französische und bayerische Truppen arge Niederlagen erlitten. Die französische Kommandatur beschloss daraufhin, gegen die Anführer der Tiroler Freiheitskämpfer vorzugehen, unter anderem suchte man nach dem Tharerwirt Peter Sigmayr, der aber bereits die Flucht ergriffen hatte und sich am Ringlerhof in Geiselsberg versteckt hielt. Infolge seines Untertauchens ließ man nun Peters Vater verhaften und drohte diesen zu erschießen, falls sein Sohn sich nicht innerhalb von drei Tagen stellen würde. Als diese Kunde Peter Sigmayr zugetragen wurde, stellte er sich freiwillig und wurde kurz darauf erschossen.

heute dort besichtigt werden. Auch bei **Bad Bergfall** wurden bedeutende archäologische Funde aus der Römerzeit gemacht: Reste eines römischen Badebeckens sowie Schmuckstücke und Münzen aus der Ära der Kaiser Vespasian (reg. 69–79), Titus (reg. 79–81) und Domitian (reg. 81–96). Berühmtheit erlangte Bad Bergfall aber vor allem wegen seiner schwefel- und eisenhaltigen Quelle, die bei „Hüfftwehe, Ischiatica, versalztnes Geblüeth, und weibliche Zustand" wahre Wunder vollbracht haben soll. Das Badehaus Bad Bergfall wurde um 1730 errichtet, war in seiner Blütezeit um 1900 eines der meistbesuchten Bäder Tirols, musste aber um die Mitte des 20. Jahrhunderts aufgelassen werden. Seit rund zehn Jahren ist der Badebetrieb wieder aufgenommen worden, Info: Gasthof Bad Bergfall, Tel. 0474 59 20 84. Im Gegensatz dazu ist das nahe **Bad Schartl** heute nicht mehr der Öffentlichkeit zugänglich. Seine eisenhaltige Quelle soll bei Magenleiden und Hautausschlägen Linderung gebracht haben. Es war recht bescheiden ausgestattet und mehr ein Ort der Geselligkeit als ein Kurbad. Der Jurist und Tiroler Dichter Hermann von Gilm zu Rosenegg (1812–1864) war hier Stammgast und Mitglied der legendären Schartl-Zecher-Runde. In seinen von 1842 bis 1845 entstandenen Schartl-Liedern hat er dies köstlich verewigt: „Das zweite Glas der schönen Stell', hier oben auf der Scharte, wo Alpenduft und Bergesquell nicht eine Gabe sparte. Das dritte Glas der Frau, geliebt von Alter und von Jugend, die Gastfreundschaft hochherzig übt, die erste deutsche Tugend." Entlang des Furkelbaches wurde bis zum Jahre 1962 Kalk gebrannt. Im Bereich von Bad Bergfall, am Furkel- und Mühlbach waren einst sieben **Kalkbrennöfen** in Betrieb. Leider ist diese jahrhundertealte Tradition mittlerweile eingestellt, man kann hier aber noch Reste der Kalkbrennöfen besichtigen.

17

Fröhliche Bleichgesichter beim Indianerfest für Kinder

 ### Veranstaltungen

• Weinkost Mitte Juli: Über hundert Spitzenweine der Südtiroler Weinkellereien laden in Mitterolang zur Verkostung ein, dazu werden Südtiroler Krapfen serviert, gebacken von Bäuerinnen aus der Umgebung.
• Olanger Standlschmaus von Mitte Juli bis Mitte August: Im Dorfzentrum von Mitterolang wird eine Art Küche unter freiem Abendhimmel veranstaltet; dabei werden typische Südtiroler Gerichte angeboten.
• Kräuterwanderungen
• Brotbackkurse
• Blasmusikkonzerte
• Sommerfeste
Infos im Tourismusverein

 ### Spielplätze

– in Mitterolang im St.-Agidius-Weg
– in Oberolang in der Aue und an der Grillstelle
– in Niederolang in der Rienzstraße

 ### Links/Infos

Tourismusverein Olang
Gemeindehaus
39030 Mitterolang
Tel. + 39 0474 49 62 77
Fax +39 0474 49 80 05
info@olang.com
www.olang.com

RASEN-ANTHOLZ

 2840 Einwohner – 1030 m
46° 51' N – 12° 6' O

Die Siedlungsgeschichte im Gebiet Rasen-Antholz reicht bis in die Hallstattzeit (8.–6. Jh. v. Chr.) zurück, wie bedeutende archäologische Ausgrabungen bei Niederrasen belegen. In über achtzig **Gräberfeldern** fand man Gebrauchsgegenstände und Waffen aus dieser Zeit; sonderbar erscheint ein Paar Steigeisen, die man in einem Grab neben Fibeln und Schalen entdeckte. Sensationell ist auch der jüngste Fund von Socken und Beinkleidern nahe der Rieserfernerhütte (2800 m) am Jochübergang vom Antholzer- ins Tauferer Tal. Das Alter der Fundstücke konnte mittels Radiokarbonmethode herausgefunden werden: Sie sind nicht weniger als 2700 Jahre alt.
Urkundlich scheint der Ort mit dem Namen Resina im Jahre 1150 erstmals auf.

In späterer Zeit ist die Geschichte von Rasen eng verbunden mit dem Geschlecht der **Herren von Rasen**, das sich von Beginn des 13. Jahrhunderts bis 1549 nachweisen lässt. Dieser Familie wird der Bau der Burg Altrasen im Jahre 1210 zugeschrieben. Aus dem Jahre 1307 stammt eine erste Erwähnung des Gerichts Altrasen, welches jedoch zusammen mit der Burg Altrasen im Jahre 1553 an die Herren von Welsperg (siehe Welsberg) überging.
Die **Pfarrkirche zum hl. Johannes** in Niederrasen ist im Jahr 1070 erstmals dokumentiert. Sie unterstand zunächst der Mutterpfarre Olang; erst 1786 wurde Rasen eine selbstständige Pfarrei.

Das Antholzertal

Der Name für Antholz, „Entholz", lässt sich im Jahr 1050 erstmals nachweisen; er wird mit „jenseits des Waldes" oder „im Gehölze" gedeutet. Die **Pfarrkirche zum hl. Georg** wird im Jahre 1220 erstmals erwähnt.

Das Bauernbad Salomonsbrunn, das um 1900 eines der meistbesuchten Heilbäder des Landes war, dürfte bereits im 15. Jahrhundert über die Ortsgrenzen hinaus bekannt gewesen sein.

Heute ist der Name Antholz weltbekannt aufgrund der Austragung der **Weltmeisterschaften im Biathlon** 2007 und jährlich stattfindender Weltcuprennen. Das Tal von Rasen nach Antholz bis zum Staller Sattel (2050 m), einem Passübergang ins Defereggental in Osttirol, weist eine Länge von 21 Kilometern auf. Das Gemeindegebiet Rasen-Antholz umfasst eine Fläche von 120,92 Quadratkilometern und zählt sechs Fraktionen: Der kleine Ort Neunhäusern (1006 m) liegt eigentlich im Pustertaler Haupttal und besteht nicht bloß aus neun Häusern, wie es der Name nahelegen würde. Der erste Ort am Taleingang ist Niederrasen (1030 m), es folgen Richtung Norden Oberrasen (1090 m), Antholz-Niedertal (1135 m) und Antholz-Mittertal (1230 m). Antholz-Obertal (1532 m) im Talschluss ist eigentlich keine geschlossene Ortschaft, sondern eine Streusiedlung.

Die Nachbargemeinden sind:
• im Norden St. Jakob in Defereggen (Österreich)
• im Osten Gsies und Welsberg
• im Süden Olang
• im Westen Sand in Taufers, Percha und Bruneck

Rote Wand

Die **Rote Wand** (2818 m) nahe des Staller Sattels (2052 m) ist ein sehr schöner Wanderberg des Antholzer Tales und trotz seiner beachtlichen Höhe problemlos begehbar.

Gesamtgehzeit: 5 Std.
Höhenunterschied: 780 m
Schwierigkeit: leicht; im Gipfelbereich Trittsicherheit erforderlich
Jahreszeit: Sommer bis Frühherbst
Einkehrmöglichkeiten: beim Antholzer See: Restaurant Huberalm, Restaurant am See, Residence Seehaus, Restaurant Biathlon Inn; am Staller Sattel: Oberseehütte

18

Gipfelrast auf der Roten Wand (2818 m)

Wegverlauf
Ausgangspunkt ist der **Staller Sattel** (2050 m); bis hierher gelangen wir auf der Fahrstraße ab dem

Talschluss. Am Gipfelaufbau ist
Vorsicht geboten, da der Unter-
grund etwas felsig und rutschig ist.
Vom Gipfel genießt man eine weite
Sicht über das Antholzer Tal, in die
Rieserferner-Gruppe und ins Staller
Tal. Warum der Berg diesen Namen
trägt? Im rötlichen Gestein des
Gipfelbereiches ruht die Antwort.
Rückweg auf dem Hinweg.

Tipp

Am Staller Sattel können wir noch
einen gemütlichen Rundgang um
den Obersee (2041 m, Einkehrmöglichkeit Oberseehütte) machen, der
sich unmittelbar nördlich auf öster-
reichischem Boden befindet.

Antholzer See (ampelgeregelter
Einbahnverkehr). Am Sattel wenden
wir uns ostwärts und wandern
auf dem Weg Nr. 7 steil aufwärts
ins **Agstal**. Wir gelangen bald in
sanfteres Gelände und gehen bis zu
einer Abzweigung (2461 m), wo wir
rechts den Weg Richtung Westen
einschlagen. Vorbei an einem See
folgen wir dem Steig Richtung

`18`

Oberseehütte
Obersee
Staller Sattel
2050
Hinterberg-kofel
2726
Hintermontal
Agstal
Rote Wand
2818
Edelweiss-knopf
2768
2461
Hexenscharte
2643
Regelspitze
2775
2755
Höllenstein

Oberrasen — Antholz-Niedertal

Abgesehen vom Talschluss beim Antholzer See ist das Gebiet an der orografisch linken Talseite von **Oberrasen nach Antholz-Niedertal** eines der schönsten im Talboden. Es gibt hier zahlreiche Feld- und Wiesenwege, die auch für Kinder und Senioren leicht begehbar sind.

Gesamtgehzeit: 2½–3 Std.
Höhenunterschied: ca. 70 m
Schwierigkeit: leicht
Jahreszeit: Frühling bis Spätherbst
Einkehrmöglichkeiten: in Oberrasen und in Antholz-Niedertal

Wegverlauf

Ausgangspunkt für unseren Wageleweg ist **Oberrasen**, wo wir am nordöstlichen Dorfende auf den Weg Nr. 1 stoßen, der uns taleinwärts zum Biotop **Rasner Möser** führt. Wir können uns dort die Zeit nehmen, das Biotop auf dem **Naturlehrpfad** näher zu erkunden (siehe „Natur pur"). Nach dem Biotop biegt der Weg Nr. 1 nach links Richtung Westen ab und führt bis zum Bachufer des Antholzer Baches.

Dort biegen wir schließlich nach rechts ab und gelangen so nahezu eben bis nach Antholz-Niedertal. Auf dem Rückweg bietet sich an, immer auf dem Weg direkt am Bachufer zu bleiben (also nicht nach links zum Biotop abzubiegen): Dieser Weg bringt uns direkt zurück zum Ausgangspunkt. Die Wegstrecke von Oberrasen bis Antholz-Niedertal beträgt ca. 6 km.

 ## Rasen — Antholzer See

Um das ganze Landschaftsbild und den Charakter des Tales **von Rasen nach Antholz** an einem Tag kennenzulernen und zu erleben, steigt man am besten auf den Drahtesel. Radelnd hat man genügend Zeit, nicht zuletzt auch, um an so mancher romantischen Ecke eine kurze Rast einzulegen.

Gesamtfahrzeit: 2½ Std.
Gesamtlänge: 24 km
Höhenmeter: ca. 600 m
Schwierigkeit: leicht
Jahreszeit: Frühsommer bis Spätherbst
Einkehrmöglichkeiten: Gasthöfe in den Dörfern

Wegverlauf

Wir starten in **Niederrasen** beim Tourismusbüro und fahren durch das

Ortszentrum bis nach Oberrasen. Hier radeln wir links bei der Kirche vorbei, biegen am Dorfende nach

Der malerische Antholzer See

rechts ab und folgen den weißgrü-
nen Radwegschildern „Biotoprunde".
Wir durchqueren die **Rasner
Möser** und halten uns anschließend
geradeaus taleinwärts. Wir fahren
immer am Waldrand entlang und
gelangen zu den **Walderhöfen**.
Hier biegen wir nach links ab, fahren
bei der nächsten kleinen Kreuzung
geradeaus und gelangen so zur
Sportzone von Antholz-Niedertal, wo
wir nach rechts abbiegen. Wir radeln
nun immer an der orografisch linken
Bachseite entlang taleinwärts bis
zum **Weiler Dörfl**, wo wir links abbiegen, eine Brücke überqueren und
bald auf die alte Dorfstraße stoßen.
Hier zweigen wir nach rechts ab und
kommen auf die Antholzer Hauptstraße, der wir, vorbei am Riepenlift,
bis zur nächsten Abzweigung nach
links folgen. Auf der alten Dorfstraße
geradeaus bleibend durchfahren wir

Antholz-Mittertal; beim **Fischer-
hof** am Dorfende biegen wir nach
rechts ab und stoßen so wieder
auf die Hauptstraße. Wir bleiben
nun auf der Hauptstraße, gelangen
nach **Antholz-Obertal** und folgen
der Straße taleinwärts, bis wir am
Antholzer See, unserem Ziel,
ankommen.
Für die Rückfahrt ist es empfehlenswert, auf der Hauptstraße
zu bleiben, die uns zurück nach
Niederrasen führt. Für Kinder ist
die Etappe von Antholz-Niedertal
bis zum See wegen des Verkehrs
auf der Hauptstraße nicht geeignet. In diesem Fall sollte man die
Fahrt beim Weiler Dörfl beenden
und denselben Rückweg antreten;
die Strecke von Oberrasen nach
Antholz-Niedertal hingegen ist für
Kinder gut geeignet, da sie relativ
eben und verkehrsfrei ist.

18

Biotop Rasner Mösner im Naturpark Rieserferner-Ahrn

Das Moor an der Ostseite des Taleinganges gab dem Ort Rasen seinen Namen. Der Wortstamm „ras" ist keltischen Ursprungs und bedeutet Moor, Sumpf. Früher war das Sumpfgebiet weit ausgedehnter, doch in den Jahren um 1960 errichtete man zahlreiche Entwässerungsgräben, um Ackerland zu gewinnen. Restbestände des Moores wurden 1973 unter Schutz gestellt und bilden heute das ca. 23 Hektar große **Biotop Rasner Möser**. Die Vielfalt an Flora und Fauna ist beeindruckend, nur hier gedeiht beispielsweise der Sonnentau, die einzige fleischfressende Pflanze, die wir in Südtirol vorfinden. Ein **Rundlehrpfad** leitet den Besucher durch das Gelände; auf Schautafeln werden die Besonderheiten des Rasner Biotops erklärt. Ein gut beschilderter Wanderweg mit dem Hinweis „Biotop" führt vom Kulturhaus in Oberrasen taleinwärts hierher. Einschließlich Rückweg benötigt man ca. 2 Gehstunden, Einkehrmöglichkeit gibt es keine. Der Weg ist für

 Das Besondere

Fährt man durch das grüne Tal von Rasen nach Antholz, so steigern sich die landschaftlichen Szenarien wie in einem spannenden Film. Die eindruckvollsten Bilder sehen wir am Talschluss, wenn sich plötzlich der **Antholzer See** (1642 m) zeigt. Umzäunt von den mächtigen Rieserferner Bergen und umkränzt von dichten Fichtenwäldern, scheint der See sich fast verstecken zu wollen, damit man seine Ruhe nicht störe. Er ist der drittgrößte See Südtirols, 980 Meter lang, 710 Meter breit und 37 Meter tief; seine Fläche beträgt 42 Hektar. Bis in das Jahr 1806 war er Eigentum des Bistums Brixen, das hier zudem das Fischerei- und Jagdrecht besaß. Heute ist der See in Privatbesitz. Der südöstliche Bereich, wo sich auch ein **Damhirschgehege** befindet, ist durch eine Fahrstraße erschlossen. Das nordwestliche Seeufer hingegen umsäumt ein wildromantischer Steig. Für einen Seerundgang wendet man sich beim Parkplatz am Südufer des Sees nach links und gelangt auf dem Steig Nr. 11 in den Wald zum Seerestaurant bzw. zur Enzianhütte und auf der Fahrstraße zurück zum Ausgangspunkt. Für die gesamte, 3 km lange Seeumrundung benötigt man ca. 1½ Stunden. Ein Teil des Rundweges wurde als **Naturerlebnispfad** eingerichtet („siehe Natur pur"). Dort erfährt man Näheres zu den verschiedenen Baumarten und lernt die Namen der umliegenden Berge kennen. Freilich wird auch die Sage von der Entstehung des Antholzer Sees erzählt. Im Winter führt im Bereich des Südostufers eine Langlaufloipe vorbei.

18

jedermann leicht begehbar.

Ein Großteil der westlichen Talflanke von Rasen-Antholz (orografisch rechts) gehört zum **Naturpark Rieserferner-Ahrn**. Der seit 1988 ausgewiesene Naturpark umschließt zusammen mit den Arealen in den Gemeinden Sand in Taufers, Gais, Percha, Ahrntal und Prettau eine Ausdehnung von 3135 Quadratkilometern. Mit dem angrenzenden Nationalpark Hohe Tauern (1786 m^2) und einem Ruhegebiet am Zillertaler Hauptkamm (372 km^2 bedeutet dies den **größten Schutzgebietsverbund Europas.**

Der Anteil der Gemeinde Rasen-Antholz am Naturpark Rieserferner-Ahrn beträgt 4683 Hektar. Seit dem Jahre 2003 gibt es entlang des Antholzer Sees einen **Naturerlebnisweg** mit 16 Stationen (siehe „Das Besondere").

18

Einkehrmöglichkeiten:
Restaurant Huberalm, Tel. 0474 49 23 43;
Restaurant am See, Tel. 0474 49 22 52;
Residence Seehaus, Tel. 0474 49 23 42;
Restaurant Biathlon Inn, Tel. 0474 49 22 80.

◎ **Sehenswertes**

Die **Antoniuskapelle**, ein auffällig rosa getünchtes Gebäude am Taleingang, wurde im Jahre 1704 eingeweiht. Der viel besuchte Wallfahrtsort birgt interessante Votivgaben, die ins 17. Jahrhundert zurückreichen. Sie ist dem hl. Antonius von Padua geweiht und wird im Volksmund „Tonignstöckl" oder „Kerlastöckl" genannt. Der Legende nach befand sich hier einst die versunkene Stadt Kerla. Sie soll durch den Ausbruch eines Sees nahe Welsberg überschwemmt worden sein. Nur das Gotteshaus blieb verschont und steht heute noch; mehr weiß man nicht über die sagenhafte Stadt. Allerdings stieß man in der Neuzeit beim Pflügen der Äcker im Nahbereich der Kapelle nicht selten auf Mauerreste, was einen Zusammenhang mit Kerla vermuten lässt.

Die **Burgruine Altrasen in Niederrasen** wurde um 1210 erbaut und war Stammsitz der Herren von Rasen, mit deren letztem Spross Kaspar von Rasen das Geschlecht 1549 erlosch. Bereits 1259 ging die Burg an die Grafen von Görz, 1500 an die Herren von Wolkenstein und 1553 an die Herren von Welsperg, die sie ab dem 17. Jahrhundert verfallen ließen. Heute sind nur mehr Bruchstücke erhalten. Zur Ruine führt der beschilderte Wanderweg Nr. 20; Ausgangspunkt bei der Kirche Niederrasen; Gehzeit (für Hin- und Rückweg): ca. 1 Stunde; 150 Höhenmeter.

Die **Burg Neurasen in Oberrasen** erbaute Ulrich von Rasen im Jahre 1230. Rund hundert Jahre später

wurde sie verpfändet; daraufhin wechselte sie mehrmals den Besitzer. Im Jahre 1608 ging sie an Balthasar von Welsperg über, dem die Auflage, die Burg „in gueter huet und wirden zu erhalten", wohl einerlei war, denn bereits 1680 war die Burg verfallen. Die noch erhaltenen Mauerreste wurden jüngst vorbildlich restauriert. Auf dem blau-weiß beschilderten Weg Nr. 3 erreicht man die Ruine vom Dorfzentrum aus in westlicher Richtung; Gehzeit (für Hin- und Rückweg): ca. 2 ½ Std.; ca. 240 Höhenmeter.

Der **Edelsitz Heufler** in Oberrasen wurde um 1580 von den Freiherren von Hohenbühl erbaut, die sich fortan „Heufler zu Rasen" nannten. Seit dem 17. Jahrhundert gab es mehrere Besitzerwechsel. Heute ist der Ansitz in privaten Händen und wird als Hotel- und Restaurantbetrieb geführt (Tel. 0474 496218). Sehenswert ist die „Herrenstube" mit dem Getäfel im Renaissancestil, sie zählt zu den bedeutendsten herrschaftlichen Wohnräumen Südtirols. Kurz vor Antholz-Niedertal liegt **Bad Salomonsbrunn.** Im Jahre 1599 wurde seine radonhaltige Quelle erstmals erwähnt, sie soll Heilerfolge bei Gelenkserkrankungen erzielt haben. Es wurde auch als Weiberbad bezeichnet, da es bei Unfruchtbarkeit wahre Wunder vollbracht haben soll. Um 1900 galt es als eines der meistbesuchten Heilbäder Südtirols; heute wird es als Wellnesshotel geführt (Tel. 0474 492199).

18

Freizeitangebote

- **Angeln** im Antholzer Bach, Tageskarten beim Hotel Bad Salomonsbrunn, Tel. 0474 492199
- **Basketball:** Kunstrasenfeld in der Sportzone Antholz-Mittertal
- **Biathlonzentrum** in Antholz-Obertal, Tel. 0474 492390, www.biathlon-antholz.it
- **Bibliothek** im Pfarrhaus Niederrasen, Tel. 0474 497250, und als Zweigstellen in den Grundschulen Antholz-Mittertal und -Niedertal
- **Boccia** im Freizeitpark Niederrasen, Mobil: 338 4714070
- **Eislaufen:** Natureisplatz in Niederrasen und Oberrasen; beim Camping Antholz, Tel. 0474 492204
- **Fahrradverleih**: Sport Bergfuchs, Tel. 0474 498350
- **Grillstelle** in Oberrasen
- **Kneipp-Anlage** im Funpark Niederrasen
- **Klettergarten** in Niederrasen oberhalb des neuen Friedhofs
- **Langlauf** im Antholzer Tal rund 60 km Loipen, Tel. 0474 492446
- **Minigolf** im Freizeitpark Niederrasen
- **Nordic Walking**: 275 km lange ausgewiesene Strecke in Rasen und Umgebung
- **Rodelbahnen:** Bahn Schießstand in Oberrasen, 200 Meter Länge, 50 Hm, leicht; Bahn Oberstall in Niederrasen, 1 km Länge, 184 Hm, leicht; Bahn Wöhrealm in Antholz-Obertal, 1 km Länge, 200 Hm, leicht; Bahn Steinzgeralm vom Antholzer See aus, 2,5 km, 250 Hm, Infos: Restaurant am See, Tel. 0474 492252, Steinz-

geralm, Mobil: 338 2399454, Enzianhütte, Tel. 0474 492334
- **Skilaufen**: Schlepplift Riepen in Antholz, 1566 Meter Länge, 362 Hm
- **Sportschießen** im Kulturhaus Antholz-Mittertal
- **Tennis**: zwei Sandplätze in Niederrasen, Mobil: 340 2486928; zwei Kunstrasenplätze mit Flutlicht in Antholz-Mittertal, Tel. 0474 496245
- **Tischtennis** in den Sportzonen Antholz-Niedertal und -Mittertal
- **Trimm-dich-Pfad**: von Nieder- nach Oberrasen ab Freizeitpark (3,3 km lang)
- **Volleyball** im Funpark Niederrasen

 Veranstaltungen

- Jährlich im Winter finden **Weltcuprennen im Biathlon** statt. Im Jahre 2007 wurde hier die Biathlon-Weltmeisterschaft ausgetragen.
- Im Sommer: Blasmusikkonzerte
- Alm- und Sommerfeste Infos im Tourismusverein

`18`

Die Rieserfernerhütte oberhalb Antholz

 Öffentliche Verkehrsmittel

Zuglinie: Franzensfeste–Innichen; **nächstgelegener Bahnhof**: Olang
Buslinien: Bruneck–Antholz–Olang, Niederrasen–Oberrasen–Salomons-
brunn–Antholz–Niedertal–Antholz-Obertal–Antholz-Camping;
Info: Tel. 840000471, www.sii.bz.it, info@sii.bz.it
Im **Winter Skibusdienst** zwischen den Ortschaften Rasen–Olang–Kron-
platz und Rasen–Antholz–Langlaufzentrum

18

 **Spielplätze**

Niederrasen: „Top-Funpark" mit
zahlreichen Spielangeboten, einem
Erholungsareal, einer Kneippanlage
und einem Teich
Oberrasen: im Dorf

 Links/Infos

Tourismusverein Rasen-Antholz
Niederrasen 60
39030 Rasen
Tel. +39 0474 496269
Fax +39 0474 498099
info@rasen.it
www.rasen.it

WELSBERG

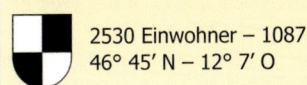

2530 Einwohner – 1087 m
46° 45' N – 12° 7' O

Welsberg hat mehrmals seinen Namen gewechselt, was für Siedlungen in Tirol sehr unüblich ist (meistens veränderte sich die Schreibweise, aber nicht der Wortstamm). Urkunden aus dem Jahre 816 nennen den Ort Pudigin, im Jahre 1080 ist der Name Budigun belegt, 1269 Cella, 1269 Caellen und 1322 Celle. Vom 15. Jh. bis 1806 wird der Ort **Zell unter Welsperg** bzw. Zell bei Welsperg genannt, erst dann wird per Gesetz der Name Zell gestrichen. Die Schreibweise Welsperg für Ort, Burg und Geschlecht ist historisch belegt; der heutige Ortsname Welsberg ist umstritten und sollte eigentlich in Welsperg umbenannt werden. Die Besiedelung der Gegend um Welsberg reicht in die späte Bron-

zezeit um 1200 v. Chr. zurück, wie Gerätefunde am nordwestlich von Welsberg gelegenen Burgstallhügel belegen. Im Jahre 1140 haben Schwikher und Otto von Welsperg die **Burg Welsperg** errichtet. Die **Rainkirche** wird als frühestes sakrales Gebäude im Jahre 1343 dokumentiert. Eines der erhabensten Gebäude ist der Ansitz Zellheim im Dorfzentrum, der – um 1440 entstanden – dem Geschlecht der Welsperger zugeschrieben wird, aber in der Folge häufig seine Besitzer wechselte und heute in Privatbesitz ist.

Berühmtheit erlangte **Paul Troger,** der in Welsberg 1698 als Sohn eines

Welsberg

Handwerkers das Licht der Welt erblickte und 1762 als Rektor der Akademie der Bildenden Künste in Wien starb. Er gilt als der bekannteste Barockmaler des österreichisch-süddeutschen Raumes. Mit dem besonderen „Troger-Blau" ist sein Name in der Kunstgeschichte verewigt. Neben drei Altarbildern in der Welsberger Pfarrkirche kann man seine Werke im Dom von Brixen, in Melk, Zwettl und Seitenstetten bewundern. Anlässlich seines 200. Todestages wurde in Welsberg südlich der Pfarrkirche ein kleiner Park angelegt und ihm zu Ehren ein Denkmal errichtet.

An illustren Persönlichkeiten, die Welsberg einen Besuch abstatteten, sind zu nennen: Kaiser Franz Josef I. (1830–1916) im Jahre 1899 sowie Hugo von Hofmannsthal (1874–1929) und Arthur Schnitzler (1862–1931), die 1907 hier gemeinsam auf Sommerfrische weilten. Zusammen mit den Fraktionen

Ried, Wiesen, Unterrain und Taisten umfasst die Gemeinde eine Fläche von 46,56 Quadratkilometern. Taisten war einst selbstständige Gemeinde und wurde erst 1929 eingemeindet. Der urkundliche Name „Tesitin" dürfte keltischen Ursprungs sein. Die Pfarrkirche von Taisten wurde 1150 geweiht, der erste Pfarrer, „Wilhelmus, plebanus de Teiste", ist aber erst im Jahre 1224 belegt. Namhaftester Sohn ist Simon Marenkl, der als **Simon von Taisten** (vermutlich 1460–1530) in die Kunstgeschichte einging und ein begnadeter Freskomaler war. In seinem Heimatort sind seine Werke in der Jakobskapelle und in der St.-Georgs-Kirche zu bewundern.

Die Nachbargemeinden sind:
• im Norden Gsies
• im Osten Rasen-Antholz und Olang
• im Süden Prags
• im Westen Niederdorf

Taisten

19

Lutterkopf und Durakopf

Gesamtgehzeit: 4½–5 Std.
Höhenunterschied: ca. 680 m
Schwierigkeit: leicht
Jahreszeit: Frühling bis Spätherbst
Einkehrmöglichkeiten: Neue
Taistner Sennhütte, Mudlerhof

Das Gebiet um Welsberg und Taisten ist sehr reich an leichten Wander- und Spazierwegen. Die **Rundwanderung zum Lutterkopf und Durakopf** (im Volksmund Salomon) ist gewiss eine der reizvollsten, nicht zuletzt, weil man gleich zwei Gipfel besteigen kann. Bereits beim ersten, dem Lutterkopf, genießt man ein unbeschreiblich weites Panorama, der zweite Gipfel ist also nur noch eine Zugabe; und die Kammwanderung zwischen beiden, durch Zirbenwald und über sanfte Matten, ist nicht minder genussvoll.

Wegverlauf

Ausgangspunkt ist der Parkplatz (1620 m) kurz oberhalb des **Mudlerhof**es; bis hierher gelangt man auf der beschilderten Höfezufahrt, die ab Taisten links Richtung Westen führt. Beim Parkplatz biegen wir links ab und gehen der Forststraße entlang, bis wir bald zu einer markanten Rechtskehre gelangen, nach der wir links den **Steig Nr. 31** wählen, der uns in den Wald hinauf führt. Ein kurzes Steilstück vor dem Gipfel des **Lutterkopfes** (2145 m) kündigt das erste Ziel an. Nun wandern wir in nordöstlicher Richtung auf Steig Nr. 31 kurz abwärts über Almwiesen und weiter ansteigend über den Kamm zum Gipfel des **Durakopfs** (2275 m). Wir halten uns dann Richtung Norden und gelangen absteigend zu einer kleinen

Gipfelkreuz am Lutterkopf (2145 m)

Hütte, von wo uns der Weg Nr. 38 nach rechts gegen Süden zur nahen **Neuen Taistner Sennhütte** (auch Taistner Vorderalm genannt, 2012 m) weist. Auf dem Forstweg der Hüttenzufahrt Nr. 38 gelangen wir zurück zum Ausgangspunkt.

Tipp
Die Wanderung kann auch in umgekehrter Richtung gemacht werden, doch ist die hier beschriebene Route knieschonender.

 ## Bachpromenade

 19

An der Südseite der Rienz, östlich von Welsberg, verläuft die **Bachpromenade** von Welsberg. Der ebene Weg führt durch einen schattigen Laub- und Nadelwald mit mehreren baumfreien „Fenstern", die den Blick zum mächtigen Dürrenstein freigeben.

Gesamtgehzeit: 1 ½ Std.
Höhenunterschied: unwesentlich
Schwierigkeit: keine
Jahreszeit: Frühjahr bis Spätherbst
Einkehrmöglichkeiten: Gasthöfe in Welsberg

Wegverlauf
Vom Ortskern in Welsberg begeben wir uns durch die Bahnhofstraße zur

Rienzbrücke, überqueren diese und biegen dann links in den Promenadenweg ein. Wir spazieren am orografisch linken Bachdamm Richtung Osten und lassen uns begleiten vom Rauschen der Rienz. Am Fernheizwerk endet die Bachpromenade, und wir kehren auf demselben Weg zurück zum Ausgangspunkt.

Radweg Welsberg–Bruneck

Am Radweg durch das Pustertal von Brixen nach Innichen kann man das grüne Tal an Rienz und Drau wohl am besten kennenlernen. Beim gemütlichen Radeln hat man genügend Zeit für Ausblicke in die Landschaft und kann eine wesentlich längere Strecke bewältigen als wandernd. Aufgrund der Geländeführung im Talgrund weist der **Pustertaler Radweg** keine wesentlichen Steigungen auf und kann bereits von Kindern ab 10 Jahren sowie von Senioren gut gemeistert werden. Der Abschnitt von **Welsberg nach Bruneck** schlängelt sich abwechslungsreich durch Wiesen, Felder und Dörfer und zieht sich, außer einem kurzen Zwischenanstieg bei Luns, immer leicht abfallend dahin.

Gesamtfahrzeit: 2 Std.
Gesamtlänge: 23 km
Höhenunterschied: 50 m aufwärts, 255 m abwärts
Schwierigkeit: leicht
Jahreszeit: Frühling bis Spätherbst
Einkehrmöglichkeiten: in den Dörfern entlang der Strecke

Wegverlauf

Vom **Ortszentrum** in Welsberg zweigen wir links in die Straße ab, die parallel zur Hauptstraße westwärts durch ein Neubaugebiet leitet. Hier stoßen wir sogleich auf die Beschilderung des Radweges Richtung Olang. Nach der Neubausiedlung zeigt die Markierung nach rechts und wir überbrücken den Gsieser Bach. Der Wegweisung nach Olang folgend, kommen wir zur Kläranlage, auf deren Zufahrtsstraße wir sogleich nach links in den Wald abbiegen. Eine der landschaftlich schönsten Etappen erwartet uns nun entlang der Rienz bis zum **Olanger Stausee**. Nach dem Stausee unterqueren wir die Bahnlinie nach links und gelangen bald darauf nach **Mitterolang** (bis hierher 6,5 km). Wir durchqueren das Ortszentrum westwärts bis zur Kreuzung, die uns rechts nach Niederolang weist. In **Niederolang** (8 km) unterqueren wir neuerdings die Bahn und gelangen über die Rienzbrücke an die orografisch rechte Flussseite. Nun halten wir uns nach links, nach ca. 2 Kilometern bei einem Bildstöckl wieder nach links und gelangen dann in den Wald. Nach ca. 13 Kilometern ab dem Ausgangspunkt führt uns der Weg im **Weiler Unterwielenbach** (Gemeinde Percha) beim Sportplatz vorbei und nach drei weiteren Kilometern gelangen wir zum Pülanderhof. Hier zweigen wir rechts ab und gelangen ansteigend nach ca. 1 Kilometer auf die Pustertaler Hauptstraße. Wir müssen die verkehrsreiche Straße überqueren, um geradeaus der weiterlei-

19

tenden Straße nach Luns zu folgen. In **Luns** (18 km) biegen wir beim Moarerhof links ab, radeln ca. 500 Meter und zweigen dann nach rechts ab Richtung Dietenheim. In **Dietenheim** (20,5 km) wählen wir die Straße Richtung Bruneck bzw. St. Georgen und gelangen auf die Ahrntaler Straße, wo wir beim Kreisverkehr links abbiegend nach **Bruneck** gelangen. Hier überqueren wir die Bahnlinie, fahren bei der Ampelanlage geradeaus, überqueren auch noch die Rienz und halten uns dann nach rechts Richtung Stegen (nach der Brücke geradeaus oder links haltend gelangen wir in die Altstadt von Bruneck). Kurz vor der Bahnunterführung biegen wir links ansteigend ab und fahren dann nach rechts zum nahen **Bahnhof**. Rückfahrt mit dem Zug.

Tipp
In Dietenheim sollte man es nicht versäumen, einen Abstecher ins **Volkskundemuseum** zu machen (siehe Bruneck „Das Besondere",
Tel. 0474 55 20 87,
volkskundemuseum@landesmuseen.it)

 ### Der Kneipp-Weg am Rudlbach

Kneippen, eine vorbeugende und unterstützende Heilmethode, kennen wir seit gut hundert Jahren, und es ist beliebter denn je. Benannt ist diese Metholde nach ihrem Begründer Pfarrer Sebastian Anton Kneipp (1821–1897; siehe S. 235). Eine geschmackvoll gestaltete Anlage weist der „**Pyramiden-Kneipp-Weg Rudlbach**" in Taisten auf: Wir starten beim Tourismusbüro in Taisten und folgen nach rechts der Markierung Nr. 55 Richtung Wiesen. Wir überqueren den Rudlbach und biegen dann nach links Richtung Schindlholz, Markierung Nr. 55, ab. Bald schon gelangen wir zum Wegweiser „Pyramidenweg" und zur ersten Station: Es ist dies eine Brücke, die vollkommen ohne Nägel oder Klebstoff gezimmert wurde. Weiter geht es auf dem Barfußweg im sogenannten Storchengang durch 9 Grad kaltes Wasser. Nach einer hölzernen Treppe kommen wir, gegen die Wasserströmung watend, zu einem Wasserfall. Beim Brunnenbad beginnt das Kneippbad für die Arme. Vorbei an einem kleinen Wasserfall erreichen wir den Ausgangspunkt der Kneippanlage. Auf dem beschilderten Wanderweg an der linken Bachseite wandern wir zurück zum Ausgangspunkt. Gesamte Weglänge ca. 2 Kilometer, 150 Höhenmeter.

 ### Öffentliche Verkehrsmittel

Zuglinie: Franzensfeste–Innichen–Lienz; Info www.ferroviedellostato.it www.oebb.at; **Bahnhof Welsberg** mit Fahrkartenautomat
Buslinie: Brixen–Winnebach; Info: Tel. 840000471, www.sii.bz.it, info@sii.bz.it

☺ Das Besondere

Gesamtgehzeit: 1 ½ Std.
Gesamtlänge: ca. 2,5 km
Höhenunterschied: 100 m
Schwierigkeit: keine
Jahreszeit: Frühling bis Spätherbst
Einkehrmöglichkeiten: im Dorf-
zentrum

Ein **Erlebnisrundweg** der besonderen Art wurde im Jahr 2002 durch
das Forstamt von Welsberg angelegt: Der **Schlossweg Welsperg**
ist nicht nur landschaftlich sehr
abwechslungsreich, sondern gibt
interessante Einblicke in geologische
und kulturhistorische Besonderheiten. Entlang des beschilderten
Weges haben Schüler und Vereine
des Dorfes markante Blickpunkte
geschaffen, wie z. B. mit Naturfarben
bemalte Lärchenbretter, Throne aus
Lärchenholz oder Speltenzäune. Der
Rundweg leitet vom Dorfzentrum
zur Burg Welsperg, zieht eine Schleife um die Burgruine Thurn und führt
zurück zum Ausgangspunkt.

Schloss Welsperg

Wegverlauf:

Wir starten also in der Dorfmitte von
Welsberg (1087 m) und begeben
uns Richtung Nordosten hinauf zur
Mittelschule, von dort stets der
genannten Lehrpfadkennzeichnung
folgend, gelangen wir in leichtem
Anstieg zum Schloss Welsperg
(1150 m). Nun wandern wir in
Kehren am bewaldeten Steilhang hinunter zum Gsieser Bach (1120 m),
gehen über die Brücke und halten
uns auf der ehemaligen Gsieser Talstraße kurz taleinwärts. Dann biegen
wir links ab und steigen durch den
Wald steil empor zur **Burgruine
Thurn** (1180 m). Auf der Südwest-
seite des Burghügels führt der Weg
wieder hinunter zur alten Gsieser
Straße, wir folgen dieser bis zur
nächsten Brücke, über die wir zum
Dorfrand von Welsberg und zurück
zum Ausgangspunkt gelangen.

Am Waldlehrpfad in Welsberg

👁 Sehenswertes

Wahrzeichen des Dorfes ist das **Schloss Welsperg.** Sie ist eine sogenannte Kernburg und besticht durch eine ungewöhnliche und selten anzutreffende Bauweise: Um die Hauptburg, bestehend aus Bergfried, Palas und Wohnräumen, wurden eine Vorburg, Zwinger, Gräben und Ringmauern besonders starken Ausmaßes errichtet, damit der Kern der Anlage vor den Angriffen der Feinde geschützt würde. Der Bergfried von Welsperg entstand vermutlich bereits im Jahr 1126, die Burg selbst wurde um 1140 von den Gebrüdern Schwikher und Otto von Welsperg errichtet; sie sollte rund 800 Jahre im Familienbesitz bleiben. Die **Herren von Welsperg** zählten zu den einflussreichsten Adeligen Tirols, die durch tüchtige Verwaltungs- und Handelstätigkeit und nicht minder durch findige Heiratspolitik Macht und Vermögen kontinuierlich vermehrten. Im Jahr 1359 ließ Georg von Welsperg den „See bei Celle" von venezianischen Wasserbaumeistern trockenlegen, wodurch fruchtbarer Boden und Siedlungsgrund gewonnen werden konnten. Guidobold von Welsperg war der bedeutendste Spross des Geschlechts, ihm wurde 1362 der Titel eines Grafen des Heiligen Römischen Reiches verliehen. Im 15. und 16. Jahrhundert wurde die Burganlage großzügig erweitert, am 15. Mai 1765 jedoch durch einen

St.-Georgs-Kirche in Taisten

Brand in arge Mitleidenschaft gezogen und verfiel fortan zusehends. Heute wird die Burg von einem Kuratorium verwaltet; sie kann besichtigt werden, und es werden zahlreiche Konzerte und Ausstellungen veranstaltet. Öffnungszeiten: Anfang Juli bis Mitte September: Montag bis Freitag: 10–13 Uhr und 16–18.30 Uhr; Sonntag: 16–19 Uhr; Mitte bis Ende September: Montag bis Freitag: 15–17 Uhr; samstags und im Winter bleibt die Burg geschlossen; Info Tel. 0474 9441 18/94 40 89

Nordwestlich der Burg Welsperg steht auf einem nahen, bewaldeten Hügel die **Ruine Thurn**. Die Burg Thurn wurde im 13. Jahrhundert von den Herren von Welsperg errichtet und diente wahrscheinlich als Wehrburg, was die Überreste der 3 Meter dicken Mauerwände vermuten lassen. Auch sie wurde beim Großfeuer im Jahr 1765 größtenteils ein Raub der Flammen und seitdem nicht wieder instand gesetzt. Heute ist die Ruine im Besitz von Georg Graf Thun-Hohenstein-Welsperg, dem Erben der Grafen von Welsperg.

 Freizeitangebote

- **Angeln:** Rienzabschnitt Welsberg, Info bei Herrn Schenk, Rienzstraße in Welsberg
- **Bibliothek:** im Paul-Troger-Haus in Welsberg, Tel. 0474 94 60 83; in der Grundschule in Taisten, Tel. 0474 95 00 15
- **Boccia** im Prenninger Park von Welsberg
- **Eislaufen und Eisstockschießen** bei den Sportzonen in Welsberg und Taisten
- **Fahrradverleih:** Wintec, Tel. 0474 94 42 88, Mobil: 328 23 40 315/329 62 15 585; Hellweger Intersport, Tel. 0474 94 60 07; Hotel Dolomiten Rent a Bike, Tel. 0474 94 41 46
- **Konzerte** auf Schloss Welsperg, Tel. 0474 94 41 18/94 40 89
- **Langlauf:** Loipe von Welsberg nach Gsies, 42 km; Angerloipe in Welsberg, 5 km; in Taisten 5 km; Anschluss zur Pustertaler Skimarathon-Loipe

- **Laufen**: sechs beschilderte Laufstrecken
- **Minigolf** in Welsberg in der Bahnhofstraße
- **Reiten**: Reitstall Brunner in Welsberg, Mobil: 340 81 67 417
- **Rodelbahnen:** alle in Taisten: Taistner Alm, 4 km Länge, 400 Hm, leicht; Info Taistner Alm, Mobil: 340 33 59 611, oder Gasthof Mudlerhof, Tel. 0474 95 00 36; Mudleralm, 3,5 km Länge, 300 Hm, mittelschwer; Info Gasthof Mudlerhof (siehe oben); Guggenberg, 2 km Länge, 200 Hm, schwer
- **Rollschuhbahn** in der Sportzone Welsberg, Tel. 0474 94 48 96
- **Schwimmen**: geheiztes Freibad in Welsberg, Tel. 0474 94 40 44
- **Skifahren**: Skilift Guggenberg in Taisten, 805 m Länge, 181 Hm
- **Tennis**: zwei Sandplätze und ein Hartplatz in der Sportzone in Welsberg, Tel. 0474 94 48 96

19

Spielplätze

Welsberg: in der Prenninger Parkanlage mit Minigolf, Tennisplatz, Fußballplatz und Spielmöglichkeit
Taisten: in Taisten-Wiesen

 Veranstaltungen

 Links/Infos

- Chörefestival Ende Juni: Aufführungsorte sind Kirchen, Festsäle oder Berghütten in verschiedenen Dörfern des Hochpustertales, Info: www.festivalpusteria.org
- Patroziniumfeier in der Johanniskapelle Ende Juni
- Welsberger Pavillonfeste im Dorfzentrum, von Ende Juni bis Mitte August; dabei werden typische Südtiroler Gerichte angeboten
- Konzerte und Ausstellungen auf Schloss Welsperg
- Schokoladesymposium Anfang September

Tourismusverein Gsieser Tal/ Welsberg/Taisten
Pustertaler Straße 9
39035 Welsberg
Tel. +39 0474 97 84 36
Fax +39 0474 97 82 26
info@welsberg.com
www.welsberg.com

Büro Welsberg
Tel. +39 0474 94 41 18
Fax +39 0474 94 45 99
info@welsberg.com

Büro Taisten
Tel. +39 0474 95 00 00
Fax +39 0474 95 00 66
info@taisten.com

19

GSIES

2194 Einwohner – 1206 m
46° 49' N – 12° 14' O

Gsies wird im 9. Jahrhundert erstmals urkundlich erwähnt, und zwar mit dem Namen Gesieze, was auf „Ansiedlung" oder „Ansitz" schließen lässt. Die Pfarrkirche von St. Magdalena wird schließlich im Jahre 1324, jene von Pichl um 1334 das erste Mal genannt. Typisch für das Tal ist, dass man sich hier von alters her zu sogenannten Oblaien zusammenschloss, kleinen, verstreuten Gemeinschaften, in denen man sich gegenseitig bei der Arbeit auf Feld und Flur half und die jeweils eigene Dorf-, Handwerks- und Gewerbeordnungen vorsahen. Im Jahre 1811 wurden die Oblaien zu politischen Gemeinden zusammengezogen: So entstand die Gemeinde St. Magdalena aus den Oblaien Oberthal und Niederthal, die Gemeinde St. Martin aus den Oblaien Ober-, Niederthal und Oberplanken sowie die Gemeinde Pichl aus den Oblaien Inner-, Außerpichl und Unterplanken. Der Zusammenschluss der drei Gemeinden zu einer, der Gemeinde Gsies, erfolgte im Jahre 1850, aber bereits zwischen 1863 und 1866 trennten sie sich wieder. Im Jahre 1929 wurden die drei Gemeinden Pichl, St. Magdalena und St. Martin endgültig zur Gemeinde Gsies zusammengeschlossen.

St. Martin, der Sitz der Gemeinde Gsies, liegt auf 1319 Meter

St. Martin in Gsies

20

St. Magdalena in Gsies

20

Meereshöhe; zusammen mit den Fraktionen Außerpichl, Innerpichl, Oberplanken, St. Magdalena-Niedertal, St. Magdalena-Obertal, St. Martin-Niedertal, St. Martin-Obertal und Unterplanken umfasst das Gemeindegebiet eine Fläche von 108,85 Quadratkilometern; die Länge des Tales beträgt 22 Kilometer. Geologisch befindet sich das Tal in der Zone der Alten Gneise, die ihm die sanften, begrünten Bergkuppen verleihen, mit nur wenigen markanten, felsigen Gipfelaufbauten. Dementsprechend leicht zu begehen sind die Jöcher und Scharten, über die schon seit alters her die Besiedelung und der Warenhandel erfolgten, wie zum Beispiel über das Gsieser Törl, die Gsieser Lenken, das Hals-Schartl oder das Ampertörl. Am bekanntesten ist der „Schmugglersteig" über das Kalksteinjöchl nach

Villgraten in Osttirol, auf dem bis in die Neuzeit ein reger, heimlicher Warenaustausch stattfand. Geprägt wird das Tal nicht zuletzt von den zahlreichen Almen, die heute auf dem bekannten **„Almweg 2000"** erwandert werden können. Eine Besonderheit in Gsies sind zudem die vielen schmucken Bergbauernhöfe, die hier noch ihre traditionelle Form bewahrt haben und dem Gsieser Tal seinen urwüchsigen Charakter verleihen.

Die Nachbargemeinden sind:
• im Norden Innervillgraten (Österreich)
• im Osten St. Jakob in Defereggen (Österreich)
• im Süden Toblach, Niederdorf und Welsberg
• im Westen Rasen-Antholz

Zur Uwaldalm

Wie bereits erwähnt, sind es vor allem die Almen, die für das Tal charakteristisch sind und sich an die Matten entlang der Baumgrenze schmiegen. Einen der schönsten Weitblicke über das gesamte Gsieser Tal bietet die **Uwaldalm** (2042 m) im Gsieser Talschluss.

Gesamtgehzeit: 3 ½ Std.
Höhenunterschied: 644 m
Schwierigkeit: leicht und problemlos
Jahreszeit: Frühling bis Spätherbst
Einkehrmöglichkeit: Uwaldalm

Wegverlauf
Ausgangspunkt ist der kleine Parkplatz bei der **Talschlusshütte** in St. Magdalena (1465 m). Wir wandern kurz nach rechts über die Hofzufahrt zum Burgerhof und biegen dann rechts ab auf den Steig Nr. 12 und 13, der uns bergan zu einer Weggabelung leitet. Hier wählen wir den Weg Nr. 13 durch das **Pfoital**. Unterhalb der Keilerhütte (2050 m)

zweigen wir links ab und gelangen bald zur **Uwaldalm** (2042 m, Tel. 0474 94 80 51). Bis hierher 2 Std.; Rückweg auf dem Hinweg. Knieschonender, aber um etwa eine halbe Stunde länger ist der Rückweg auf dem Forstweg Nr. 12.

Tipp
Die Wanderung kann etwas ausgedehnt werden, indem man auf dem Rückweg bis Quote 1821 m

Das Gsieser Tal mit Blick nach Süden; im Hintergrund die Dolomiten

20

absteigt, wo wir bei einer Weggabelung links dem Weg Nr. 13 folgen, der uns auf dem Almweg 2000 zur Stumpfalm (1968 m, Tel. 0474 948146) führt. Von dort westwärts auf der Forststraße Nr. 47 talwärts oder auf unbezeichnetem, steilem Waldpfad zurück zum Ausgangspunkt. Zusätzliche Gehzeit rund 1–1½ Std. Für **Gipfelhungrige** bietet sich die leicht begehbare **Hochkreuzspitze** (2740 m) an; man folgt dabei dem gut markierten Steig Nr. 12, der hinter der Uwaldalm Richtung Norden zieht. In diesem Fall sind für Auf- und Abstieg rund 3–3½ Std. Gehzeit

hinzuzurechnen, was einer lohnenden Tagestour entspricht, jedoch nur bei sicheren Wetterverhältnissen empfohlen wird.

Gsieser Talweg

Das Gsieser Tal zieht sich relativ flach dahin; so liegt der Weiler Durnholz am Eingang des Tales (1205 m) nur 200 Meter niedriger als St. Magdalena (1406 m) am Talschluss. Am Talboden kann man also lange Strecken zurücklegen, ohne nennenswerte Steigungen bewältigen zu müssen; dies wissen vor allem Senioren und Familien mit Kindern zu schätzen sowie im Winter die Langläufer. Der **Talweg durch Gsies** zählt zu den reizvollsten der ganzen Gegend und verläuft auf dem Talblickweg bzw. der alten Talstraße an der orografisch linken Talseite.

Gesamtgehzeit: 2½ Std.
Höhenunterschied: 55 m
Schwierigkeit: leicht und problemlos
Jahreszeit: Frühling bis Spätherbst
Einkehrmöglichkeiten: mehrere in Durnwald, Unterplanken und Oberplanken

Wegverlauf
Ausgangspunkt ist der **Gasthof Brücke** (1187 m) an der Gsieser

Landstraße, ca. 1,3 Kilometer nach der Abzweigung nach Taisten. Hier überqueren wir die Brücke zur orografisch linken Seite des Gsieser Baches. Wir folgen nach links der Beschilderung „**Talblickweg**" und wandern taleinwärts zuerst am Bach entlang, dann durch Wiesen und Felder zu den Weilern Durnwald (1213 m, bis hierher 3,7 km), weiter

20

Auf der Suche nach Kaulquappen

nach **Unterplanken** (1242 m, 5 km vom Ausgangspunkt) bis nach **Oberplanken** (1248 m; insgesamt ca. 8 km ab Ausgangspunkt). Rückweg wie Hinweg oder mit dem Bus zurück zum Ausgangspunkt; Bushaltestellen gibt es in den Weilern Durnwald und Unterplanken. Der Weg kann besonders auch Senioren empfohlen werden und ist ein guter Tipp für jedermann an Regentagen. Grundsätzlich kann der Talblickweg weiter bis zum Talschluss in St. Magdalena verfolgt werden, allerdings muss man ab Oberplanken mit teils schlechter befahrbaren Steigen und mit Gegenanstiegen rechnen.

 Rundtour Welsberg – Gsies

20

Die **Gsieser Talrunde** zählt zu den klassischen Mountainbikerouten des Pustertales. Sie ist landschaftlich sehr abwechslungsreich und nicht allzu anstrengend.

Wegverlauf
Ausgangspunkt ist das Ortszentrum von **Welsberg** (1087 m). Vorbei am Paul-Troger-Denkmal radeln wir auf der alten Talstraße Richtung Durnwald ins Gsieser Tal. An der orografisch linken Seite des Gsieser Baches geht es auf dem Talblickweg taleinwärts bis **Oberplanken** (11 km ab Ausgangspunkt). Hier überqueren wir die Hauptstraße nach links und wechseln auf

Am Gsieser Talweg

Gesamtfahrzeit: 4 Std.
Gesamtlänge: 40 km
Höhenunterschied: 720 m
Schwierigkeit: mittel
Jahreszeit: Frühling bis Herbst
Einkehrmöglichkeiten: in den Dörfern entlang der Strecke

die gegenüberliegende Talseite Richtung St. Martin. Nach einer Schmiede gelangen wir wieder zurück zur Hauptstraße, der wir bis zum **Ölerhof** folgen; vor diesem zweigen wir auf Schotterweg rechts ab Richtung St. Martin (14,5 km). Auf einem parallel zur Hauptstraße führenden Teerweg radeln wir bis zu einer Kreuzung, bei der wir rechts abbiegen und dem Weg zum **Talschluss**, unserem nördlichsten Ziel, folgen (19,5 km). Wir fahren nun wieder zurück auf genannter Route bis nach Oberplanken. Dort

biegen wir jetzt aber rechts ab auf die orografisch rechte Talseite nach **Oberpichl**. Über Oberpichl gelangen wir nach Außerpichl (30,5 km). Für zwei weitere Kilometer treten wir aufwärts auf dem Talblickweg nach **Schindelholz** (33 km). Bei einer Kapelle zweigt der Weg links ab nach Hölzl und wir gelangen auf die Taistner Straße. Wir biegen hier links ab, kommen zum Gasthof Brücke und überqueren die Hauptstraße und die Brücke über den Gsieser Bach. Hundert Meter nach der Brücke biegen wir rechts und dann wieder links ab und gelangen so zum Schloss Welsperg, von wo wir bald zum Schulparkplatz gelangen. Hier biegen wir rechts ab, nach 80 Metern nach links und kommen so wieder am Paul-Troger-Denkmal vorbei zurück zum Ausgangspunkt. **Hinweis**: Der Talblickweg wird gerne auch von Senioren und Familien mit Kinderwagen benutzt; bitte um Rücksicht.

 Gsieser Almen

Im September zeigt sich das Gsieser Tal in den prächtigsten Farben des nahenden Herbstes. Dann, wenn die Tage kürzer werden und die Sonne ihre warmen Farben malt, kommt die Zeit, sich auf den Almen für den Abtrieb vorzubereiten. Vorher jedoch soll noch einmal tüchtig gefeiert werden, gesungen, gelacht und geschmaust. Und nirgends gelingt dies so gut wie beim **„Gsieser Almhüttenfest"**. Es ist dies eine Gemeinschaftsveranstaltung der ortsansässigen Vereine, die abwechselnd auf verschiedenen Almen des Gsieser Tales abgehalten wird. Die zahlreichen Almen sind alle leicht begehbar und als Lohn erwartet den Wanderer **einheimische Bauernkost**, wie Speck-, Kas- oder Plentinaknödel, Tirtlan,

Krapfen, Speckbrettln, Kaminwurzen oder hausgemachte Mehlspeisen und Säfte. Oder man kann ganz einfach nur hier verweilen, genießen und träumen und sich freuen am herrlichen Panorama über das Gsieser Tal. Die Wanderungen zu den Almhütten sind auch für Familien mit Kindern bestens geeignet. Da das Hüttenfest nicht immer auf denselben Almen stattfindet, informiere man sich im örtlichen Tourismusbüro.

 ## Sehenswertes

Die **Pfarrkirche von Pichl** wurde im Jahre 1334 erstmals urkundlich genannt; in der Spätgotik wurde sie vergrößert und 1472 schließlich eingeweiht. Weitere Umbauten erfolgten in den Jahren 1830, 1879, 1964 und 1996. Die **Pfarrkirche von St. Martin**, ein ehemals gotischer Bau aus dem Jahre 1425, wurde in den Jahren 1776–1778 vergrößert und in barockem Stil umgebaut. Den Hochaltar ziert ein Gemälde des venezianischen Künstlers Cosroe Dusi (1808–1859).
Die Weihe der **Pfarrkirche von St. Magdalena** reicht in das Jahr 1324 zurück, weitere Um- und Erweiterungsbauten erfolgten in den Jahren 1488, 1841 und 1952. Sehenswert sind die aus buntglasierter Terrakotta gestalteten Kreuzwegbilder der Südtiroler Künstlerin Maria Delago (1902–1979).
Auf dem Dorfplatz in St. Martin steht das Bronzedenkmal von **Pater Joachim Haspinger** (*1776 in Gsies –† 1858 in Salzburg), das im

Jahre 1959 anlässlich der Gedenkfeier „150 Jahre Tiroler Aufstand 1809" vom Bildhauer Othmar Winkler geschaffen wurde. Haspingers Leben ist eng mit dem Tiroler Freiheitskampf verknüpft: Schon in jungen Jahren war er politisch engagiert und blieb es auch nach seinem

St. Martin in Gsies

☺ Das Besondere

Das **Bauernmuseum „Voado-huibn"** in St. Magdalena / Gsies ist ein kleines, aber feines Schatz-kästchen und gibt Einblick in die Arbeitswelt der Bergbauern, wie sie lebten und überlebten. Der Natur- und Landschaftsführer Eduard Hofmann erklärt bei der Führung durch das „Voadohuibn-Haus" alte Werkzeuge und Geräte und erzählt über die Hofbewirtschaftung ver-gangener Zeiten. Einige Werkzeuge und Hilfsmittel der früheren Bau-ernkultur können selbst ausprobiert werden. Als besonderen Höhe-punkt darf man der Bäuerin beim Zubereiten einer Gsieser Mahlzeit oder beim Flachsspinnen über die Schulter schauen.
Besichtigungen jeden Donnerstag von Mitte Mai bis Anfang November; Tel. 0474 94 80 65,
Mobil: 335 53 22 258

Ebenfalls in St. Magdalena Gsies befindet sich **die kleinste Schau-käserei Südtirols**. Der Waldsamer Sepp stellt in der eigenen Hofkäse-rei nach alten Rezepten Käse her, ebenso Topfen, Butter und Joghurt. Bei einem Besuch in der Schaukä-serei erfährt man, wie die Mikroor-ganismen die Milch verändern und in verschiedenen Reifprozessen die köstlichen Produkte entstehen lassen. Anschließend können die Produkte verkostet und erworben werden. Für die Führung in der Schaukäserei sollte vorab ein Termin vereinbart werden. Die Öffnungszei-ten der Verkaufsstelle sind: Montag–Samstag: 9–12 Uhr und 15–19 Uhr; Mittwoch und Sonntag geschlossen. Kontakt: Waldsamerhof, Madleitn 5 in St. Magdalena; Tel. 0474 94 80 09, www.waldsamerhof.it

Wanderung zum Almhüttenfest

Eintritt in den Kapuzinerorden 1802. Im Jahre 1809 beteiligte er sich am Befreiungskampf Tirols gegen Bayern unter dem Anführer Andreas Hofer (1767–1810). Nach verlorener Schlacht versteckte er sich im Vinschgau und floh 1810 nach Wien. Im Umkreis von Wien wirkte er anschließend als Pfarrer, ehe er sich 1854 in Salzburg im kaiserlichen Schloss Mirabell niederließ, wo er 1858 starb. Sein Leichnam wurde in die Hofkirche nach Innsbruck gebracht und dort neben Andreas Hofer beigesetzt. Im **Pater-Haspinger-Haus in St. Martin**, einem ehemaligen Schießstand, der anlässlich des Tiroler Gedenkjahres 1909 als Freiluftstand errichtet wurde, ist heute eine Kopie des berühmten Gemäldes „Der Landsturm" des Osttiroler Künstlers Albin Egger Lienz (1868–1926) zu sehen; das Original hängt im Schloss Bruck bei Lienz.

 ## Öffentliche Verkehrsmittel

Zuglinie: Franzensfeste–Innichen; **nächstgelegener Bahnhof**: Welsberg
Buslinie: Welsberg–St. Magdalena/Gsies–Talschluss; Anschluss Linie Brixen–Winnebach; Info: Tel. 840000471, www.sii.bz.it, info@sii.bz.it

 ## Freizeitangebote

- **Angeln** am Gsieser Bach: Tageskarten beim Restaurant Durnwald in Pichl/Gsies, Tel. 0474 746920
- **Beach Volley** in der Sportzone Pichl, Tel. 0474 746979
- **Bibliotheken**: jeweils im Vereinshaus Pichl und St. Magdalena; in der Grundschule St. Martin
- **Eislaufplatz und Eisstockschießen:**
  – Sportzone Pichl, Tel. 0474 746979;
  – Eislaufplatz beim Binta Pub in Pichl, Tel. 0474 746024, Mobil: 328 2340315;
  – Eislaufplatz in St. Martin, Sportzone
- **Eislochangeln:** Natursee beim Binta Pub in Pichl, Tel. 0474 746024, Mobil: 328 2340315
- **Langlauf**: Loipennetz von 15 bis 42 km im Talboden des Gsieser Tales
- **Paragleiten**: Robert Amhof, Tel. 0474 592067; Info für Tandemflüge, Mobil: 349 4324749
- **Pferdeschlittenfahrten** in St. Magdalena, Mobil: 338 2399576 oder 340 8578281
- **Reiten:**
  – Sun Ranch, Tel. 0474 746835;
  – Sonnenhof in Pichl, Tel. 0474 746835, www.reiten-sonnenhof.it
- **Rodelbahnen**: Aschtalm (1950 m): Länge 3,5 km, 485 Hm,

20

leicht; Gallfallalm (1667 m):
Länge 4 km, 227 Hm, leicht;
Kradorfer Alm (1704 m): Länge
4 km, 239 Hm, leicht; Leachalm
(1618 m): Länge 3,5 km, 178 Hm,
leicht; Messner Hütte (1659 m):
Länge 4 km, 194 Hm, leicht; Roß-
brunn in Pichl/Gsies: Länge 1 km,
110 Hm, mittelschwer; Stumpfalm
(1950 m): Länge 4 km, 485 Hm,
mittelschwer; Uwaldalm (2042 m):
Länge 4 km, 420 Hm, mittelschwer

- **Schießstand** mit Luftgewehr in
  der Sportzone Pichl,
  Tel. 0474 74 69 79
- **Skilifte:** Schlepplifte in St. Mag-
  dalena/Gsies, 1159 m Länge,
  235 Hm; Pichl/Gsies, 450 m
  Länge, 100 Hm
- **Tennis**: ein Sand- und ein Kunst-
  rasenplatz in der Sportzone Pichl,
  Tel. 0474 74 69 79,
  Mobil: 340 24 27 241

 ## Veranstaltungen

- Im Sommer: „Gsieser Almhütten-
  fest", siehe „Natur pur"
- Blasmusikkonzerte
- Keiler Kirchtag Ende September

- Im Winter „Gsieser-Tal-Lauf"; dieser Langlaufwettbewerb findet am
  dritten Sonntag im Februar statt,
  Info: Tel. 0474 94 81 42,
  www.valcasies.com

 ## Spielplätze

Pichl/Gsies: Beim Restaurant
Binta befinden sich ein Kinderspielplatz, ein naturnah angelegter See
und ein Streichelzoo.
St. Martin/Gsies: bei der Fest-
hütte

 ## Links/Infos

**Tourismusverein Gsieser Tal/
Welsberg/Taisten**

Büro Welsberg
Pustertaler Straße 9
39035 Welsberg
www.welsberg.com

Büro Gsies
St. Martin 10 A
39030 Gsies
Tel. +39 0474 97 84 36
Fax +39 0474 97 82 26
info@gsieser-tal.com

PRAGS

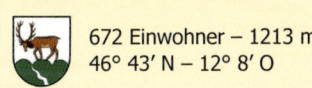

672 Einwohner – 1213 m
46° 43' N – 12° 8' O

Urkundlich wird der Ort erstmals im Jahre 970 als Alpe „Pragas" erwähnt. Bekannt wurde der Ort allerdings erst um 1500 aufgrund seiner Heilbäder: Das entsprechende Gebäude in **Bad Altprags** wurde um das Jahr 1490 errichtet. Neben der eigentlichen Badequelle, dem „Hirschenbrunnen", die vorwiegend bei Gliederschmerzen Linderung bot, gab es noch die „Augenquelle", die kohlensäurearme „Trinkwasserquelle" und die „Bitterquelle". In einer Handschrift aus dem Jahre 1583 liest man: „Dises Wasser leistet heilsame Hilfe in Glidersuchten und Zipperlein, benimbet die beshwärliche Fettleibigkeit und entzihet den überflüssig und stinkenden Schweiß, heilet faulige Wunden, Krebs, Geschwür und Mundfäule." Seinen Höhepunkt erlebte Bad Altprags um die Mitte des 19. Jahrhunderts mit jährlich 600 bis 1000 Badegästen. Allerdings erfolgte ein steter Besitzerwechsel, was sich leider auch auf Qualität und Dienstleistung negativ auswirkte. So endete gegen Ende des 19. Jahrhunderts die glorreiche Zeit des Bades; es musste im Jahr 1950 endgültig schließen und verfiel zusehends. Nicht viel besser erging es **Bad Neuprags**, das ab dem Jahr 1690 dokumentiert ist. Bekannt auch als „Erlachbad", lockte es ab 1830 mit seinen Quellen „Theresia" und „Jenny" immer mehr Gäste an, und es dauerte nicht lange, bis Bad Neuprags dem berühmten Altprags den Rang ablief. Der Erste Weltkrieg brachte ein jähes Ende der Bäderkultur. Im Jahr 1936 ging

Prags

das Gebäude an die faschistischen Machthaber über, später an die katholische Kirche, die es als Sommerunterkunft nutzte. Beide Heilbäder sind bis zur Gegenwart nicht wieder in Betrieb gesetzt worden.

Vor Kurzem hat der Name Prags wieder internationale Bedeutung erlangt, schließlich ist der **Naturparks Fanes-Sennes-Prags** zum **Unesco-Weltnaturerbe** (siehe Enneberg, „Natur pur) ernannt worden. Zusammen mit den eingebundenen Arealen der Gemeinden Abtei, Toblach, Wengen, Enneberg, Olang und Prags umfasst der Naturpark eine Fläche von 25.680 Hektar; 6920 Hektar davon befinden sich auf dem Gemeindegebiet von Prags. Die Fläche der Gemeinde Prags mit den Fraktionen Außerprags, Innerprags und St. Veit beträgt 89,26 Quadratkilometer.

Die Nachbargemeinden sind:
• im Norden Olang und Welsberg
• im Osten Niederdorf und Toblach
• im Süden Cortina d'Ampezzo (Provinz Belluno)
• im Westen Enneberg

Zum Dürrenstein

Der **Dürrenstein** (2839 m) ist einer der markantesten Berge der Pragser Dolomiten, seine lang gezogene Westflanke ist weitum sichtbar. Die Aussicht vom Gipfel ist überwältigend: Drei Zinnen, Monte Cristallo, Hohe Gaisl sind zum Greifen nah, und in nördlicher Ferne glänzen die Gletscher der Zillertaler Alpen. Er ist trotz seiner beachtlichen Höhe leicht begehbar.

Gesamtgehzeit: 3½–4 Std.
Höhenunterschied: 870 m
Schwierigkeit: bis zum Vorgipfel unschwierig; zum Gipfel Schwindelfreiheit und Trittsicherheit notwendig. Wegen der Exponiertheit nur bei sicherem Wetter zu empfehlen!
Jahreszeit: Frühsommer bis Spätherbst
Einkehrmöglichkeiten: Gasthof Brückele, Berggasthof Plätzwiese, Hotel Hohe Gaisl

Wegverlauf:
Zu unserem Ausgangspunkt, der **Plätzwiese** (1979 m), fahren wir ins Altpragstal bis zum Parkplatz Brückele (1500 m). Die Weiterfahrt von Brückele bis zum Parkplatz auf der Plätzwiese ist von Mitte Juli bis Mitte September von 10 bis 16 Uhr untersagt; in dieser Zeit fährt ein Shuttlebus. Am Parkplatz Plätzwiese angelangt, wandern wir Richtung Süden zum **Berggast-**

hof Plätzwiese (1991 m). Gleich hinter dem Gasthof zweigt nach links der Weg Nr. 40 ab und führt uns durch Wiesen aufwärts zu einer Weggabelung. Hier folgen wir dem Wegweiser nach rechts, bis wir in felsiges Gelände und zum nächsten Wegweiser gelangen. Hier biegen wir nun links ab Richtung Nordosten. Der gut markierte Weg Nr. 40

Das Gipfelkreuz am Dürrenstein (2839 m)

zieht sich durch felsiges, aber immer gut begehbares Gelände bis zum Gipfelaufbau, wo wir allerdings recht rutschiges Geröll antreffen. Wer nicht schwindelfrei und trittsicher ist, sollte die Tour am Vorgipfel beenden; bis hierher ist die Tour in jeder Hinsicht problemlos, und die Aussicht nicht minder überwältigend. Die kurze, mit einer Stahlkette versicherte Kletterstelle zum Hauptgipfel des **Dürrenstein** ist nämlich heikel und sollte nur von erfahrenen Wanderern begangen werden. Rückweg auf dem Hinweg.

Plätzwiese – Dürrensteinhütte

Die Plätzwiese trägt ihren Namen wohl zu Recht. Wie eine endlos scheinende grüne Wiese erstreckt sich das Hochplateau zwischen Dürrenstein und Hoher Gaisl – ein wahrlich idyllisches Plätzchen, vor allem, wenn man den richtigen Zeitpunkt der Blüte erwischt. Und dass man auf einer Höhe von 2000 Me-

Gesamtgehzeit: 2 Std.
Höhenunterschied: gering
Schwierigkeit: leicht und problemlos
Jahreszeit: Frühling bis Spätherbst
Einkehrmöglichkeiten: Dürrensteinhütte, siehe auch „Wanderung"

 21

Plätzwiese mit Blick zum Monte Cristallo

tern noch so gemütlich spazieren gehen kann, ist einzigartig.

Wegverlauf:
Ausgangspunkt für unsere **Wanderung auf der Plätzwiese zur Dürrensteinhütte** ist der Parkplatz Plätzwiese (1979 m, bis hierher siehe „Wanderung"). Vom Parkplatz wandern wir Richtung Süden zum Berggasthof Plätzwiese und folgen, vorbei am Hotel Hohe Gaisl, dem ebenen Weg Nr. 37, der uns in südöstliche Richtung führt. Es

geht nun auf dem Forstweg nahezu eben weiter zur **Dürrensteinhütte** (2040 m), unserem Ziel. Westlich neben der Hütte sehen wir die **Ruine des ehemaligen Sperrwerks Plätzwiese**. Es wurde in den Jahren 1889–94 von der k.u.k. österreichungarischen Militärverwaltung erbaut und diente zur Absicherung der damaligen Reichsgrenze zu Italien. Während des Ersten Weltkrieges wurde das Fort durch Granateneinschlag arg beschädigt. Der Rückweg erfolgt auf dem Hinweg.

Rundtour
Toblach–Höhlensteintal–Plätzwiese–Prags

21

Das Bergmassiv, das sich vom Dürrenstein (2839 m) zum Strudelkopf (2307 m) hinzieht, zählt zu den eindrucksvollsten der Pragser Dolomiten. Zeigt es sich von Osten abweisend mit schroffen, steilen Wänden, offenbart es sich von Westen in weit sanfteren Formen. Mit

dem Mountainbike können wir den mächtigen Gebirgsblock problemlos an einem Tag umrunden.

Wegverlauf:
Für die **Plätzwiese-Rundtour** starten wir am besten vom Parkplatz beim Bahnhof in Toblach. Wir

halten uns westwärts und biegen bei der Carabinierikaserne nach links ab. Wir radeln weiter bis zum Schwimmbad, folgen dem Seeweg ca. 300 Meter, halten uns links und gelangen so auf die alte Bahntrasse. Sie führt uns Richtung Süden vorbei am Toblacher See und dem Soldatenfriedhof ins **Höhlensteintal**, bis wir zu einem Bachbett gelangen. Hier zweigen wir nach rechts ab und nach ca. 600 Metern erneut nach rechts. Anschließend steigt der Weg links etwas an und führt hinter dem Hotel Dreizinnenblick vorbei. Bei einer Brücke unterqueren wir die Hauptstraße und biegen nach rechts ab zum **Dürrensee**. Wir gelangen nun, uns immer rechts haltend, zur Straße, die Richtung Cortina führt und folgen dieser kurz, bis rechter Hand die alte Militärstraße ins **Knappenfußtal** abzweigt und uns zur Plätzwiese leitet. Auf Schotterstraße geht es nun bergauf zur **Dürrensteinhütte** (2040 m);

Gesamtfahrzeit: 4 Std.
Gesamtlänge: 43,5 km
Höhenunterschied: 925 m
Schwierigkeit: leicht bis mittel
Jahreszeit: Sommer bis Herbst
Einkehrmöglichkeiten: Dürrensteinhütte, Berggasthof Plätzwiese, Hotel Hohe Gaisl, Gasthof Brückele und in den genannten Dörfern

diese Etappe ist die anstrengendste der Tour. Bei der Hütte angelangt, fahren wir in nördlicher Richtung über das Hochplateau der Plätzwiese. Vorbei am Hotel Hohe Gaisl und am Berggasthof Plätzwiese radeln wir zum Parkplatz **Plätzwiese** (1979 m). Die Abfahrt nach Brückele ist durch eine Ampel geregelt; sie sollte auch von Radfahrern beachtet werden! Die kurvenreiche Asphaltstraße leitet hinunter zum Gasthaus Brückele, wo wir auf die Talstraße nach **Altprags** stoßen. Dieser folgen wir talauswärts bis zur

Am Fahrradweg beim Dürrensee

21

21

Kreuzung Säge, bei der wir geradeaus weiter auf der Pragser Hauptstraße talaus fahren. Ca. 400 Meter nach der Kreuzung biegen wir bei einer Kapelle rechts ab auf den Weg Nr. 1, der uns leicht ansteigend Richtung Nordosten in den Wald führt. Bei der nächsten Kreuzung kurz vor Niederdorf biegen wir rechts ab und stoßen auf den **Pustertaler Radweg**. Wir folgen der Beschilderung am Pustertaler Radweg bis zur Gustav-Mahler-Straße in Alt-Toblach. Auf dieser bleiben wir, bis wir rechts zum Mittelweg abzweigen. Nach Überquerung der Pustertaler Hauptstraße gelangen wir nach Neu-Toblach bis zur Kreuzung am Bahnhof, hier biegen wir links ab und kehren zum Ausgangspunkt zurück.

Quellen, Käs' und Federkiel

Am Wanderweg Nr. 37 von Schmieden nach Altprags gibt es einen neu angelegten, 1,5 Kilometer langen **Quellenweg**: Lehrreiche Schautafeln berichten über die hier entspringende **Maite-Quelle**, über Quellenfauna, -flora und erzählen von Sagen und Legenden. Als Maite-Quelle wird die Gesamtheit der zahlreichen Quellen bezeichnet, die hier auf einem Areal von zwei Hektar entspringen und sich in kleinen Tümpeln und Rinnsalen sammeln und abfließen. Die Quelle weist eine relativ hohe Fließgeschwindigkeit auf, die Schüttung beträgt 350 l/s; die Wassertemperatur liegt ganzjährig bei 5–6°C. Ein Teil des Wassers speist eine Fischzuchtanlage, der Rest wird als Trinkwasser oder natürlich abgeleitet. Ausgangspunkt für den Quellenweg ist Schmieden, wo man sich Richtung Süden hält und sogleich auf den beschilderten Weg Nr. 37 stößt; der Weg ist für jedermann von Frühling bis Spätherbst leicht begehbar.

Am Lechnerhof auf 1200 Meter gibt es eine kleine, aber feine **Hofkäserei**: Der Patzleinerbauer verarbeitet noch eigenständig die Milch seiner Kühe und Ziegen zu Rohmilchkäse, Frischkäse, Schnittkäse und Topfen; Info: Lechnerhof 37, Tel. 0474 748652, www.pragserkaese.com.

In Schmieden beim Meisterbetrieb für **Federkielstickerei** wird Tradition großgeschrieben**:** Das Sticken mit Federkielen ist ein altes Tiroler Handwerk. Dabei werden mit den gespaltenen Kielen der Oberschwanzfedern von Pfauen in kunstvoller Handarbeit Trachtenzubehör und Lederwaren wie Gürtel, Geldbörsen oder Handtaschen bestickt; Info: Federkielstickerei Patzleiner, Innerprags/Schmieden 67, Tel. 0474 748775, www.federkielstickerei.it.

Freizeitangebote

- **Angeln:** Tageslizenz und Info im Tourismusbüro
- **Bibliothek** im Haus der Vereine, Innerprags 49
- **Bootsfahrt** am Pragser Wildsee von Mitte Juni bis Mitte September, Tel: 0474 748808
- **Grillplatz** beim Spielplatz „Untergasse".
- **Klettergarten**: „Brückele", „Dürrenstein" und „Kirchler"; Info im Tourismusverein
- **Langlauf:** Das Hochpustertal mit den Orten Sexten, Innichen, Toblach, Niederdorf und Prags hat ein verbundenes Loipennetz von insgesamt 200 km. Im Gebiet Prags gibt es sechs Loipen verschiedener Längen und Ansprüche; Info im Tourismusverein.
- **Skilaufen**: In Prags gibt es die Skiliftanlagen Kameriot und Sonnleiten, die vor allem für Anfänger und Gruppen geeignet sind; Skilift Kameriot, Tel. 0474 710355.

21

☺ **Das Besondere**

Er wurde millionenfach fotografiert und umrundet, und über ihn zu schreiben erübrigt sich fast. Aber er ist nun mal einer der schönsten Alpenseen, kein anderer hat eine so imposante Kulisse: Der **Pragser Wildsee** mit den schroffen Wänden der Kleinen und Großen Apostel im Osten, dem mächtigen Seekofel im Süden und dem waldreichen Schwarzberg im Westen glänzt im Kreisrund wie ein zu Wasser gewordener Türkis.

Der See liegt auf 1494 Meter, hat eine Wasserfläche von 31 Hektar, eine durchschnittliche Tiefe von 17 Meter, eine maximale Tiefe von 36 Metern und zählt zu den größten Seen Südtirols. Ausgangspunkt für einen romantischen **Seerundgang** ist der gebührenpflichtige Parkplatz beim Hotel Pragser Wildsee (Tel. 0474 74 86 02; bis hierher über

Schmieden). Der Seerundweg Nr. 1 ist gut beschildert und verläuft bis auf eine steilere Passage (70 m) am Ostufer nahezu eben. Er ist für Senioren und Kinder leicht begehbar und an exponierten Steilstellen durch Holzgeländer gesichert. Für den gesamten Rundweg benötigt man ca. 1 ½ Stunden. Leider ist der Weg im Hochsommer und an Wochenenden häufig überlaufen.

Auch wenn rund um den Pragser Wildsee noch so großer Trubel herrschen mag, gibt es nicht weitab davon ein stilles, einsames Kleinod, den **Bärensee** (1495 m; im Volksmund und in einigen Wanderkarten als „Bärenseabl" bezeichnet). Vom nördlichsten Zipfel des Pragser Wildsees zweigt Richtung Norden ein unmarkierter kleiner Steig ab. Folgt man diesem ca. 200 Meter, gelangt man zum kleinen Bärensee. Umgeht

👁 **Sehenswertes**

Die **Pfarrkirche von St. Veit** wurde im Jahre 1335 geweiht, sie unterstand jedoch bis 1807 der Kuratie von Olang. Die Verstorbenen mussten also in all den Jahrhunderten von St. Veit (1342 m) über den Brunstriedel (2082 m) zur Bestattung nach Olang (1060 m) gebracht werden, was einem anstrengenden Tagesmarsch entspricht. An der Außenwand der Kirche sehen wir ein Fresko, das das Martyrium des hl. Veit zeigt: Er wird in einem Kessel siedenden Öls gemartert. Im Inneren gibt es einen neugotischen

Hochaltar und ein reich gegliedertes Netzgewölbe zu bewundern.

Im Weiler Schmieden befindet sich die **Kirche zum Leidenden Heiland**, die im Jahre 1735 geweiht und an der Stelle einer aus dem Jahre 1690 stammenden Kapelle erbaut wurde. Die Statue des „Leidenden Heiland" am Hochaltar stammt aus dem 17. Jahrhundert, während die Statuetten des hl. Nikolaus und des hl. Florian früheren Datums sein dürften. Etwas unterhalb der Kirche steht eine alte Wasserschmiede, die der Siedlung ihren Namen gab, heute jedoch nicht mehr in Betrieb ist. Die **Kapelle bei Bad Altprags**

Pragser Wildsee mit Seekofel (2810 m)

man den See westseitig, stößt man nach ca. 100 Metern Richtung Westen wandernd auf den Steig Nr. 1, der links abbiegend zurück zum Pragser Wildsee oder nach rechts talaus nach Schmieden führt.

stammt aus dem 17. Jahrhundert, erhielt aber erst durch einen Umbau um 1800 ihr heutiges Aussehen. Das Hochaltarbild stellt den hl. Theobald dar.

Die **Kapelle am Pragser Wildsee** wurde zu Beginn des 20. Jahrhunderts errichtet und 1904 Maria der Schmerzhaften geweiht. Prominenten Besuch erhielt die Kapelle durch Erzherzog Franz Ferdinand von Österreich (1863–1914), der kurz vor seiner folgenreichen Ermordung hier einkehrte.

21

 Öffentliche Verkehrsmittel

Zuglinie: Franzensfeste–Innichen; **nächstgelegener Bahnhof:** Welsberg
Buslinien: Bruneck–Innichen; Buslinie ab Welsberg bzw. Niederdorf nach St. Veit in Prags; von St. Veit bis Pragser Wildsee und von St. Veit bis Plätzwiese; Info: Tel. 840000471, www.sii.bz.it, info@sii.bz.it

Veranstaltungen

- Die Prozessionen an kirchlichen Festtagen, wie z. B. zu Fronleichnam, Pfingsten oder Mariä Himmelfahrt, werden hier besonders würdevoll gestaltet: Dabei wird das Allerheiligste aus der Kirche geholt und betend beim Gang über Dorf, Wiesen und Felder mitgetragen. Die Bittgänge sollen eine gute Ernte bewirken und die Bewohner vor Gewitter und Naturgewalten bewahren.
- Der „Progsa Kirchta" am vorletzten Wochenende im Oktober ist der wichtigste Termin für die Pragser: Am Samstagnachmittag wird der „Kirtamichlbam" aufgestellt, ein entrindeter Baum, auf dessen Wipfel eine Strohpuppe, der Michl, gebunden ist. Traditionsgemäß dürfen nur ledige Burschen, die „Kirtamichlbuibm", mit eigener Manneskraft den Baum aufrichten. Am Abend wird beim „Kirtaball"

tüchtig gefeiert, was sich mehr oder minder bis zum Frühschoppen am Sonntag hinzieht. Nach dem „Kirtamichloatian", dem Niederholen des Michls, wird am Nachmittag der „Kirtamichlbam" verlost.
- Im Jänner führt der Alpentrail, das bedeutendste europäische Mittelstreckenrennen für Schlittenhunde, durch das Pustertal: Ein wichtiges Etappenziel ist jedes Jahr Prags.
- Das Komiota-Lackl-Fescht findet jährlich zum Abschluss der Wintersaison statt und hat sich zu einem wahren Publikumsmagneten gemausert. Es handelt sich dabei um ein verrücktes Winterseifenkistenrennen, bei dem ein kleiner See im Schnee möglichst heil überquert werden soll. Gekürt wird dabei nicht der beste, sondern der originellste Pilot bzw. die Crew.

Spielplätze

In **Schmieden** neben der Grundschule
In der **„Untergasse"** mit Grillstelle

Links/Infos

Tourismusverein Prags
Außerprags 78
39030 Prags
Tel. +39 0474 74 86 60
Fax +39 0474 74 92 42
info@pragsertal.info
www.pragsertal.info

NIEDERDORF

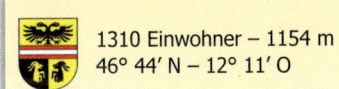

1310 Einwohner – 1154 m
46° 44′ N – 12° 11′ O

Der Name „Nidrindorf" taucht in Urkunden des Jahres 994 zum ersten Mal auf. Scherbenfunde am nahen Burgstall (1493 m) lassen aber darauf schließen, dass das Gebiet bereits in der Bronzezeit (2200–1200 v. Chr.) besiedelt war. Als Pfarre wurde Niederdorf im Jahre 1225 erstmals dokumentiert. **Bad Maistatt,** südöstlich von Niederdorf gelegen, wird in einem Freisinger Codex bereits 1273 erwähnt (als Meilstatt). Der berühmteste Gast dieses einst sehr bekannten Heilbades war wohl Kaiser Maximilian I. (1459–1519), der im Jahre 1511 hier Erholung fand. Weitere Aufzeichnungen liegen in den sogenannten Hanse-Büchern vor, in denen von 1721 bis 1776 die Namen der Besucher festgehalten wurden, die aus ganz Europa angereist kamen. Das Heilwasser soll Linderung bei Frauen- und Magenleiden bewirkt haben. Heute ist das Heilbad nicht mehr in Betrieb, die nahe Maistattkapelle jedoch ist im Juli und August von 8 bis 18 Uhr für Besucher geöffnet.

Wegen der günstigen Lage war Niederdorf seit jeher ein viel besuchter Ort; zahlreiche Reisende durch das Pustertal legten hier eine Pause ein. Illustre Namen scheinen in den Gästebüchern der Wirtshäuser auf: Kaiserin Maria Theresia (1717–1780) mit ihrem Gatten Franz I. Stephan von Lothringen (1708–1765) in den Jahren 1738 und 1765, Infantin Isabella von Bourbon-Parma (1741–

Niederdorf

22

1763) im Jahre 1758 oder Erzherzogin Maria Karolina von Österreich (1752–1814) im Jahre 1768.

Im 19. Jahrhundert galt Niederdorf schließlich als eines der ersten (und auch berühmtesten) Tourismuszentren Tirols. Die tüchtige Wirtin des Gasthofs Schwarzer Adler, Emmerentia Hellensteiner, genannt **Frau Emma** (1817–1904), erkannte die Zeichen der Zeit und brachte es aufgrund ihrer Gastfreundschaft und vorzüglichen Kochkunst zu großem Ruhm (siehe „Das Besondere"). Der wirtschaftliche Aufschwung war nicht zuletzt dem Bau der **Südbahnlinie im Jahre 1871** zu verdanken, die Metropolen wie Wien oder München näher rücken ließ. Heute bietet Niederdorf seinen Gästen unter anderem eine schön angelegte Kneippanlage und einen Kurpark. Internationalen Ruf erlangte der Ort jüngst durch das jährlich stattfindende Rennen für Mountainbikeprofis „**Südtirol Dolomiten Superbike**", das hier seinen Ausgangspunkt hat (siehe „Veranstaltungen").

Niederdorf besitzt keine Fraktionen; das Gemeindegebiet umfasst eine Fläche von 17,85 Quadratkilometern.

Die Nachbargemeinden sind:
- im Norden Gsies
- im Osten Toblach
- im Süden Prags
- im Westen Welsberg

 ## Zum Sueskopf

Fährt man in östlicher Richtung durch das Pustertal, so fällt bei Niederdorf unser Blick auf die markanten, südöstlich gelegenen Gipfel des Lungkofels (2282 m) und Sarlkofels (2378 m). Letzterem vorgelagert ist der **Sueskopf** (2052 m), der trotz seiner relativ geringen Höhe ein schönes Gipfelpanorama aufzuweisen hat.

Gesamtgehzeit: 4 ½ – 5 Std.
Höhenunterschied: 900 m
Schwierigkeit: leicht, aber lang und anstrengend
Jahreszeit: Frühsommer bis Spätherbst
Einkehrmöglichkeiten: Skihütte Rienz, Gustav-Mahler-Stube in Altschluderbach

Wegverlauf

22

Ausgangspunkt ist der Hauptplatz in Niederdorf (hier Parkgelegenheit). Wir wandern ca. 200 Meter die Staatsstraße Richtung Toblach entlang und biegen dann rechts ab auf den Maistattweg Nr. 27, benützen die Bahnunterführung und folgen diesem Weg bis zu einer Abzweigung. Dort halten wir uns rechts und wandern die Forststraße Nr. 15 entlang bis zur **Putzalm** (1743 m). Nun folgen wir dem Weg Nr. 16/33 links hinauf zum **Suissattel** (2013 m) und weiter zum Gipfel des **Sueskopf**. Beim Abstieg vom Gipfel gehen wir zurück zum Suissattel, biegen nun aber wir nach links ab, machen einen kurzen Zwischenanstieg zur Skihütte Rienz (Tel. 0474 97 25 55, geöffnet von Juli bis September)

rechts ab auf den Weg Nr. 16 und folgen diesem bis zum **Trogerhof** (1437 m) und zum Weiler Rienz (1200 m). Bei der Bahnlinie zweigen

und gelangen schließlich auf dem Weg Nr. 27 nach **Altschluderbach** (1230 m). Nun leitet uns der Weg Nr. 27 weiter nach Bad Maistatt (1240 m) und von dort bald zurück zum Ausgangspunkt.

Niederdorf–Toblach

Neben Bad Maistatt war das **Weiherbad** einst ein weitum geschätztes Heilbad; es wurde um das Jahr 1700 erstmals urkundlich erwähnt. Seine schwefel- und alaunhaltige Quelle bot Linderung vor allem bei Frauenleiden; wohl deshalb wurde es auch als „Weiberbad" bezeichnet. Heute ist das Bad nicht mehr in Betrieb, aber ein gemütlicher Spazier-

Gesamtgehzeit: ca. 1½–2 Std. (eine Strecke)
Höhenunterschied: 85 m
Schwierigkeit: leicht und problemlos
Jahreszeit: bei aperen Bedingungen ganzjährig
Einkehrmöglichkeiten: in Niederdorf und Toblach

22

gang führt daran vorbei und lässt uns von alten Zeiten träumen.

Wegverlauf
Für die Wanderung **von Niederdorf nach Toblach** wählen wir als Ausgangspunkt den Hauptplatz in Niederdorf. Wir überqueren die Brücke und wechseln ans orografisch rechte Rienzufer. Nun biegen wir rechts ab Richtung Osten auf den beschilderten Weg Nr. 11 zum Weiherbad.

Wir folgen der Markierung Nr. 11 bis zum Kreuzungspunkt nach dem Rainerhof. Hier wählen wir den Weg Nr. 11b, der uns bis nach Toblach führt. Rückweg auf dem Hinweg oder mit dem Bus zurück.

Tipp
Diese Wanderung eignet sich gut für Senioren oder für jedermann an Regentagen.

 ## Rundtour Niederdorf – Ratsberg – Toblach

Die Anhöhen an der Sonnenseite des Pustertales bieten zahlreiche Möglichkeiten zum Radeln. Durch schattige Wälder führen Forststraßen immer wieder zu Rastplätzen, wo man eine herrliche Aussicht über das grüne Tal genießen kann. Eine angenehme Route führt uns von **Niederdorf nach Toblach.**

Wegverlauf

Ausgangspunkt ist der Hauptplatz in Niederdorf, wo wir nach rechts Richtung Kirche abbiegen; 200 Meter nach der Kirche fahren wir nach links. Auf dem **Moosweg** geht es nun bergan. Bei einem Elektrizitätshäuschen zweigen wir nach links ab und folgen der Markierung Nr. 45. Wir bleiben links auf einer Privatstraße Richtung Welsberg und halten uns bei einer markanten Linkskurve der Wegnummer 41 folgend Richtung Gsies. Geradeaus geht es auf dem Talblickweg weiter bis **Unterplanken**. Vor einer Holzbrücke folgen wir rechts der Markierung Nr. 91 Richtung Frondeigen. Bei der Weggabelung

> **Gesamtfahrzeit**: 3–3 ½ St.
> **Gesamtlänge**: 32,5 km
> **Höhenunterschied**: 880 m
> **Schwierigkeit**: leicht bis mittel
> **Jahreszeit**: Frühling bis Herbst
> **Einkehrmöglichkeiten**: Alpenhotel Ratsberg, Gasthöfe in Niederdorf und Toblach

bei einer Holzhütte geht es nun auf Weg Nr. 60 rechts bergan Richtung **Ratsberg**. Dort angelangt, haben wir nun alle schweißtreibenden Anstiege hinter uns und wir radeln, am Alpenhotel Ratsberg vorbei, bergab nach Aufkirchen und der Markierung Nr. 11 folgend zurück zum Ausgangspunkt.

Kneippen im Kurpark

Kneippen ist ein die Schulmedizin unterstützendes und gut hundert Jahre altes Heilverfahren und beliebter denn je. Der Pfarrer Sebastian Anton Kneipp (1821–1897), nach dem die Therapie benannt ist, befasste sich mit Behandlungsmethoden wie Wasseranwendungen und Bewegungstherapie sowie mit der Ernährungslehre und den Pflanzenwirkstoffen und entwickelte daraus ein Verfahren, dessen Wirksamkeit vor allem in der Vorbeugung von Krankheiten liegt. Die größten Erfolge erzielt eine Kneipp-Kur bei Problemen mit Krampfadern oder bei Bronchitis, vor allem aber wird sie wegen ihrer allgemein wohltuenden Wirkung geschätzt. Die Verwendung der Grundelemente Wasser und Lehm

im Zusammenhang mit körperlicher Betätigung wecken neue Lebensenergien, machen den Geist frei und stärken das Immunsystem. Die **Kneippanlage beim Kurpark** in Niederdorf wurde im Jahr 2005 errichtet und gilt als eine der schönsten Kneippanlagen des Alpenraums. Sie ist für Gesundheitsbewusste genau das Richtige und verfügt über einen Barfußweg, eine Tautretwiese, ein Gesichts- und Armbecken, eine Trinksäule, ein Lehmbecken, eine Gusssäule und ein Wassertretbecken. Die Kräuter-, Duft- und Naschgärten bieten Einblick in die Wirksamkeit von Heilkräutern und sind ein wahres Sinneserlebnis für Auge, Nase und Gaumen. Im Hochsommer werden zweimal wöchentlich Einführungs-

Wassertreten und In-sich-Gehen

kurse in die Kneipptherapie angeboten, auf Anfrage auch zu anderen

Terminen. Nähere Informationen
erteilt das Tourismusbüro.

 Sehenswertes

Am Nordrand des Dorfes erhebt sich
die **Pfarrkirche zum hl. Stephanus**, die im Jahre 1441 geweiht
wurde und durch Umbauten in den
Jahren 1792–96 ihr heutiges Aussehen erhielt. Das einstige künst-
lerisch hochwertige Hochaltarbild
des Künstlers Martin Knoller
(1725–1804) wurde leider in den
Wirren des Ersten Weltkrieges zerstört. Heute ziert den Hochaltar ein
Werk des Cortineser Malers Orazio
Gaigher (1870–1938); es stellt die
Steinigung des hl. Stephanus dar.
Die Kirchendecke zieren Fresken
von Franz Altmutter (1746–1817).
Linker Hand der Kirchstiege befindet

sich eine **Doppelkapelle** aus dem
15. Jahrhundert. Der untere Teil
dient als Totenkapelle, der obere ist
der hl. Anna geweiht. Die Außensei-
te der Doppelkapelle schmückt ein
wertvolles Fresko von Simon von
Taisten (1450–1530). Die Kapelle
kann täglich von 7 bis 18 Uhr besichtigt werden.
In der Moosstraße kann man die
**Kirche Maria Magdalena im
Moos** bewundern. Sie wurde im 13.
Jahrhundert zum ersten Mal erwähnt
und enthält zahlreiche Fresken von
Simon von Taisten. Folgt man der
Moosstraße in westlicher Richtung,
gelangt man in die Streusiedlung

Eggerberg. Wegen der Abgeschiedenheit zum Dorf und der weiten Entfernung zur Kirche konnten ihre Bewohner vor allem im Winter oftmals nicht zur Sonntagsmesse gelangen. Deshalb errichteten die Eggerberger Kapellen nahe ihrer Höfe, um dort ihr Zwiegespräch mit Gott abhalten zu können. Die Kirchlein wurden von den Einheimischen „**Stöckl**" genannt; sie stellen nicht zuletzt aufgrund der Tatsache, dass so viele auf recht engem Raum anzutreffen sind, eine Besonderheit dar. So gibt es beispielsweise das „Ringler-Stöckl", das „Gruber-Stöckl", das „Thaler-Stöckl" oder das „Sinner-Stöckl". Die meisten Kapellen wurden im 18. Jahrhundert in schlichter Bauweise errichtet und zeugen von tiefer Volksfrömmigkeit.

Pfarrkirche Niederdorf

 Freizeitangebote

- **Angeln:** Fischerkarten im Tourismusbüro oder im Hotel Rose, Tel. 0474 745121
- **Bibliothek** im Stiftshaus, Hans-Wassermannstraße 2, Öffnungszeiten: Di und Mi 18–19 Uhr, Do und Fr 19–20 Uhr, So 10.15–11.30 Uhr
- **Bike-Shuttle-Service**: Funactive Tours, Tel. 0474 740105, www.funactive.info
- **Boccia** im Kurpark; zwei überdachte Bahnen, Tel. 0474 745261
- **Eislaufen und Eisstockschießen**: Natureislaufplatz hinter dem Gemeindehaus; täglich geöffnet
- **Fahrradverleih:**
  – Bike Store, Rienzstraße 31, Tel. 0474 740050;
  – Funactive Tours, Tel. 0474 740105;
  – am Von-Kurz-Platz 5 beim Hotel Adler (nur im Sommer), Tel. 0474 745128
- **Grillstelle** im Kurpark in Niederdorf; nur mit Reservierung. Info im Tourismusbüro
- **Langlauf**: fünf Loipen von 3 bis 7,5 km
- **Tennis** im Kurpark; 2 Flutlichtanlagen

22

☺ **Das Besondere**

„Frau Emma in Europa, Autriche" – diese dürftige Adresse einer Postkarte, die in Amerika aufgegeben wurde, reichte aus, um in die richtigen Hände nach Niederdorf zu gelangen, in die der damals wohl berühmtesten Wirtin Tirols: Emmerentia Hausbacher aus St. Johann in Tirol, genannt Frau Emma (1817–1904). Sie heiratete den Wirt des Gasthofs Schwarzer Adler in Niederdorf (heute Hotel Emma) und erwies sich bald nicht nur als eine gastfreundliche Wirtin und hervorragende Köchin, sondern erkannte vor allem die Möglichkeiten, einen touristischen Aufschwung zu erwirken. Sie verschönerte ihre Gasträume und Übernachtungsmöglichkeiten durch einen qualitativen Ausbau und verfeinerte die bodenständige, teils deftige Pustertaler Kost mit der beliebten gehobenen Biedermeierküche. Ende des 19. Jahrhunderts erblühte der Alpinismus und mit ihm der Bergsteigertourismus in den Dolomiten. So kam es, dass im Jahre 1869 auf Anregung von Emma Hellenstainer und anderer Gastwirte des Ortes die Alpenvereinssektion Hochpustertal gegründet wurde. Frau Hellenstainer war das erste weibliche Mitglied des Österreichischen Alpenvereins überhaupt. Als Kaiser Franz Josef I. (1830–1916) im Jahre 1899 im Pustertal weilte, war er hocherfreut, die „weltbekannte Frau Emma" kennen zu lernen und ihr höchstpersönlich das Goldene Verdienstkreuz für ihre außerordentlichen Leistungen zu verleihen.

Einblicke in diese spannende Zeit der Tourismusentwicklung erhält man heute im **Fremdenverkehrsmuseum** Niederdorf: Gezeigt werden Einrichtungs- und Ausstattungsgegenstände der Wirtshäuser

 Veranstaltungen

- Chörefestival, Ende Juni: Aufführungsorte sind Kirchen, Festsäle oder Berghütten in verschiedenen Orten des Hochpustertales; Info: www.festivalpusteria.org
- Dolomiten Superbike, Anfang Juli: Es ist eines der europaweit wichtigsten und härtesten Rennen für Mountainbike-Profis. Zwei Streckenlängen, 57 km oder 120 km, stehen zur Auswahl; Info: www.dolomitisuperbike.com
- Kirchtagsfest am dritten Wochenende im Oktober: Begonnen wird das Fest am Samstagnachmittag mit dem Aufstellen des Kirchtamichlbaumes – eine heikle Angelegenheit, die viel Geschicklichkeit erfordert. Dabei wird eine lebensgroße Strohpuppe, der „Kirchtamichl", an die Spitze eines hohen, entrindeten Baumstammes gebunden, der dann bei Musik und mit großem Trara aufgestellt wird. In der Nacht von Samstag auf Sonntag muss der Michlbaum

Fremdenverkehrsmuseum Niederdorf

von damals, um die noch das Flair der noblen Reisegesellschaften zu wehen scheint. Im Gegensatz dazu wird auch die harte Arbeitswelt des Dienstpersonals vermittelt. Weitere Schaubereiche sind dem frühen Alpinismus gewidmet. Das Fremdenverkehrsmuseum befindet sich in der Hans-Wassermann-Straße 8, Tel. 0474 74 51 33. Öffnungszeiten: Dezember bis Februar und Mai bis Juni: Freitag–Sonntag 16–19 Uhr; Samstag 9–12 Uhr und 16–19 Uhr. Juli bis September und Weihnachten: Dienstag–Sonntag 16–19 Uhr; montags geschlossen.

von Burschen des Dorfes „bewacht" werden. Wenn nämlich der Michl heimlich gestohlen würde, wäre dies eine Schmach und Schande für das ganze Dorf. Am Sonntagnachmittag wird der Kirchtamichl abgenommen und der Baumstamm versteigert. Rund um diesen alten Brauch wird köstlich aufgetischt: „Schöpsernes Bratl", „Niggilan", „Ofenmus" oder „Kirchtagskrapfen" sind die kulinarischen Freuden dieses fröhlichen Festes.

22

Öffentliche Verkehrsmittel

Zuglinie: Franzensfeste–Innichen–Lienz; Info: www.ferroviedellostato.it
www.oebb.at **Bahnhof Niederdorf**: Fahrkarten im Tourismusverein im
Bahnhofsgebäude, Wertkartenautomat im Warteraum
Buslinie: Brixen–Winnebach; Info: Tel. 840000471, www.sii.bz.it
info@sii.bz.it

 **Spielplätze**

Die Spielanlagen im „adventure land"
im Kurpark zählen zu den schönsten
und abwechslungsreichsten im Lan-
de. Im Jahre 2004 wurde Niederdorf
hierfür vom Südtiroler „Verein für
Kinderspielplätze und Erholung" zur
„kinderfreundlichen Gemeinde in
Südtirol" ausgezeichnet.
Spielplatz beim Minizoo Olimpia

 Links/Infos

Tourismusverein Niederdorf
Bahnhofstraße 3
39039 Niederdorf
Tel. 0474 74 51 36
Fax 0474 74 52 83
info@niederdorf.it
www.niederdorf.it
www.hochpustertal.info

22

TOBLACH

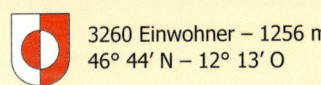

3260 Einwohner – 1256 m
46° 44′ N – 12° 13′ O

Die Besiedelung von Toblach reicht in die Ältere Eisenzeit (750–450 v. Chr.) zurück. Der Name dürfte keltischen Ursprungs sein: Die Nachsilbe „aco" bedeutete „Gebiet", es könnte sich also um das „Gebiet des Tilios" im Königreich Norikum handeln (ca. 200 v. Chr., es umfasste in etwa das Gebiet des heutigen Österreich, Ostbayern und Slowenien; im Jahr 15 v. Chr. wurde es Teil des Römischen Reichs). Eine erstmalige urkundliche Erwähnung erfolgte im Jahre 827 in der Namensnennung „Duplago". Das heutige Dorf Toblach wird aufgeteilt in das nördlich gelegene Alt-Toblach und das südlich gelegene Neu-Toblach; die dazwischen verlaufende Pustertaler Hauptstraße trennt die Dorfteile voneinander. Östlich von Neu-Toblach liegt das **Toblacher Feld**, hier verläuft die Wasserscheide zwischen der Adria und dem Schwarzen Meer: Die Drau entspringt im Toblacher Feld, fließt nach Osten in die Donau, welche in das Schwarze Meer entwässert; die Rienz entspringt unweit des Toblacher Feldes im Höhlensteintal, fließt nach Westen in den Eisack, dieser in die Etsch, welche in die Adria mündet.

„Das Toblacher Feld bietet im Sommer den fröhlichsten Anblick. Die ganze Ebene ist wie ein Garten auf das zierlichste angebaut. Äcker wechseln mit Wiesen, die sich in den dünngesaeten Baumwald verlieren, über welchem südlich die Hieroglyphen der Kalkpyramiden scharf

Toblach mit Blick ins Höhlensteintal

23

abstechen. Der Sommer entfaltet die angenehmste Kühle für Mensch und Vieh; für Baum und Gras gleich gedeihlich." Dieser Aussage von Beda Weber (Schriftsteller und Theologe, 1798–1858, geboren in Lienz, Osttirol) ist wenig hinzuzufügen – höchstens, dass hier auch der Winter einen „fröhlichen Anblick" bietet und dass sich die „fröhlichen" Erlebnismöglichkeiten seit damals bestimmt vervielfacht haben. Vor allem seit der Erschließung des Pustertales durch die Eisenbahn im Jahre 1871 gewann der Fremdenverkehr für die Gemeinde stark an Bedeutung.

Das Gemeindegebiet umfasst mit den Fraktionen Aufkirchen und Wahlen sowie den Weilern Säge, Letten, Gratsch, Schluderbach, Neunhäusern, Ratsberg, Schönhube, Melaten, Haselsberg, Stadlern, Kandellen und Frondeigen eine Fläche von 126,3 Quadratkilometern. **Aufkirchen** liegt am Sonnenhang nordwestlich von Toblach und ist ein bekannter Wallfahrtsort; die um 1470 im gotischen Stil erbaute Marienkirche kann täglich von 7 bis 19 Uhr besichtigt werden. **Wahlen** liegt 2 Kilometer nördlich von Toblach am rechten Talhang. Die aus dem 14. oder 15. Jahrhundert stammende Kirche ist dem hl. Nikolaus geweiht, der als Schutzpatron gegen Wasser und Lawinengefahr verehrt wird.

Die Nachbargemeinden sind:
• im Norden Gsies und Innervillgraten (Österreich)
• im Osten Innichen und Sexten
• im Süden Auronzo di Cadore und Cortina d'Ampezzo (beide Provinz Belluno)
• im Westen Prags und Niederdorf

 ## Zur Flodige Alm

Gesamtgehzeit: 3 ½ Std.
Höhenunterschied: 730 m
Schwierigkeit: leicht, aber steil und anstrengend
Jahreszeit: Sommer bis Frühherbst
Einkehrmöglichkeiten: keine

Das Hochpustertal hat sich in den letzten Jahrzehnten zu einer wahren Touristenhochburg entwickelt, dementsprechend viel besucht sind auch die vielen Wanderziele ringsum. Und doch gibt es noch einige einsame Flecken, in die sich nur wenige Wanderer verirren. Einer davon ist die **Flodige Alm** (2039 m). Der Weg nahe dem hochragenden Dürrenstein (2839 m) ist steil und schweißtreibend, aber die Mühe wird belohnt durch eine reizvolle Almgegend, durch Einsamkeit und Stille.

Wegverlauf:
Ausgangspunkt ist der Parkplatz am Kriegerfriedhof **Nasswand** im Höhlensteintal (Fahrstraße Toblach–Cortina). Von dort gehen wir ca. 150 Meter der Straße Richtung Cortina entlang, bis zu einer Quer-

23

straße. Dort biegen wir rechts ab zu einem Elektrizitätswerk. Hinter dem Gebäude wählen wir den Weg Nr. 33, der uns in Kehren immer steiler bergan leitet. Wir gelangen durch eine bewaldete Mulde zu einer Weggabelung, auch hier bleiben wir rechts auf dem Weg Nr. 33, der uns bis zur **Flodige Alm** führt (2 Std.). Rückweg auf dem Hinweg.

Tipp
Wer noch nicht müde ist, kann weiterwandern bis zum weiten Sattel (2227 m) zwischen Sarlköfele und Kasamutz; am Sattel biegt man nach rechts ab und gelangt bald auf den Gipfel des **Kasamutz** (2333 m, ¾ Std. ab Alm).

 ## Zum Toblacher See

Südlich von Toblach liegt das düstere Höhlensteintal, das sich wie ein abweisender Canyon präsentiert, von dunklen Wäldern und schroffen Felsen umgeben. Umso größer ist die Überraschung, wenn sich vier Kilometer nach dem Dorfzentrum das Tal weitet und den malerischen **Toblacher See** (1176 m) freigibt.

Gesamtgehzeit: 2 ½ Std.
Höhenunterschied: ca. 60 m
Schwierigkeit: leicht und problemlos
Jahreszeit: Frühling bis Spätherbst
Einkehrmöglichkeiten: in Neu-Toblach und am See

Der Toblacher See im Höhlensteintal

Sein Wasservolumen beträgt ca. 286.000 Kubikmeter, sein Umfang 4,5 Kilometer. Er bildet die Grenze zweier Naturparke: des Naturparks Drei Zinnen im Osten und des Naturparks Fanes-Sennes-Prags im Westen.

Der Rundweg um den See ist wohl die romantischste Promenade, die Toblach zu bieten hat. Der Steig ist zum Teil als **Naturerlebnispfad** mit zahlreichen Schautafeln gestaltet, die die Flora und Fauna dieses Naturschutzgebietes erklären.

Wegverlauf

Ausgangspunkt ist der Parkplatz im Bahnhofsbereich in **Neu-Toblach** (1290 m). Wir wandern kurz nach Westen zur Dolomitenstraße, der wir 100 Meter bis zur Pension Germania folgen. Nun halten wir

uns leicht rechts und gelangen in den Ortsteil Rienz; ab hier folgen wir der Beschilderung „Seeweg". Wir wandern in südliche Richtung und gelangen, an der Villa Günther vorbei, zu den **Saghäusern** (1220 m). Der Weg führt uns westlich der Rienz hinein ins Höhlensteintal und durch Nadelwald zum Nordufer des **Toblacher See**s.

Nun geht es am Ostufer des Sees entlang und in gemütlicher Wanderung zum Süd- und Westufer, bis man wieder das Nordufer erreicht hat und zurück zum Ausgangspunkt gelangt.

Tipp

Diese Wanderung ist auch für Senioren gut geeignet; zudem lässt sie sich gut auch an Regentagen machen.

Rundtour Toblach–Vierschachberg

Nördlich des Pustertales erhebt sich zwischen Toblach und Winnebach (Gemeinde Innichen) der Vierschachberg. Entlang seines Sonnenhanges zieht sich eine Panoramastraße, die für Mountainbiker eine wahre Genusstour ist.

Gesamtfahrzeit: 3 Std.
Gesamtlänge: 26,1 km
Höhenunterschied: 765 m
Schwierigkeit: leicht bis mittel
Jahreszeit: Frühling bis Herbst
Einkehrmöglichkeiten: Lachwiesenhütte, Gasthöfe in Toblach

Wegverlauf

Ausgangspunkt für die **Rundtour am Vierschachberg** ist der Parkplatz hinter der Pfarrkirche in Toblach. Von hier fahren wir 100 Meter Richtung Norden und biegen dann rechts ab in die Straße Richtung Haselsberg. Nach 3,8 Kilometern folgen wir dem Wegweiser

rechts ab zur **Lachwiesenhütte** (1680 m). Hier bietet sich eine verdiente Rast an, zumal die Hütte sehr schön gelegen ist (geöffnet von Mitte Juni bis Ende September). Nach der Lachwiesenhütte fahren wir auf Schotterstraße weiter bergauf bis zum höchsten Punkt (1882 m). Die

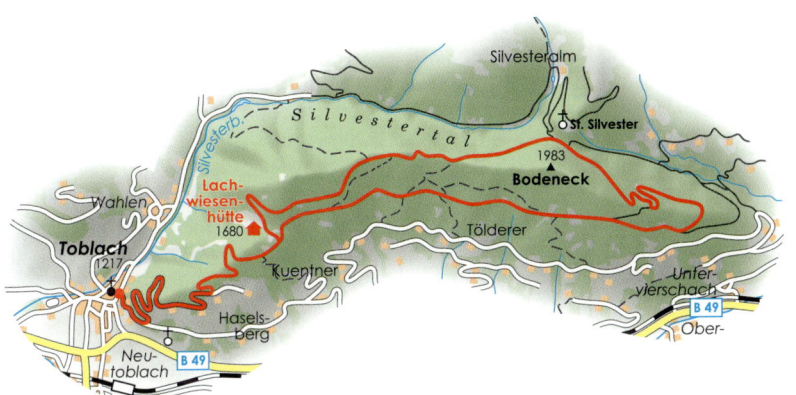

Straße leitet uns nun bergab, und wir erreichen bald einen weiten Platz mit einer Ruine (1791 m). Dort biegen wir nach rechts auf eine Forststraße in den Wald ab. Nach 14 Kilometern ab dem Start biegen wir wieder nach rechts ab, dem Wegweiser Toblach/Innichen folgend.

Wir bleiben auf diesem Forstweg ohne Berücksichtigung aller Abzweigungen und gelangen so wieder zur Lachwiesenhütte. Hier biegen wir nun nach links ab und folgen der Straße wie auf dem Hinweg zurück zum Ausgangspunkt.

Naturbadesee und Baumdorf

Der **Naturbadesee** in Toblach liegt mitten im Grünen mit herrlichem Ausblick auf die Bergwelt des Höhlensteintales. Das Planschvergnügen im reinen Trinkwasser findet ohne Zusatz von Chlor statt, da die Wasserreinigung auf natürliche Weise in zwei Aufbereitungsbereichen unter der Zuhilfenahme von Repositionspflanzen erfolgt. Der Badesee ist in einen Schwimmerbereich und einen Nichtschwimmerbereich unterteilt. Der Schwimmerbereich weist eine Länge von 37 Metern, eine Breite von 16 Metern und eine maximale Wassertiefe von 2 Metern auf. Geringe Wassertiefe weisen der Nichtschwimmerbereich bzw. das Kinderbecken auf. Der Naturbadesee befindet sich in der Sportzone Gries und ist von Juni bis September geöffnet, Info Tel. 0474 97 25 29, Mobil: 340 32 20 689. Die „**WaldWunderWelt**" erkundet man über einen abwechslungsreichen Walderlebnisweg, an dessen Ende uns ein **Baumdorf** erwartet. Hier werden die Möglichkeiten der Holzverwendung dargestellt; anhand des Keltischen Baumhoroskops kann man den persönlichen Geburts- und Glücksbaum heraus-

23

finden. Der beschilderte Erlebnispfad zweigt unmittelbar hinter dem Grand Hotel in südlicher Richtung ab.

Ein beliebtes Ausflugsziel ist ebenso der **Naturlehrpfad** rund um den Toblacher See.

Entlang des Weges sind elf Stationen angebracht, die Einblick in die örtliche Flora, Fauna und Geomorphologie geben. Wegbeschreibung siehe „Wege fürs Wagele".

Im **Wildpark** in Altschluderbach können zahlreiche Alpentiere, wie Dam- und Rotwild, Luchs, Muflon, Wildschwein, Fasan, Uhu, Schneeeule, beobachtet werden; Adresse und Info: Altschluderbach Nr. 3, Tel. 0474 972347, www.gustav-mahler-stube.dobbiaco.it.

Sehenswertes

Im **Naturparkhaus Toblach** erhält man wichtige Informationen über die Natur- und Kulturlandschaften des Naturparks Drei Zinnen. Bei Abendexkursionen kann man Insekten und Fledermäuse beobachten oder Fröschen und Lurchen in ihr „Wohnzimmer" schauen. Info: Naturparkhaus Toblach im Kulturzentrum Grand Hotel Toblach, Dolomitenstraße 1, Tel. 0474 973017, www.provinz.bz.it/natur

Die **Pfarrkirche von Toblach** ist die stattlichste Barockkirche des gesamten Pustertales. Auf den Fundamenten einer romanischen Kirche wurde von 1764 bis 1774 die heutige Barockkirche erbaut.

Der Kirchturm von Toblach

Gleich nebenan erheben sich die geschichtsträchtigen Mauern der **Herbstenburg**. Die Burg wurde um 1500 von den Brüdern Kaspar und Christoph Herbst zu Herbstenburg als Vogteisitz erworben und zu einer befestigten Anlage umgebaut. In den Jahren 1508 und 1511 diente sie **Kaiser Maximilian I. von Habsburg** (1459–1519) als Hofquartier. Heute ist die Herbstenburg in Privatbesitz. In der Nähe, und zwar am Südausgang des Friedhofs neben der Pfarrkirche von Toblach, befindet sich die erste der **fünf Passionskapellen,** die entlang der Maximilianstraße den Weg säumen. Sie ist der Ausgangspunkt zum ältesten Kreuzweg Tirols (errichtet 1519), der über den Kalvarienberg bis zur Rundkapelle Lerschach führt. Ein Blickfang ist der „**Rote Turm**" aus dem Jahr 1430. Er wurde einst nach seinem Erbauer „Hornberger Turm" genannt, und erhielt später wegen seines rötlichen Anstriches die Bezeichnung „Roter Turm". Nach zahlreichen Besitzerwechseln ist er seit dem Jahre 1736 in Privatbesitz. Von den Farben zu den Tönen: Se-

☺ **Das Besondere**

Der **Abenteuerpark Toblach** beim Langlaufzentrum in der Sportzone in Neu-Toblach ist eine wahre Gaudi für die ganze Familie und geeignet für Kinder ab 6 Jahren. Die Anlage besteht aus einem zwischen Bäumen hängenden Riesennetz, worin verschiedene Geschicklichkeitsübungen eingebaut sind. Spaß allein ist es allerdings nicht, denn mancher der sechs Parcours mit unterschiedlichem Schwierigkeitsgrad erfordert eine gehörige Portion Mut. Aber wenn das mulmige Gefühl erst einmal überwunden und die Abenteuertour vollbracht ist, fühlt man sich wie ein kleiner Alpentarzan! Schwünge von Baum zu Baum, Holzleitern oder Hängebrücken sorgen dafür, dass einem nie langweilig wird. Die Anlage richtet sich an Anfänger und Profis, für alle Ansprüche ist etwas dabei. Das geschulte Sicherheitspersonal gestattet eine Einführung, überwacht und kontrol-

Mutproben für Groß und Klein

liert die korrekte Handhabung und steht bei Bedarf zur Seite. Geöffnet von Mai bis Oktober,
Mobil: 340 56 78 960.

henswert nicht nur für Musikfreunde sind die Räumlichkeiten, in denen **Gustav Mahler** (1860–1911) gemeinsam mit seiner Frau Alma über mehrere Jahre seinen Sommerurlaub verbrachte. „Hier ist es wunderherrlich und repariert ganz sicher Leib und Seele", so beschrieb der weltberühmte Komponist seinen Aufenthalt auf dem Trenkerhof in Altschulderbach. In den Sommermonaten von 1908 bis 1910 schrieb er hier die 9. Symphonie, die unvollendete 10. Symphonie und das „Lied von der Erde". Heute

Das Komponierhäuschen von Gustav Mahler

23

kann man eines der Zimmer seiner Sommerresidenz besichtigen, ebenso das Komponierhäuschen, ein kleines Holzhäuschen, welches Mahler erbauen ließ, um ungestört komponieren zu können; Info Tel. 0474 97 21 32/97 23 47, www.gustav-mahler-stube.dobbiaco. it (siehe auch „Veranstaltungen).

Von den Tönen zu den Düften: Die **Schaukäserei** Drei Zinnen bietet Einblicke in die Geschichte des Käses und in die Milchverarbeitung bzw. Käseherstellung. Anhand von zwanzig Stationen kann unter fachkundiger Führung die Käseproduktion nachvollzogen werden; auch gibt es die Möglichkeit, Käse zu verkosten und zu erwerben. Die

Schaukäserei befindet sich an der Pustertaler Straße 3/C, Info für Führungen Tel. 0474 97 13 00, www.schaukaesereidreizinnen.com Ganz andere Eindrücke vermittelt der **Biomasselehrpfad** im Fernkraftwerk Toblach: Im Jahre 2005 wurde hier das erste Biomasselehrpfad Europas errichtet. Ein Besuch des Schauheizwerkes zeigt, wie aus Holzabfällen thermische und elektrische Energie gewonnen wird. Der Schaugang ist täglich geöffnet von 9 bis 17 Uhr, donnerstags wird um 16 Uhr eine Führung angeboten. Info: Fernkraftwerk Toblach, Bahnhofstraße 8, Tel. 0474 97 31 24, www.fwt.it

Freizeitangebote

- **Abenteuerpark**: siehe „Das Besondere"
- **Angeln**:
  – Info bei Fam. Rienzner, Tiefenweg 59, Tel. 0474 97 29 02;
  – beim Seerestaurant am Toblacher See, Tel. 0474 97 32 67;
  – beim Restaurant am Dürrensee, Tel. 0474 97 23 99;
  Lizenzen sind im Tourismusverein erhältlich.
- **Bibliothek** am Schulplatz, Tel. 0474 97 20 40
- **Boccia**: Bahn mit Flutlicht, Alpenhotel Ratsberg, Tel. 0474 97 22 13
- **Bootsfahrten** am Toblacher See, Seerestaurant, Tel. 0474 97 32 67
- **Bowling**: Hotel Nocker, Dolomitenstraße 21, Tel. 0474 97 22 42
- **Eislaufen**: Kunsteisbahn in der Gustav-Mahler-Straße, Tel. 0474 97 25 29
- **Eisstockschießen**: Bahn mit Flutlicht, Alpenhotel Ratsberg, Tel. 0474 97 22 13, und Seerestaurant am Toblacher See, Tel. 0474 97 32 67
- **Fahrradverleih**: Papin Sport, Bahnhofstraße, Tel. 0474 91 34 50, www.papinsport.com; Marlene Strobl, Dolomitenstraße, neben dem Tourismusverein, Mobil: 340 28 05 858/348 35 49 631
- **Fitness-Parcours:** „Grieswaldile" in der Gustav-Mahler-Straße
- **Klettern:** Klettergarten in Landro beim Dürrensee und im Rienztal; Kletterturm in Neu-Toblach nahe dem Grand Hotel, Info im Tourismusverein
- **Langlauf**: Das Hochpustertal

23

mit den Orten Sexten, Innichen, Toblach, Niederdorf und Prags hat ein verbundenes Loipennetz von insgesamt 200 km. Toblach verfügt als Austragungsstätte von internationalen Weltcuprennen über 120 km Loipen (auch beleuchtete Nachtloipen). Das Toblacher Langlaufstadion bietet sich als Übungsgelände für Anfänger, vor allem aber als Ausgangspunkt für die Langlaufrouten an.

- **Pferdekutschenfahrten** im Sommer und Winter; Info im Tourismusverein

- **Rodeln**: Bahn „Ratsberg", 2 km Länge, 240 Hm, leicht; auf Anfrage mit Flutlicht, Info Alpenhotel Ratsberg, Tel. 0474 97 22 13
- **Schwimmen**: Badesee in der Sportzone, Gustav-Mahler-Straße 24, Tel. 0474 97 25 29.
- **Skifahren**: Rienzlifte, 1 Sessel- und 2 Skilifte, Tel. 0474 97 22 13
- **Tennis**: vier Plätze am Seeweg, Info im Tourismusverein; Platz mit Flutlicht, Alpenhotel Ratsberg, Tel. 0474 97 22 13, und Hotel Union, Tel. 0474 97 01 00

 Veranstaltungen

- Chörefestival Ende Juni: Aufführungsorte sind Kirchen, Festsäle oder Berghütten in verschiedenen Dörfern des Hochpustertales; Info: www.festivalpusteria.org

- Gustav-Mahler-Musikwochen: Der weltberühmte Komponist Gustav Mahler (1860–1911) verbrachte in Toblach mehrere Sommerfrischen und verfasste hier das „Lied von

Gustav-Mahler-Musikwochen im Grand Hotel

23

der Erde" sowie die 9. und 10. Symphonie (siehe „Sehenswertes"). Seit dem Jahre 1981 werden die Gustav-Mahler-Musikwochen veranstaltet und haben sich als ein anspruchsvolles und international anerkanntes Musikfestival etabliert. Sie finden jährlich von Mitte Juli bis Anfang August statt. Info Tel. 0474 976151, www.gustav-mahler.it

- Toblach-Cortina-Lauf, Ende Mai: Freunde des Laufsports können die Streckenlängen 11,5 km oder 30 km wählen; die Trasse verläuft entlang der alten Bahnstrecke
- Dolomiten Superbike, Anfang Juli: Ein Muss für alle Radrennfahrer.

Wählbar sind zwei Kurse (Streckenlängen 57 km oder 120 km) von Niederdorf über Toblach nach Innichen; Info www.dolomitisuperbike.com
- Krampusumzug: Er findet in den Tagen um den 6. Dezember statt.
- Ballonfestival: Beim traditionellen Ballonwettbewerb Mitte Jänner werden auch Ballonflüge für jedermann angeboten.
- Pustertaler Ski-Marathon: Hier kommen die Freunde des Langlaufs auf ihre Rechnung. Er gilt als der „Fünf-Sterne-Marathon", bietet Streckenlängen von 28 km oder 42 km an und findet Mitte Jänner statt.

 Öffentliche Verkehrsmittel

Zuglinie: Franzensfeste–Innichen–Lienz; Info: www.ferroviedellostato.it, www.oebb.at; **Bahnhof Toblach:** Fahrkartenautomat, kein Schalterdienst am Bahnhof
Buslinie: Brixen–Winnebach–Lienz, Toblach–Cortina; Info: Tel. 840000471, www.sii.bz.it, info@sii.bz.it
Citybus in Toblach

 Spielplätze

„Grieswaldile" in der Gustav-Mahler-Straße; in der Bahnhofstraße; **Waldwunderwelt** hinter dem Grand Hotel

 Links/Infos

Tourismusverein Toblach
Dolomitenstraße 3
39034 Toblach
Tel. +39 0474 972132
Fax +39 0474 972730
info@toblach.info
ww.toblach.info

INNICHEN

3174 Einwohner – 1175 m
46° 44' N – 12° 16' O

Der Name Innichen geht auf den keltischen Namen Indius zurück und bedeutet „stattlich", „prächtig". Der Ort mag damals Indiacu oder Indacu geheißen haben und lag im keltischen Königreich Noricum (ca. 200 v. Chr., es umfasste in etwa das Gebiet des heutigen Österreich, Ostbayern und Slowenien; im Jahr 15 v. Chr. wurde es Teil des Römischen Reichs). In das Jahr 769 geht die Gründung des Benediktinerstiftes von Innichen zurück, veranlasst durch den Bayernherzog Tassilo III. (741–796). Die **Stiftskirche** zu den hl. Candidus und Korbinian, die in der Bevölkerung Dom genannt wird, wurde im 13. Jahrhundert erbaut und gilt als der kunstvollste erhaltene romanische Sakralbau Südtirols. Die Kreuzigungsgruppe im Innern der Kirche, welche um das Jahr 1220 geschaffen wurde und die

Figur des Christus mit Krone darstellt, gleichsam als König über Leid und Tod, zählt zu den bedeutenden Werken romanischer Plastik. Bekannt wurde der Ort auch wegen des **Wildbades** Innichen, das im Jahre 1586 erstmals urkundlich erwähnt wurde. Als Kurhotel wurde es 1856 vom ungarischen Arzt Dr. Johann Graf Scheiber erbaut, später von seiner Tochter und deren Mann Graf Bercker erweitert. Im Ersten Weltkrieg wurde das Gebäude zerstört und ist seitdem seinem Verfall überlassen. In der Nähe der Ruine befinden sich fünf Heilwasserquellen, die Kaiserwasser-, Lavaredo-, Schwefel-, Eisen- und Candidaquelle, die heute teilweise kommerziell

Innichen

genutzt werden. Durch den Bau der Eisenbahn im Jahre 1871 entwickelte sich rasch der Sommer- und Winterfremdenverkehr. In einem Gästebuch aus dem Jahre 1910 lesen wir: „Innichen gebührt unbestreitbar das Verdienst, im Pusterthale die älteste Stätte wintersportlicher Betätigung zu sein, da hier schon zu einer Zeit, da kaum noch in einem anderen Tale unseres Landes auch nur Anfänge diese Sportes sich zeigten, demselben sich Männer widmeten, die als die ersten den nordischen Schneeschuh bei uns eingeführt haben."
Das Gemeindegebiet Innichen umfasst zusammen mit den Fraktionen Vierschach, Obervierschach, Untervierschach, Winnebach und Innichberg eine Fläche von 80,10 Quad-

ratkilometern. Der Ort Winnebach hatte seit alters her mit reißenden Wildbächen zu kämpfen; sein Name mag wohl aus dem mittelhochdeutschen winnen („wüten") abzuleiten sein. Der Name Vierschach ist vermutlich keltischen Ursprungs: Die Nachsilbe -aco bedeutete „Gebiet", es könnte sich also um das „Gebiet des Virisios" im ehemaligen Norikum handeln. Archäologische Funde aus dieser Zeit am Kirchhügel in Vierschach scheinen diese Annahme zu bekräftigen.

Die Nachbargemeinden sind:
• im Norden Innervillgraten (Österreich)
• im Osten Sillian (Österreich)
• im Süden Sexten
• im Westen Toblach

 ## Zum Haunoldköpfl

Zu Stein gewordene Flammen, zu Stein gewordener Groll werden die Zacken und Türme des Haunoldmassivs genannt. Für jeden Wanderer fasst ein Muss, sie aus der Nähe zu bewundern! Die Tour zum **Haunoldköpfl** (2158 m) bietet eindrucksvolle Blicke in die zerklüftete Haunoldgruppe und zur Dreischusterspitze.

Wegverlauf:
Ausgangspunkt ist die **Talstation des Haunoldliftes** im südlichen Dorfbereich von Innichen (Haunoldlift, Schranzhoferstraße 26/b, Tel. 0474 91 32 77; Öffnungszeiten: von Ende Mai bis Ende September: 9–12.30 Uhr, 13.30–17.15 Uhr;

Gesamtgehzeit: 5 Std.
Höhenunterschied: 720 m im Anstieg, 1040 m im Abstieg
Schwierigkeit: unschwierig, aber lang; gute Kondition erforderlich
Jahreszeit: Sommer bis Herbst
Einkehrmöglichkeiten: Haunoldhütte und Gasthöfe in Innichen

von Mitte Juli bis Mitte September, an Wochenenden und Feiertagen: 9–17.15 Uhr). Mit dem Sessellift erreicht man in fünf Minuten die Bergstation (1500 m; Einkehrmöglichkeit bei der nahen Haunoldhütte, Tel. 0474 91 36 76, www.baranci.it). Wir wandern auf dem Karrenweg Nr. 7 südostwärts hinab ins **Untertal** zu einer Naturstraße, überqueren diese und steigen dann durch den Wald steil aufwärts Richtung Südosten. Wir folgen dem Weg bis zur **Innichner Alm** (1703 m) und weiter bis zu einer Schulter mit einer Weggabelung (ca. 1820 m). Hier biegen wir rechts ab (Weg Nr. 7) und steigen in Serpentinen hinauf bis zu einer Einsattelung, von wo wir wieder rechts abbiegend zum Ostgipfel des **Haunoldköpfls** gelangen. Der Rückweg erfolgt auf dem Hinweg bis zur genannten Naturstraße im Untertal.

Nun biegen wir aber rechts ab auf den Weg Nr. 6 und 7 und gelangen so zum aufgelassenen **Wildbad Innichen** (1333 m; siehe S. 251). Der Weg verläuft weiter absteigend zu einer Forststraße, welcher wir bis zur Einmündung in die Sextner Straße folgen. Wir überqueren diese und die nahe Holzbrücke, die uns über den Sextenbach ans jenseitige Ufer bringt. Nun geht es auf dem beschilderten Promenadenweg ins Dorf Innichen und zurück zum Ausgangspunkt.

 ## Zur Quelle der Drau

Gesamtgehzeit: 1 ½ Std.
Höhenunterschied: gering
Schwierigkeit: keine
Jahreszeit: Frühling und Spätherbst
Einkehrmöglichkeiten: Gasthöfe im Dorfbereich

Wenn man in Innichen das Rinnsal der Drau betrachtet, kann man sich fast nicht vorstellen, wie wasserreich sie nach 749 Kilometern in die Donau mündet. Sie ist der viertlängste Nebenfluss der Donau und der einzige Fluss, der auf italienischem Staatsgebiet entspringt und nicht ins Mittelmeer fließt.
Ein gemütlicher Wanderweg führt von Innichen zum Toblacher Feld, wo sich die **Quelle der Drau** befindet.

Wegverlauf:
Vom Ortskern gehen wir über die Sextner Straße zur Schranzhoferstraße. Von dort folgen wir dem Weg mit der Beschilderung „Waldweg nach Toblach". Bei einer Weggabelung wählen wir den Weg Nr. 28 A, der uns nahezu eben Richtung Westen bis zur Drauquelle führt. Rückweg wie Hinweg.

 ## Drau–Radweg Innichen–Lienz

Der **Drau-Radweg** führt vom Ursprung der Drau im Toblacher Feld über 366 km entlang des Flusses durch Osttirol über Kärnten bis nach Marburg in Slowenien (ein Ausbau von Marburg bis an die Mündung ins Schwarze Meer ist mittelfristig geplant). Er zählt zu den landschaftlich schönsten Radwegen Europas. Dass gerade der Abschnitt **Innichen–Lienz** gerne befahren wird, hat wohl damit zu tun, dass

24

Gesamtfahrzeit: 3 Std.
Gesamtlänge: 45 km
Höhenmeter: 520 m, vorwiegend abwärts
Schwierigkeit: leicht
Jahreszeit: Frühling bis Herbst
Einkehrmöglichkeiten: entlang des Weges in den Ortsbereichen

die rund 45 km lange Tour einer gemütlichen Tagesetappe entspricht und die Rückfahrt mit dem Zug (eigener Radwaggon) erfolgen kann. Da Innichen rund 500 Meter höher als Lienz liegt, verläuft die Strecke immer leicht abwärts bis eben dahin, weist keine

nennenswerten Gegenanstiege auf und ist für alle Arten von Fahrrädern geeignet. Der Drau-Radweg bis Lienz führt durchgehend auf einer ausgewiesenen, autofreien und sehr gut beschilderten Radtrasse, somit erübrigt sich hier eine Detailbeschreibung. Die Strecke kann auch sehr gut von Kindern und Senioren befahren werden. Ausgangspunkt ist der Bahnhof in Innichen (hier Parkplatz), von wo wir der Radwegbeschilderung Richtung Osten folgen. Bei größeren Gruppen empfiehlt sich für die Rückreise mit dem Zug eine

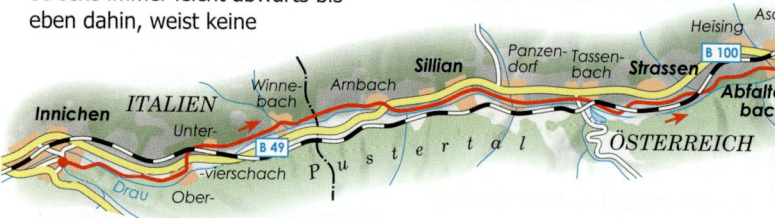

Voranmeldung beim Bahnhof Lienz,
Tel. +43 4852 1717, www.oebb.at;
weitere Infos: Tourismusverein Innichen, siehe unten; Tourismusverein
Lienz, Europaplatz 1,
Tel. +43 50212 400,
www.lienz-tourismus.at; Fahrradverleih siehe „Freizeitangebote".

Wanderung über die „Burg"

Gesamtgehzeit: ca. 3 Std.
Höhenunterschied: 360 m
Schwierigkeit: leicht
Jahreszeit: Frühling bis Spätherbst
Einkehrmöglichkeiten: keine

Es sind oft gerade die gemütlichen
Wanderungen, die zum Schauen und
Innehalten einladen. Der Wanderweg über die „Burg" zur Waldkapelle
Sexten bietet zwar keine spektaku-
lären Ausblicke, doch ist sie ein ide-
ales und beliebtes Wanderziel auch
dann, wenn die Sonne Verstecken
spielt. Als „Burg" wird im Volksmund
der bewaldete Hügel südöstlich von
Innichen am Eingang ins Sextner
Tal bezeichnet. Bei Ausgrabungen
wurden hier zahlreiche römische
Münzen sowie Gebrauchsgegenstände gefunden, die der späten La-

Tenè-Kultur (Epoche der Jüngeren,
vorrömischen Eisenzeit, 5.–1. Jh. v.
Chr.) zugeschrieben werden.

Wegverlauf
Über die Freisinger Straße in Innichen folgen wir der Beschilderung
zur „Burg" Nr. 4 und 5. Wir bleiben
auf diesem Weg bis zur Weggabelung, die uns rechts ab auf Weg
Nr. 4d zur **Waldkapelle** (1535 m)
führt. Von dort auf dem sogenannten Besinnungsweg weiter zum Lad-
stätterhof (1449 m), zur Lourdes-
kapelle und zu den **Hösslerhöfen**
(1471 m). Dort überquert man die
Kaiserstraße und kommt neben dem
Wadlbachl hinunter nach Sexten (ab
den Hösslerhöfen kann man auch
über die asphaltierte Kaiserstraße
nach Sexten gelangen). Rückfahrt
nach Innichen mit dem Bus.

`24`

Sehenswertes

Im **Stiftsmuseum Innichen** in der Attostraße können zahlreiche sakrale Kunstgegenstände und eine wertvolle Büchersammlung besichtigt werden.

Ein Schauraum ist der barocken Volkskunst gewidmet, hier werden Krippen, Weihegaben und Bruderschaftsbücher gezeigt; weiters kann sakrale Bildhauerei aus sechs Jahrhunderten von der Gotik zur Neuromanik bewundert werden. Anhand von Dokumenten wird die Geschichte des Stiftes vermittelt, das Schmuckstück jedoch ist der Domschatz mit dem kostbaren Kreuz aus Bergkristall.

Öffnungszeiten: Juni bis Mitte Oktober, Donnerstag, Freitag und Samstag: 17–19 Uhr, Sonntag: 10–11 Uhr; Mitte Juli bis Ende August zusätzlich Dienstag bis Samstag: 10–11 Uhr, Sonntag: 10–12 Uhr und Dienstag 20–22 Uhr; Tel. 0474 913278.

Im **Erlebnismuseum Dolomythos** (Haus Wachtler, P.-Rainerstraße 11) werden Fossilien und Kristalle der Dolomiten sowie Filmdokumentationen über die Entstehung der Dolomiten und über die Welt der Saurier gezeigt.

Info: Tel. 0474 913462 oder 913255, ganzjährig geöffnet von 10 bis 12 Uhr und von 15 bis 18 Uhr; Sonntag Ruhetag.

Der archäologisch interessante Kirchhügel von Vierschach (zahlreiche Funde zeugen von einer prähistorischen Siedlungsstätte) mit der **Pfarrkirche zur Hl. Magdalena** gehört zu den schönsten Kirchhügeln Südtirols. Die Weihe der Kirche ist für das Jahr 1212 dokumentiert. Sehenswert sind die gut erhaltenen Fresken; die Kirche kann täglich von 9 bis 17 Uhr besichtigt werden.

Die **Loretokirche in Winnebach** wurde vom Winnebacher Gastwirt Johann Klettenhammer in Anlehnung an die Wallfahrtskirche von Loreto erbaut und im Jahre 1650 eingeweiht (einer Legende nach trugen Engel das Geburtshaus der Muttergottes Maria von Nazareth nach Loreto). Ebenso wie die berühmte Wallfahrtskirche in den Marken wird auch dieses Kirchlein von Gläubigen bis heute gerne besucht; es ist täglich von 8 bis 18 Uhr geöffnet.

 Öffentliche Verkehrsmittel

Zuglinie: Franzensfeste–Innichen–Lienz, Haltestelle Innichen; Info: www.ferroviedellostato.it, www.oebb.at; **Bahnhof Innichen**: Schalterdienst an Werktagen: 8.25–11.40 und 12.25–16 Uhr; Tel. 0474 913224 oder Grüne Nummer 892021

Buslinien: Brixen–Winnebach, Innichen–Sillian–Lienz, Innichen–Sexten–Kreuzbergpass und nach Cortina d'Ampezzo; Info: Tel. 840000471, www.sii.bz.it, info@sii.bz.it

Bergbahnen: Haunoldlift auf den Familienberg Haunold, ab Innichen Dorf, Tel. 0474 913277, und Helmbahn auf den Helm ab Vierschach, Tel. 0474 710355

Das Besondere

Die **Sommerrodelbahn „Fun-Bob"** ist die erste und längste Sommerrodelbahn Italiens. Eine Fahrt damit ist wahrlich ein Riesenspaß für Jung und Alt! Ausgangspunkt ist die Talstation des Haunold-Liftes im südlichen Dorfbereich von Innichen. Mit dem Sessellift erreicht man in fünf Minuten die Bergstation (1500 m, Einkehrmöglichkeit bei der nahen Haunoldhütte, Tel. 0474 91 36 76, www.baranci.it). Im Bereich der Bergstation befindet sich ein Kinderspielplatz, gleich daneben befindet sich die Sommerrodelbahn. Also einsteigen und los geht die Fahrt! Man rutscht mit dem Bob auf einem 1750 Meter langen Aluminiumrohr an grasenden Kühen und grünen Wiesen vorbei bis ins Tal; dabei kann eine Maximalgeschwindigkeit von 40 km/h bzw. 10 m/sec. erreicht werden! Doch keine Angst, die Geschwindigkeit kann man im Bob selbst regulieren. So zuckelt manch älteres Semester ganz gemütlich bergab, während es die Jugend richtig sausen lässt.
Info: Haunoldlift, Schranzhoferstraße 26/b, Tel. 0474 91 32 77. Öffnungszeiten: Ende Mai bis Ende September: 9–12.30 Uhr, 13.30–17.15 Uhr; Mitte Juli bis Mitte September und an Wochenenden und Feiertagen sind Lift und Bahn durchgehend von 9 bis 17.15 Uhr geöffnet.

 Veranstaltungen

Internationales **Schneeskulpturenfestival,** Mitte Jänner.
Dolomiten Superbike, Anfang Juli: Wettbewerb für Radrennfahrer. Es kann zwischen den Streckenlängen 57 km und 120 km gewählt werden, die an den Dörfern Niederdorf, Toblach und Innichen vorbeiführen; Info: www.dolomitisuperbike.com
Innichner Marktlfest: Es findet jedes zweite, ungerade Jahr am ersten Wochenende im Juli statt. Im Mittelpunkt stehen alte Traditionen, Musik und Trachten; dabei werden vielfältige Unterhaltungsmöglichkeiten und kulinarische Leckerbissen angeboten.
Bei den **„Heugabel-Tagen"** Mitte September erhält man Einblick in das Leben der Bergbauern: Neben einer Höfewanderung und dem Besuch einer Hofkäserei kann man auch an einem Kochkurs teilnehmen und das Brotbacken erlernen.

24

Freizeitangebote

- **Beach Volley:** siehe Erlebnisbad acquafun.
- **Bibliothek**: Chorherrenstraße 2, Tel. 0474 91 41 44
- **Erlebnisbad „acquafun",** M.-H.-Hueber-Straße 2, mit Sauna, Solarium, Beauty- und Wellness-Bereich bietet Sport-, Spaß- und Relaxmöglichkeiten für die ganze Familie; Info: Tel. 0474 91 62 00, www.acquafun.com.
- **Eislaufen, Eisstockschießen** im Sportzentrum Erschbaum, täglich geöffnet von 9 bis 23 Uhr, Tel. 0474 91 30 49.
- **Fahrradverleih**: Papin Sport, Freisinger Straße 9, Tel. 0474 91 34 50, Mobil: 348 71 16 803, www.papinsport.com; Rent a Bike, Mobil: 348 40 65 464; Martin Trojer, Herzog-Tassilo-Straße 2, Tel. 0474 91 32 16, www.trojer.info.
- **Langlauf:** Das Hochpustertal mit den Orten Sexten, Innichen, Toblach, Niederdorf und Prags verfügt über ein verbundenes Loipennetz von gesamt 200 km. Im Gebiet Innichen gibt es sieben Loipen unterschiedlicher Länge und Ansprüche; Info im Tourismusverein.
- **Minigolf und Bocciabahn**: Kerschbaumer, Schranzhoferstraße 28, Tel. 0474 91 40 52 / 91 62 63.
- **Rodelbahnen**: Bahn „Haunold", Länge 3 km, 320 Hm, leicht, Start an der Bergstation der Haunoldbahn. Bahn „Wildbad", Länge 2 km, 300 Hm, leicht (zeitweise gesperrt, Info bei der Talstation der Haunoldbahn oder im Tourismusbüro). Bahn „Innerfeldtal", Länge 4 km, 292 Hm,

leicht, vom Parkplatz „Gweng" zur Dreischusterhütte im Innerfeldtal, Tel. 0474 96 66 10.
- **Skifahren**: Bergbahnen: Haunoldlift auf den Familienberg Haunold, ab Innichen Dorf, Tel. 0474 91 32 77; Helmbahn auf den Helm ab Vierschach, Info Tel. 0474 91 01 13.
- **Tennis und Squash** im Sportzentrum Erschbaum, Tel. 0474 91 30 49.

 Spielplätze

In **Innichen:** Kinderspielpark auf der „Burg" südöstlich von Innichen; beim Kindergarten; Spielplatz „Pumes"; beim Erlebnisbad aquafun; Streichelzoo bei der Haunoldhütte
In **Vierschach** bei der Sportzone Blumaue
In **Winnebach** bei der Grundschule

 Links/Infos

Tourismusverein Innichen
Pflegplatz 1
39038 Innichen
Tel. 0474 91 31 49
Fax 0474 91 36 77
info@innichen.it
www.innichen.it

SEXTEN

1925 Einwohner – 1310 m
46° 40′ N – 12° 23′ O

Das Sextental wurde im Jahre 965 zum ersten Mal urkundlich erwähnt, und zwar in einem Übereignungsdokument von Kaiser Otto I. (912–973) an das Kloster Innichen. Es scheint darin unter dem Namen „Sexta" auf, was vom lateinischen Wort für „sechs" abgeleitet wird; im Mittelalter wurde es in „Valle Sexta" umbenannt. Der Hauptort selbst wurde bis zum Beginn des 20. Jahrhunderts nach seinem Kirchenpatron St. Veit benannt, erst danach erhielt er den Namen Sexten.
Das Tal war mehrmals Schauplatz blutiger Kämpfe: Im 15. und 16. Jahrhundert zogen vielfach Truppen aus dem venezianischen Raum über den Kreuzbergpass. Am grausamsten jedoch waren die Stellungskämpfe im Ersten Weltkrieg, da ein Teil der Grenzlinie zwischen Österreich und Italien durch die Sextner Berge verlief. Schützengräben, Stollengänge und Sperrforts am Mitterberg und Haideck zeugen noch heute von den ab 1915 hier tobenden Kämpfen.
Heute ist Sexten ein beliebter und viel besuchter Ferienort. Die Gegend ist geprägt von stattlichen Bergbauernhöfen, ausgedehnten Lärchenwiesen und schattigen Fichtenwäldern. Wahrzeichen sind die Felszacken der „**Sextner Sonnenuhr**" mit Neuner (2582 m), Zehner (2965 m; Rolwandgipfel), Elfer (3092 m), Zwölfer (3094 m) und

Sexten im Frühling

Einser (2698 m): Zur vollen Stunde von 9 bis 13 Uhr steht die Sonne genau über dem jeweiligen Gipfel und dient den Sextnern somit als „wartungsfreie" Uhr der Natur. Das malerische Fischleintal gilt als Eingangstor in den **Naturpark Drei Zinnen**. Er umfasst mit den ausgewiesenen Arealen in den Gemeinden Sexten, Toblach und Innichen ein Gebiet von 11.650 Hektar und wurde 2009 aufgrund seiner „einzigartigen monumentalen Schönheit" zum **Unesco-Weltnaturerbe** erklärt.

Zusammen mit den Fraktionen Außerbauerschaft, Außerberg, Kiniger, Mitterberg, Moos, Schmieden und St. Veit umfasst das Gemeindegebiet eine Fläche von 80,88 Quadratkilometern.

Die Nachbargemeinden sind:
• im Norden Innichen
• im Osten Sillian und Kartitsch (beide in Österreich)
• im Süden Comelico Superiore und Auronzo di Cadore (beide in der Provinz Belluno)
• im Westen Toblach

 ## Die östliche Gsellrunde

Gesamtgehzeit: 3 ½ Std.
Höhenunterschied: 765 m
Schwierigkeit: leicht, aber Trittsicherheit erforderlich
Jahreszeit: Frühsommer bis Herbst
Einkehrmöglichkeit: Außergsell-Alm

Ein alles überragender und wegen seiner wilden Zacken beeindruckender Berg ist die Dreischusterspitze (3145 m) südwestlich von Sexten. Mächtig und stolz recken ihre schroffen Felswände in den Himmel. Weit niedriger und sanfter zeigen sich die ihnen vorgelagerten Gesellen – als wie treffend sich hier doch die Namensgebung erweist! Die Gipfelchen des Außergsell (2007 m) und Innergsell (2065) können bequem umwandert werden und sind nicht nur Spitzenkletterern vorbehalten wie ihre abweisende Meisterin. Wir

Zartes Blühn am Fuße der „steinernen Gesellen"

schnüren also Schusters Rappen und machen uns auf zur **Östlichen Gsellrunde**, die wegen ihrer reichhaltigen Blumenwelt bekannt ist.

Am Wanderweg der Östlichen Gsellrunde

Wegverlauf

Vom Ortszentrum in Sexten gehen wir taleinwärts Richtung St. Veit, überqueren die erste Brücke (oberhalb der Sennerei) nach rechts und wählen den Weg Nr. 12c, der Richtung Westen zur Gsellrunde weist. Zuerst auf Forststraße, später auf schmalem Steig führt der Weg immer steiler werdend hinauf zum sogenannten **Gartl**. Bei einem Wegkreuz wählen wir den Weg Nr. 12c nach Innergsell (rechts). Wiederum rechts ab queren wir auf steinigem Steig die nordöstliche Bergflanke der **Gsellknoten** (2865 m) und gelangen bald nach **Außergsell** und zur gleichnamigen Alm (1955 m). Ab hier wählen wir den Weg Nr. 12d, der zu Beginn recht steil bergab führt. Auf Quote 1675 Meter gelangen wir wieder auf den Aufstiegsweg Nr. 12c, der uns zurück zum Ausgangspunkt führt.

 ## Durchs Fischleintal

Das **Fischleintal** ist eines der landschaftlich bezauberndsten Dolomitentäler und dementsprechend bekannt und viel besucht. Bilder davon gingen um die Welt, als am 12. Oktober 2007 vom Gipfelbereich des Einserkofels im Talschluss (2698 m), dem 13-Uhr-Zeiger der Sextner Sonnenuhr, siehe Seite 259, eine Masse von rund 60.000 Kubikmeter Gestein abbrach, und eine riesige Staubwolke das ganze Tal einhüllte. Wie durch ein Wunder gab es keine Menschenopfer.

Mit dem Wagele begeben wir uns also in das berühmte Fischleintal und wandern bis zur Talschlusshütte.

Wegverlauf
Der Ausgangspunkt unseres

Spaziergangs ist der öffentliche Parkplatz (Parkgebühr) neben der **Fischleinbodenhütte** (1454 m); hierher mit dem Auto von Sexten Moos rechts ab ins Fischleintal. Ab hier wandern wir Richtung Süden auf dem beschilderten Dolomiten-Höhenweg Nr. 5 ca. 1,8 Kilometer bis zur **Talschlusshütte** (1548 m). Die Hütte ist von Ende Mai bis Mitte Oktober und von Weihnachten bis Ostern geöffnet. Rückweg auf dem Hinweg.

Im Sommer und Winter fahren auch Pferdekutschenfahrten vom Park-

Gesamtgehzeit: 1 Std.
Höhenunterschied: 94 m
Schwierigkeit: leicht und problemlos
Jahreszeit: Frühsommer bis Spätherbst
Einkehrmöglichkeiten: Fischleinbodenhütte, Hotel Dolomitenhof, Talschlusshütte

platz bis zur Talschlusshütte, Info Kramerhof, Tel. 0474 71 02 23.
Ein weiterer Tipp „Wegele fürs Wagele": siehe Spielplätze.

 ## Rundtour Kreuzberg – Rotwandwiesen

Der Kreuzbergpass (1636 m) südlich von Sexten verbindet Südtirol mit Belluno (Region Venetien) und gilt als Schnittpunkt zwischen den Karnischen Alpen im Osten und den Dolomiten im Westen. Auch landschaftlich zieht er eine markante Grenzlinie zwischen der sanften Demut (2592 m) und der schroffen Rotwand (2965 m). Aus der Nähe anschauen können wir dies auf der abwechslungsreichen, technisch anspruchsvollen Mountainbiketour „Kreuzberg-Rotwandwiese".

Gesamtfahrzeit: 3 ½ bis 4 Std.
Gesamtlänge: 33,5 km
Höhenunterschied: 1032 m
Schwierigkeit: schwierig, gute Kondition erforderlich
Jahreszeit: Sommer bis Herbst
Einkehrmöglichkeiten: Gasthof Panorama, Nemes-Alm, Coltrondo-Alm, Hotel am Kreuzbergpass, Rudihütte, Sporthotel Bad Moos

Wegverlauf
Vom Informationsbüro am Hauptplatz in Sexten fahren wir Richtung Kirche und folgen rechts abbiegend der beschilderten Asphaltstraße zum **Weiler Mitterberg**. Vorbei am Gasthof Panorama (1570 m) gelangen wir bald zur Festung Mitterberg, wo die Straße in den Forstweg Nr.

13 und Nr. 136 mündet. Vorbei am **Negerdorf** (1705 m) radeln wir zur **Nemes-Alm** (1877 m, geöffnet von Mai bis Anfang November und von Weihnachten bis Ostern; bis hierher 11,7 km ab Start). Nun geht es weiter auf dem Steig Nr. 156, teilweise schiebend, zur **Coltrondo-Alm** (1880 m, geöffnet von Mitte Juni bis Mitte Oktober und von Weihnachten bis Ostern; 13,7 km). Wir radeln auf der Hüttenzufahrtsstraße

Nr. 149 Richtung Kreuzbergpass bis zur Abzweigung rechts in die Forststraße Nr. 131, die uns zum **Kreuzbergpass** führt. Am Pass angelangt, biegen wir rechts ab in die Hauptstraße Richtung Sexten und folgen dieser ca. 300 Meter. Dann biegen wir links ab und radeln auf Steig Nr. 18 hinauf zur **Rudihütte** (1959 m, geöffnet von Juni bis Anfang Oktober und von Weihnachten bis Ostern). Nun bergab auf Steig Nr. 17–15 zur **Sextner Staatsstraße** (27,3 km). Nach 1,2 Kilometern bei der Kilometer-Tafel 115 biegen wir links ab und gelangen auf schmalem Weg bis zu einer Weggabelung; hier radeln wir am Skiliftmasten links vorbei

weiter auf dem Fitnessparcours zum Sporthotel Bad Moos. Dort geht es links über die Brücke und gleich wieder rechts; anschließend folgen wir der Beschilderung Nr. 102–103 und gelangen auf einem Wiesenweg zum Schwimmbad. Hier biegen wir vor der Brücke links ab, fahren an der Sparkasse vorbei und gelangen über die Brücke nach der Sennerei rechts abbiegend zurück zum Ausgangspunkt.

Themenwege

In Sexten gibt es mehrere sehr interessant gestaltete Themenwege, die Einblick in die Natur und Kultur des Gebietes geben. Sie sind alle vom Dorf Sexten aus begehbar und jeweils gut beschildert.

Der **Sextner Themenweg** besteht aus zwei Abschnitten und führt rund um das Dorf Sexten. Der erste Abschnitt an der nord-östlichen Talseite (Gehzeit: ca. 3 Std., mit Aufenthalt an den Themenpunkten) erklärt an acht Themenpunkten Kulturhistorisches wie die Sextner Sonnenuhr, Legenden, das „Spitzköfele", Fauna, Geschichte, die Sextner Mühlsteine, die Mühle und die Wasserquellen.

Der zweite Abschnitt (Gehzeit: ca. 2 Std., mit Aufenthalt an den Themenpunkten) beschreibt Naturkundliches wie Bäume, Tierspuren, Pilze, Lärgant (Pech), Wurzeln, die Festung Haideck, Spechte und die bekannten Sextner Lärchenwiesen. Die leichte Wanderung mit geringem Höhenunterschied ist besonders spannend für Kinder. Beide Abschnitte können getrennt oder miteinander verbunden werden. Ausgangspunkt ist Sexten Dorf, dort jeweils der Beschilderung folgen.

Die **Milchmeile** (Gehzeit: ca. 1 Std., mit Aufenthalt an den Themenpunkten) besteht aus zehn verschiedenen Stationen rund um das Thema Milch. Sie geben Einblick in das Leben auf den Sextner Almen, erklären die Milchverarbeitung, Käsesorten, Kuhrassen und vieles mehr. Die Milchmeile führt von der Heideckstraße in Moos bis zur Käserei im Dorfzentrum von Sexten. Anlässlich des Tiroler Gedenkjahres im Jahre 2009, das an den 200. Jahrestag des Tiroler Freiheitskampfes unter Andreas Hofer (1767–1810) erinnerte, wurde der **Heimatweg** angelegt. Er führt über den Helm und verbindet Sexten mit der Osttiroler Gemeinde Sillian. An 30 Schautafeln wird die grundlegende Botschaft des Themenweges vermittelt: „Heimat ist geprägt von Natur, Heimat ist geprägt von Menschenhand." Der ausgeschilderte Weg startet in Sexten, führt über den Karnischen Höhenweg zum Helmhaus (2434 m) und weiter nach Sillian. Die Gesamtgehzeit beträgt 2½–3 Stunden (mit Aufenthalt an den Themenpunkten), der Höhenunterschied 1123 m. Während die zuerst genannten Themenwege gemütliche Spazierrouten sind, handelt es sich hier um eine anspruchsvolle Wanderung. Alle Themenwege sind von Frühjahr bis Herbst begehbar.

Das Besondere

Sonnenaufgang am Helm
Wenn der Himmel sein dunk-
les Nachtkleid abstreift und sich
beim **Sonnenaufgang** in zarten
Pastellfarben zeigt, scheint die
Welt für Augenblicke den Atem
anzuhalten. Dieses Naturschauspiel
gar noch von einem Berggipfel aus
bewundern zu können, ist ein ganz
besonderes Erlebnis! Zwischen Juli
und September bietet die Helmbahn Frühfahrten an: Morgens
zwischen 4 und 5 Uhr geht es mit
dem Helmlift zur Bergstation und
anschließend zu Fuß ca. 1 Stunde
auf den **Helmgipfel** (2432 m). Dort
wird ein knisterndes Lagerfeuer
entzündet und ein kleiner Imbiss
für Sie vorbereitet. Die Frühfahrten
mit dem Helmlift werden je nach
Wetter durchgeführt; sie sind längst
zu einer wahren Attraktion sowohl
für Gäste als auch für Einheimische
geworden; Info Tel. 0474 71 02 45,
www.helmrotwand.it

 Öffentliche Verkehrsmittel

Zuglinie: Franzensfeste–Innichen–Lienz; **nächstgelegener Bahnhof**:
Innichen
Buslinie. Sexten–Innichen–Toblach, Sexten–Kreuzbergpass;
Info: Tel. 840000471, www.sii.bz.it, info@sii.bz.it
Bergbahnen: Helmbahn von Sexten zum Helm, Tel. 0474 71 02 45,
www.helmrotwand.it, und Rotwandbahn von Moos zur Rotwand,
Tel. 0474 71 03 72, www.rotwand.it

◎ **Sehenswertes**

Das **Rudolf-Stolz-Museum** zeigt Werke des Malers Rudolf Stolz (*1874 in Bozen, †1960 in Sexten Moos). Rudolf Stolz galt in der ersten Hälfte des 20. Jahrhunderts als einer der bedeutendsten Künstler Tirols. Er war, wie seine Brüder Ignaz (1868–1953) und Albert (1875–1947) ein Nacheiferer des Malers Franz Defregger (1835–1921). Als sein Hauptwerk gilt die Freskenfolge „Der Totentanz" am Friedhof von Sexten aus dem Jahre 1924. Im Jahre 1940 erhielt er den Wolfgang-Amadeus-Mozart-Preis (gestiftet durch die Universitäten München, Graz und Innsbruck und bestimmt für das „bairische Stammestum im Alpenraum") und 1958 die Ehrenmitgliedschaft des Südtiroler Künstlerbundes. Im Museum werden vorwiegend Planskizzen, Entwürfe zu seinen Fresken, Studien, Aquarelle und graphische Arbeiten gezeigt. Es befindet sich im Gebäude der Raiffeisenkasse Sexten in der Dolomitenstraße, Info Tel. 0474 71 05 21.

Das **Sextner Krippenmuseum** im Hotel Mondschein im Zentrum von Sexten ist nicht nur um die Weihnachtszeit einen Besuch wert. Zahlreiche Krippen zeugen von großer Hingabe zum Detail und sind Meisterwerke der Volkskunst, Info Tel. 0474 71 03 22.

Um das Jahr 1384 wurde in Sexten eine Kirche zum hl. Vitus geweiht. Da sie durch die Jahrhunderte baufällig und zudem zu klein geworden war, beschloss man im Jahr 1821 eine neue Kirche zu errichten. Die **Pfarrkirche zu den Heiligen Petrus und Paulus** wurde 1824–1826 errichtet und zeigt Altarblätter des venezianischen Malers Cosroe Dusi (1808–1859) und von Franz Hellweger (1812–1880) aus St. Lorenzen. Die Deckengemälde und Kreuzwegstationen der 20er Jahre des 20. Jahrhunderts stammen von Albert Stolz.

Im Laufe des Ersten Weltkrieges gelangte Sexten in den Frontbereich. Am 4. August 1915 wurde die gesamte Bevölkerung evakuiert und konnte erst allmählich wieder in ihre Häuser zurückkehren. Da die Pfarrkirche durch Granateneinschläge schwer beschädigt war und nicht umgehend restauriert werden konnte – dies geschah erst 1921–23 – erbauten die Einheimischen die kleine **Waldkapelle-Friedenskapelle,** wo 1917/18 die Sonn- und Feiertagsgottesdienste abgehalten wurden. Im Jahre 1988 wurde ein **Besinnungsweg** zur Waldkapelle angelegt.

 **Spielplätze**

– bei der Sparkasse in **Sexten/St. Veit;**
– am Sonnwendplatz in **Schmieden;**
– an der **Schmiedenstraße/Außerbauernschaft;**
– am Parkhotel in **Sexten/Waldheim;**
– in der Heideckstraße in **Moos;**
Spielpark **Rotwandwiesen.**
Bei der kürzlich angelegten **Schnullermeile** handelt er sich um besondere Spazierwege für die Kleinen, die gut mit Kinderwagen begehbar sind, und zwar zu den Spielplätzen „Mooser Waldile", Teich Parkhotel, Schießstandweg, Sonnwendplatz, „Gisser Waldile" und Bergstation Rotwand in Sexten.

25

✳ Freizeitangebote

- **Angeln**: Info Fam. Holzer, Heideckstraße 2, Tel. 0474 710599
- **Beach Volley**: Info im Tourismusverein
- **Bergbahnen**: Helmbahn von Sexten zum Helm, Tel. 0474 710245, www.helmrotwand.it; Rotwandbahn von Moos zur Rotwand, Info: Tel. 0474 710372, www.rotwand.it
- **Bibliothek**: Claus-Gatterer-Bibliothek, Dolomitenstraße 45, Tel. 0474 710107
- **Bike-Shuttle-Service**: Taxi Rogger, Mobil: 348 8423779
- **Billiard, Darts, Tischtennis**: Tennishalle, Tennisweg 2, Tel. 0474 710277
- **Eislaufen und Eisstockschießen** bei Sport Sexten, Waldheimweg 23, Tel. 0471 710096, www.sportsexten.com
- **Fahrradverleih**: Sport Kiniger, Dolomitenstraße 43, Tel. 0474 710433
- **Golf**: beim Hotel Kreuzbergpass, St. Josef-Straße 55, Tel. 0474 710328, www.kreuzbergpass.com
- **Hallenschwimmbad**: Wellness-Spa Mountain Ressort Patzenfeld, ganzjährig geöffnet von 10 bis 20.30 Uhr, Tel. 0474 712104
- **Kegeln**: Herzlalm im Hotel St. Veit, Europaweg 16, Tel. 0474 710390
- **Kletterhalle**: Sport Sexten, Waldheimweg 23, Tel. 0474 710096, www.sportsexten.com
- **Langlauf**: Das Hochpustertal mit den Orten Sexten, Innichen, Toblach, Niederdorf und Prags

verfügt über ein verbundenes Loipennetz von gesamt 200 km. Im Gebiet Sexten gibt es 14 Loipen verschiedener Längen und Ansprüche; Info im Tourismusverein
- **Minigolf**: Sport Sexten, Waldheimweg 23, geöffnet von Juni bis September, Tel. 0474 710096, www.sportsexten.com

Kletterhalle Sexten

- **Paragleiten**: Cumulus Club, Mobil: 348 7047158/347 7977050, www.cumulus-club.com oder Alpinschule „Roman Tschurtschenthaler", Mobil: 347 2341806
- **Pferdekutschenfahrten**: Linienkutsche ins Fischleintal vom Dolomitenhof bis zur Talschlusshütte, Info: Kramerhof, Tel. 0474 710223

- **Reiten** beim Kramerhof, Fischlein-talstraße 22, Tel. 0474 71 06 20
- **Rodeln**: Bahn „Rotwand", Länge 5 km, 690 Hm, zum Ausgangs-punkt mit der Seilbahn Rotwand-bahn; Bahn „Klammbach" in Moos, Länge 6,5 km, 600 Hm
- **Schießstand**: Fischleintalstraße 31A, Tel. 0474 71 06 64
- **Schwimmen** bei Sport Sexten, Waldheimweg 23, geöffnet von Juni bis September, Tel. 0474 71 00 96, www.sportsexten.com; Hallen-schwimmbad siehe oben

- **Skifahren**: Helmbahn von Sexten zum Helm, Tel. 0474 71 02 45, www.helmrotwand.it; Rotwand-bahn von Moos zur Rotwand, Info. Tel. 0474 71 03 72, www.rotwand.it. Nur Winterbe-trieb: Kreuzbergpass, zwei Skilifte; Waldheim Sexten, zwei Skilifte; Info im Tourismusverein
- **Tennis**: bei Sport Sexten, Wald-heimweg 23, Tel. 0474 71 00 96, www.sportsexten.com; am Kreuz-bergpass, Tel. 0474 71 03 28; zwei Hallenplätze in der Tennishalle, Tel. 0474 71 02 77

 Veranstaltungen

- Chörefestival, Ende Juni. Auffüh-rungsorte sind Kirchen, Festsäle oder Berghütten in verschiedenen Orten des Hochpustertales; Info: www.festivalpusteria.org
- Dolomiten Superbike, Fahrradren-nen, Anfang Juli: Gewählt werden kann zwischen den Streckenlängen 57 Kilometer und 120 Kilometer; Info www.dolomitisuperbike.com

- Südtirol Drei Zinnen Alpin Run Special, Anfang September: Er zählt zu den landschaftlich schöns-ten Bergläufen Europas und führt mitten durch die Bergwelt der Sextner Dolomiten. Die Strecke hat eine Länge von 17,5 Kilometer, bei der ein Höhenunterschied von 1350 Meter zu bewältigen ist; www.dreizinnenmarathon.com.

 Links/Infos

Tourismusverein Sexten
Dolomitenstraße 45
39030 Sexten
Tel. +39 0474 71 03 10
Fax +39 0474 71 03 18
info@sexten.it
www.sexten.it

Mehr Bank.
Für nachhaltigen Ertrag.

Più Banca.
Per un buon raccolto.

Wichtige Telefonnummern und Links

Polizei-Notruf: 113

Landesnotrufzentrale: 118

Ärztlicher Bereitschaftsdienst am Schwerpunktkrankenhaus Bruneck
Spitalstraße 11, Tel. 0474 58 12 00

Krankenhaus für Grundversorgung Innichen
Freising-Straße 2, Tel. 0474 91 71 40

Landesrettungsdienst Weißes Kreuz
Tel. 0471 44 44 44

Hubschrauberstaffel Aiut Alpin
Tel. 0471 78 64 48

Infos zum öffentlichen Nahverkehr
840 000 471

Südtirol Marketing Gesellschaft SMG
Pfarrplatz 11, I-39100 Bozen
Tel. +39 0471 99 99 99
Fax +39 0471 99 98 00
www.suedtirol.info

Tourismusverband Ferienregion Kronplatz
Michael-Pacher-Str. 11 A
I-39031 Bruneck
Tel. +39 0474 555447
Fax +39 0474 530018
info@kronplatz.com
www.kronplatz.com

Tourismusverband Hochpustertal
Dolomitenstraße 29
I-39034 Toblach
Tel. +39 0474 913156
Fax +39 0474 914361
info@hochpustertal.info
www.hochpustertal.info

Südtiroler Landesmuseum für Volkskunde
Museo provinciale degli usi e costumi

Südtiroler Landesmuseen
Musei provinciali altoatesini
Museums provinzial de Südtirol

Wo Geschichte lebendig wird

Südtiroler Landesmuseum für Volkskunde
Dietenheim • Bruneck • Tel. 0474 552087
volkskundemuseum@landesmuseen.it
Zeit: Ostermontag bis 31. Oktober
Öffnungszeiten: Dienstag bis Samstag von 9.30 bis 17.30 Uhr, Sonn- und Feiertage von 14.00 bis 18.00 Uhr; Montag geschlossen

Mit Rad und Tat

Nützliche Adressen und Telefonnummern für Radsportler im Pustertal

Bar Restaurant PitStop,
Prielerweg 10b, Vintl
Mobil 340 87 71 411 oder 339 68 25 037

Rent a bike
St. Vigil in Enneberg, beim Spielplatz
Mobil 339 1916075

Rentabike Hotel Post
Pustertaler Straße 24, Kiens
Tel. 0474 56 53 18

Rent a bike
Hotel Reischach
Tel. 0474 548009

Rent a bike
beim Naturbadeteich von Sand in Taufers
Mobil 349 5743178

Rentabike Camping Wildberg
Dorfstraße 9, St. Lorenzen
Tel. 0474 47 40 80

Natur pur

 Das Besondere

STILFSER KÄSE g.U.*
SCHMACKHAFTES SÜDTIROL.

www.stilfser.it

*geschützte Ursprungsbezeichnung

Foto: Südtirol Marketing/Joachim P. Chwaszcza

Milch mit Liebe. Milch aus Südtirol.

mila

Der Stilfser Käse g.U. ist ein hochwertiger Bergkäse und wird nach bester alter Handwerktradition hergestellt.

- Im Sommer geniessen die Kühe die grünen Weiden, mit frischer Bergluft, purem Quellwasser und dem duftenden Gras der Alpenblumen. Im Winter leben sie in kleinen Einheiten, durchschnittlich zwölf Kühe pro Stall, mit einer natürlichen und kontrollierten Ernährung auf 100% pflanzlicher Basis, ohne genetisch modifizierte Organismen, Hilfs- und Zusatzstoffe.

- Die frische Milch für den Stilfser Käse g.U. wird täglich von 450 Südtiroler Bergbauernhöfen, die sich zu 97% in mehr als 1.000 m Höhe befinden, abgeholt und innerhalb von 24 Stunden verarbeitet.

- Seine weiche, geschmeidige und leicht schmelzende Konsistenz am Gaumen, der typische und intensiv aromatische Geschmack, so würzig wie die Höhenluft, machen den Stilfser Käse g.U. zu einer Spezialität die den Käseliebhaber und auch die Kenner mit den anspruchsvollsten Gaumen überrascht.

- Der Stilfser ist der einzige Käse aus Südtirol, der bereits seit dem Jahr 2007 die begehrte Bezeichnung g.U. (geschützte Ursprungsbezeichnung) trägt. Eine Auszeichnung, die auf europäischer Ebene für unverfälschte Qualität, Authentizität und für die historischen Beziehungen zu seinem Ursprungsgebiet steht.

EUROPÄISCHER LANDWIRTSCHAFTSFONDS
FÜR DIE ENTWICKLUNG DES LÄNDLICHEN RAUMS

FONDO EUROPEO AGRICOLO
PER LO SVILUPPO RURALE

AUTONOME PROVINZ
BOZEN SÜDTIROL

PROVINCIA AUTONOMA
DI BOLZANO ALTO ADIGE

REPUBLIK ITALIEN
REPUBBLICA ITALIANA

EG - Verordnung Nr. 1698/2005   Regolamento (CE) n. 1698/2005
HIER INVESTIERT EUROPA IN DIE LÄNDLICHEN GEBIETE   L'EUROPA INVESTE NELLE ZONE RURALI

Speikboden
Bergbahnen · Funivie

Herrliche Aussichten im Sommer ...   **... tolle Abfahrten im Winter**
MERAVIGLIOSE VISTE PANORAMICHE D'ESTATE ...   ... BELLE DISCESE IN INVERNO
WONDERFUL PANORAMIC VIEWS IN SUMMER ...   ... GREAT SKIING AN SNOWBORDING IN WINTER

Sommerbetrieb: Mitte Juni bis Anfang Oktober
Wintersaison: Dezember bis nach Ostern

Servizio estivo: da metà giugno a inizio ottobre
Stagione invernale: da dicembre a Pasqua

Summer operation: Mid-June to early October
Winter season: December to Easter

SCHNEEGARANTIE
INNEVAMENTO GARANTITO
GUARANTEE SNOW

Sand in Taufers
Drittelsand 7
Campo Tures
Costa di Tures, 7
Tel. 0474 678122
www.speikboden.it

© Sergey Kivenko - Fotolia.com